国家自然科学基金青年项目（71902054）
中国博士后科学基金特别资助项目（2021T140179）
中国博士后科学基金面上资助项目（2020M672215）



# 供需未匹配取送货车辆路径问题研究

Research on Unpaired Pickup and Delivery Vehicle Routing Problem

徐东洋◎著

中国经济出版社
CHINA ECONOMIC PUBLISHING HOUSE
·北京·

**图书在版编目(CIP)数据**

供需未匹配取送货车辆路径问题研究/徐东洋著
.--北京：中国经济出版社，2021.9
ISBN 978-7-5136-6676-3

Ⅰ.①供… Ⅱ.①徐… Ⅲ.①物流-车辆调度-智能运输系统-研究 Ⅳ.①F253.4-39

**中国版本图书馆 CIP 数据核字(2021)第 204633 号**

组稿编辑 崔姜薇
责任编辑 张 博
责任印制 马小宾
封面设计 任燕飞装帧设计工作室

**出版发行** 中国经济出版社
**印 刷 者** 北京建宏印刷有限公司
**经 销 者** 各地新华书店
**开 本** 710mm×1000mm 1/16
**印 张** 15
**字 数** 240 千字
**版 次** 2021 年 9 月第 1 版
**印 次** 2021 年 9 月第 1 次
**定 价** 78.00 元
**广告经营许可证** 京西工商广字第 8179 号

**中国经济出版社** **网址** www.economyph.com **社址** 北京市东城区安定门外大街 58 号 **邮编** 100011
本版图书如存在印装质量问题，请与本社销售中心联系调换(联系电话：010-57512564)

# 前言 Preface

车辆路径问题（Vehicle Routing Problem，VRP）最早由 Dantzig 和 Ramser 于 1959 年提出，它是指一定数量的客户各自有不同数量的货物需求，配送中心向客户提供货物，由车队负责分送货物，规划适当的行车路线，目标是使客户的需求得到满足，并能在一定的约束下，达到路程最短、成本最少、耗费时间最少等目的。

取送货车辆路径问题是对传统车辆路径问题的扩展，可简要描述如下：在某个供求系统中，有若干个取货节点和送货节点（有些节点既是取货节点也是送货节点），在货物取送量、最大车载量、最长行驶时间等约束条件下，合理安排客户的访问次序和货物取送量，把客户需求的货物从取货节点运送至送货节点，并实现所需车辆数最少、行驶距离最短、总运输成本最少等优化目标。

本书研究了供需未匹配多商品取送货车辆路径问题。在此问题中，客户点之间的供需匹配关系事先未知；每个客户点的取货需求和送货需求必须被满足；需要做供需匹配决策和车辆路径决策。本书在供需匹配关系未知的情况下，研究了在单次访问和多次访问情况下供需未匹配的多商品取送货车辆路径问题。

本书所研究的问题是经典的车辆路径问题的一种复杂衍生体，普遍存在于国际原油运输、烟草制造行业中生产原料调拨、零售行业的商品库存重新布局及共享单车系统的自行车重新分配等网络中。问题高度复杂且受到的关注较少，因此本书分别从模型构建、问题特性分析、启发式算法设计和精确算法设计、数值测试的角度对所研究问题进行深入研究。本书的主要研究成果如下：

(1) 多次访问条件下的供需未匹配多商品取送货车辆路径问题模型构建与问题特性分析方面：首先，借鉴相关文献的研究成果，建立一个混合整数线性规划模型作为基础模型。其次，为消除决策变量之间的耦合关系，提出了一个单元化思想以拆分顶点，进而建立了一个单元化数学模型。再次，提出了 6 类多项式型有效不等式来加强单元化模型构建。最后，基于数值实验验证了单元化模型相对基础模型具有明显的优势(需要较少的决策变量)，以及本书提出的有效不等式可显著提高模型的性能。

(2) 多次访问条件下的供需未匹配多商品取送货车辆路径问题启发式算法设计方面：为快速求解现实中常见的较大规模的问题，基于本书提出的模型，首先，设计一个贪婪式算法来构建初始解。其次，基于优化供需匹配决策和车辆路径决策的思想，提出高效的邻域结构。再次，提出一个禁忌搜索算法来改善初始解的质量。最后，为验证该算法的效果，借助 CPLEX[①] 设计求解问题下界的方法。实验结果表明，本书提出的禁忌搜索算法在较短时间内能够对所研究的问题提供最优或近似最优解。

(3) 多次访问条件下的供需未匹配多商品取送货车辆路径问题精确算法设计方面：为针对现实中中小规模的问题求出最优解，首先，基于单元化模型具有的优势，建立一个更简便的数学模型。其次，提出 2 类新的多项式型有效不等式和 6 类指数型有效不等式来加强模型。再次，针对每类指数型有效不等式设计了相应的分离算法。最后，基于初始上界选取、预处理操作、分支策略和分离算法调用策略的深入讨论，设计了一个分支切割算法。实验结果表明，本书设计的分支切割算法在规定时间内能够求解 9 个客户和 5 种商品的算例，且在求解规模、求解时间和上下界值方面相

① CPLEX 是一种数学优化技术，主要用于提高效率、快速实现策略并提高收益率。

对优化软件 CPLEX 均具有明显优势。

(4)单次访问条件下的供需未匹配多商品取送货车辆路径问题模型构建与问题特性分析方面：首先，借鉴相关文献的研究成果，通过采用更简便的方式来表示“服务次序约束”和“装卸约束”，以建立一个更简便的混合整数线性规划模型。其次，基于对问题特性的深入分析，提出了 6 类多项式型有效不等式来加强模型构建。最后，基于数值实验验证了本书提出的改进模型具有明显的优势(求解性能提高)，以及本书提出的有效不等式可显著提高模型的性能。

(5)单次访问条件下的供需未匹配多商品取送货车辆路径问题启发式算法设计方面：为快速求解现实中常见的较大规模的问题，基于本书提出的模型，首先，设计一个基于运输效率提升的贪婪式算法来构建初始解。其次，基于优化供需匹配决策和车辆路径决策的思想，对已有的相关邻域结构进行整合改进，进而提出一个改进的变邻域搜索算法来改善初始解的质量。最后，为验证该算法的效果，借助 CPLEX 设计求解问题下界的方法。实验结果表明，本书提出的改进的变邻域搜索算法在较短时间内能够对所研究的问题提供最优或近似最优解，且在求解质量和求解效率方面均优于文献中已有变邻域搜索算法。

(6)单次访问条件下的供需未匹配多商品取送货车辆路径问题精确算法设计方面：为针对现实中中小规模的问题求出最优解，首先，基于前面建立的数学模型，通过松弛一些较松弛的约束来建立一个容易求解的数学模型。其次，基于对问题特性的深入分析，提出 3 类指数型有效不等式来加强模型。再次，针对每类指数型有效不等式设计了相应的分离算法。最后，基于初始上界选取、预处理操作、分支策略和分离算法调用策略的深入讨论，设计了一个分支切割算法。实验结果表明，本书设计的分支切割算法在规定时间内能够求解 10 个客户和 6 种商品的算例，且在求解规模和求解时间方面均优于优化软件 CPLEX。

# 目录
Contents

# 第1章

# 绪论

## 1.1 选题背景及研究意义

### 1.1.1 选题背景

随着商业模式的演变，物流成为企业的第三利润源，在企业竞争中占据着越来越重要的地位。企业调研发现，卷烟生产原料运输成本长期居高不下已成为烟草行业面临的普遍问题。以中部地区某烟草公司为例，该公司下属的 8 家卷烟厂分别位于省内不同的城市，由于没有原料中心仓库，所以该公司采取分散仓储的方式，即每家卷烟厂只存储某些特定种类的生产原料。另外，该公司生产的卷烟有 10 多种规格且每种规格的卷烟需要几十种生产原料，而每家卷烟厂生产的卷烟规格并不相同。因此，在这种分散式生产和分散式仓储的模式下，生产原料在不同卷烟厂之间频繁调拨就不可避免。在实际中，每家卷烟厂都会根据提前下达的生产计划和生产配方，结合当前原料库存信息，计算出完成生产任务需要调拨的原料种类和数量；为了快速响应生产计划，每家卷烟厂都提前自行制订具体的原料调拨方案以满足自身的生产需求。目前，该公司采用送货制的方式运输原料，即当卷烟厂 1 需求某种原料 $m$ 时，由距离卷烟厂 1 最近且能供应原料 $m$ 的卷烟厂 2 派车把原料 $m$ 运送到卷烟厂 1，然后空车返回。如果卷烟厂 2 不能单独满足卷烟厂 1 的需求，则剩下的需求由最近且能供应原料 $m$ 的卷烟厂 3 来满足，这样依次进行直到卷烟厂 1 的需求得到满足为止。

在此模式下，一方面，原料调拨决策权分散于各个卷烟厂，每家卷烟厂都站在自己的角度对单批次需求做局部最优的供需匹配决策，而没有站在公司的角度考虑整体最优的供需匹配，这是原料运输成本较高的主要原因。另一方面，针对单次调拨，每家卷烟厂也只站在自己的角度考虑局部最优路径决策，而没有站在公司的角度考虑整个运输网络的最优路径规划，使运输路径安排不合理，这也是原料运输成本较高的主要原因。此外，送货制导致车辆空车返回率较高，运输资源严重浪费，当多个卷烟厂有多种原料需求时，易出现车辆紧缺现象。该公司决策权分散，没有部门统一负责原料调拨任务，导致原料调拨效率较低且费用较高。为解决此问题，该公司希望成立一个物流管控部门(物流中心)，通过制订集中模式下的原料联合调拨全局最优方案(考虑全局最优的供需匹配决策和车辆路径决策)，提高运输资源利用率及原料调拨效率，进而降低原料运输成本。

零售行业中也普遍存在类似的问题，如服装连锁店一旦有新产品上市，为了有效满足客户多元化需求，增加销售机会，总公司会在各家连锁店投放一定数量的某些产品。经过一段时间的销售后，总公司发现有些连锁店的某种或某些类型的产品出现断货，而其他连锁店的该种或该类型的产品却仍有较高的库存量。在目前实际运营中，当客户去某家商店购买某种产品时，恰好该种产品出现断货现象，此商店通常采用就近调货的方式来尽快满足客户的需求。显然，这种调货模式没有考虑其他商店的产品需求情况，所做的供需匹配决策及路径决策同样只是局部最优。为快速响应客户需求，增加销售机会，降低调货成本，最好的选择应是在各商店出现断货之前，总公司从全局的角度对各商店的产品库存进行重新布局。

也有文献对类似问题进行了研究。首先，针对共享单车系统的自行车重新布局问题(Raviv et al.，2013；Chemla et al.，2013；Dell'Amico et al.，2014；Forma et al.，2015)，系统中每个车站存放一定数量的自行车，客户根据自己的需求可以在任何站点取走自行车，使用结束后可以归还到任何站点。

一段时间后，当前系统中有些车站的自行车数量不能满足客户的需求，而有些车站的自行车数量大于客户的需求。为使系统中自行车的利用率最大化，需要对系统中各个站点的自行车库存重新布局。其次，针对国际原油运输问题(Andersson et al.，2011；Hennig et al.，2012a，2012b；Agra et al.，2013，2014，2015；Siddiqui and Verma，2015)，因石油是由多种不同规格的原油炼制而成的，所以每个炼油厂只生产一种或几种规格的原油。在炼制过程中，有些炼油厂需要其他炼油厂提供所需规格的原油，从而需要在各个炼油厂之间转运各种规格的原油来满足每个炼油厂的需求。

本书针对这些行业面临的现实问题进行提炼并加以研究，将为企业的实际运营提供重要的理论支撑和实践指导。

### 1.1.2 研究意义

#### 1.1.2.1 理论意义

本书对供需未匹配取送货车辆路径问题进行了全面且深入的探究，从客户需求是否可任意拆分和满足两个角度出发，分别研究多次访问条件下的多商品供需未匹配取送货车辆路径问题、单次访问条件下的多商品供需未匹配取送货车辆路径问题，并针对以上问题分别构建模型、分析特性和设计算法，以达到优化的目的。

虽然当前文献中关于车辆路径问题的研究较多，但大多数研究都是“供需匹配关系事先已知”的情况，而关于供需匹配关系事先未知的取送货车辆路径问题的研究较少；在已有的研究供需匹配关系未知的文献中，大多是建立在客户需求一次性满足的条件下，关于供需匹配关系未知和需求可拆分的取送货车辆路径问题的研究则少之又少。尽管目前有少量文献考虑了“供需匹配关系事先未知”的情况来研究取送货车辆路径问题，但主要集中在海上运输系统。然而，在海上运输系统中的研究一般考虑多周期，库存约束、取送货时间窗约束、供应和需求信息均不确定，导致海上运输系统研究的取送货车辆路径问题与本书研究的问题差异较大。具体差异如下：①在海上运输系统中，在每个港口取货或投货时需考虑时间窗约束，而本书研究的问题不考虑取送货时间窗约束。②在海上运输系统中，在每个港口取货或投货时一般需考虑库存约束，而本书研究的问题不考虑库存约束。③在海上运输系统中，网络中每个客户点关于每种产品的供应总量和需求总量随生产变化，并不确定；而在本书研究的问题中，运输网络中每个客户点关于每种产品的供应信息和需求信息事先确定。以上差别导致海上运输系统的研究成果不能被直接应用到本书研究的问题中。因此，本书试图从客户需求是否可任意拆分和满足两个角度进行探究，建立数学模型，设计相应的求解算法，并进行数值测试。对供需未匹配的取送货车辆路径问题进行深入探究并对研究结果进行总结，预期研究成果在解决本书研究问题的同时，能对取送货车辆路径问题相关领域的现有理论进行有益扩展，从理论上为其他相关问题的研究提供借鉴。

#### 1.1.2.2　现实意义

供需未匹配的取送货车辆路径问题来源于企业实际的物流需求。如中部地区某烟草公司有 8 家卷烟厂，分别位于省内不同城市。这种分散式生产导致物流决策权在一定程度上分散。原料采购回来后存储在各家卷烟厂，每家卷烟厂的原料供应均由厂内的物流部门负责。生产任务下达后，当某家卷烟厂需求某种原料时，经本厂原料部门负责人与其他卷烟厂的原料部门负责人沟通，由能够供应该种原料的卷烟厂派车把所需原料送到，然后空车返回。由于没有从整个公司的角度考虑全局最优的需求匹配决策和路径决策，空车返回率高，运输资源严重浪费，从而导致运输成本较高。除制造行业外，零售行业也存在同样的问题。如服饰、电器销售一段时间后，有些商店某类产品出现断货，有些商店却持有较高的该类商品库存。为增加销售机会，需要对各商店的产品库存重新布局，即在各商店之间调货。另外，在国际原油运输系统(Hennig et al.，2012a，2012b)和共享单车系统(Raviv et al.，2013)中也存在类似的问题。针对企业面临的实际问题构建量化的数学模型，通过设计精确算法来求解中小规模的问题，设计高效的启发式算法来求解大规模问题，有效降低物流成本、提高运输资源利用率和原料调拨效率，从而提高企业的核心竞争力。

## 1.2 国内外研究现状

自从 Dantzig 和 Ramser(1959)首次提出并定义了车辆路径问题，此问题就一直是研究的热点。Campbell 等(2002)、Moin 和 Salhi(2007)、Bertazzi 等(2008)以及 Liu 等(2011)分别对 VRP 的研究成果进行了总结与归纳。孙丽君等(2006)总结了有关 VRP 的模型及算法研究。当前文献中与本课题相关的 3 个问题分别是供需匹配关系未知的取送货车辆路径问题、分批次取送货车辆路径问题、允许多次访问的取送货车辆路径问题。故本章接下来对这 3 个相关问题已取得的研究成果进行归纳与总结。

### 1.2.1 供需匹配关系未知的取送货车辆路径问题研究现状

当前文献关于供需匹配关系事先已知的取送货问题的研究较多(Toth and Vigo，2002；Lin et al.，2011；Pandelis et al.，2013；Parragh and Schmid，2013；Simonin and Sullivan，2014；Masmoudi et al.，2016)。在此类问题中，网络中各客户点之间的供需匹配关系事先已确定，即任意两点之间需转运的产品类型及数量已确定。相对此类问题，供需匹配关系事先未知的取送货车辆路径问题为节约运输成本提供了机遇，因为后者相对前者松弛了网络中各客户点之间已固定的供需匹配关系，使网络中各客户点之间的供需匹配关系变成一项决策，因此可以通过寻找更好的供需匹配关系来获得更好的运输方案，进而降低运输成本。最近几年，供需匹配关系未知的取送货车辆路径问题吸引了许多学者的目光(Battara et al.，2014)，接下来将对文献中关于此类问题的研究进行分类与归纳。

#### 1.2.1.1 单车运输情况下供需匹配关系未知的取送货车辆路径问题

单车运输情况下的供需匹配关系未知的取送货车辆路径问题在当前文献中被称作“取送货旅行商问题”(Pickup and Delivery Traveling Salesman Problem, PDTSP), 以运输网络中产品类型数目划分以下两种情况讨论。

(1) 单产品

单产品取送货旅行商问题(1-PDTSP)是对经典旅行商问题(TSP)的扩展, Hernández-Pérez 和 Salazar-Gonzalez(2004a)引进了此问题。在此问题中, 所有的客户点根据需求类型不同(送货需求或取货需求)被划分为两个不同的团体。每个有送货需求的客户点通常需要一定数量的产品, 每个有取货需求的客户点通常可以供应一定数量的产品, 且每个有取货需求的客户点均可以向任何一个有送货需求的客户点提供任何数量的产品。目标是如何设计一个运输成本最小的产品调运方案, 在满足车容量约束条件的前提下, 通过访问每个客户点一次性满足所有客户点的需求。此问题普遍存在于多个现实行业中, 如在银行系统中, 对各个支行之间的现金存量重新分配(Hernández-Pérez and Salazar-Gonzalez, 2004a); 在共享单车系统中, 对各站点之间自行车库存重新布局(Chemla et al., 2013)。针对该问题, Hernández-Pérez 和 Salazar-Gonzalez(2004a)建立了 0~1 整数线性规划模型, 并提出了一个分支切割算法来求解该问题; Salazar-Gonzalez(2004b)提出了两个启发式算法: 一个是基于提高 k-optimality 的贪婪算法, 另一个是基于分支切割进程的局部最优算法; Hernández-Pérez 和 Salazar-Gonzalez(2007)改进了有能力约束的车辆路径问题(CVRP)的有效不等式, 并提出了一些新的有效不等式和一个分支切割算法。实验结果表明, 提出的算法如果使用新的有效不等式就能够求解 100 个客户点的算例, 否则只能够求解 50 个客户点的算例; Hernández-Pérez 等(2009)提出了一个贪婪式随机自适应搜索(Greedy Randomized Adaptive Searching, GRASP)和变量领域下降法(Variable Neighborhood Descent, VND)的混合算法, 并把计算结果与 Hernández-Pérez 和 Salazar-Gonzalez(2004b)的结果做比较,对比结果表明 Hernández-Pérez 等(2009)提出的算法具有明显的优势；Zhao 等(2009)提出了一个遗传算法，该算法能够对 500 个客户点的算例求得最优解；Mladenović 等(2012)提出了一个变邻域搜索算法，该算法能够对文献中客户点数为 200~500 的标准算例提供更好的解；Chemla 等(2013)提出了一个嵌入禁忌搜索的分支切割算法来改善问题的上界；Ho 和 Szeto(2014)提出了一个迭代的禁忌搜索算法；Vogel 等(2014)提出了一个嵌入大邻域搜索的元启发式算法；Kadri 等(2016)提出了一个分支定界算法。Erdoğan 等(2015)、Salazar-Gonzalez 和 Santos-Hernández(2015)探索了允许多次访问每个客户点的情况，其中 Salazar-Gonzalez 和 Santos-Hernández(2015)只研究了允许每个客户点最多被访问 2 次和 3 次的情况。

(2) 多产品

Hernández-Pérez 和 Salazar-Gonzalez(2014)引进了多产品取送货旅行商问题(m-PDTSP)。在该问题中，运输网络中有多种产品，任何一种产品的供应客户点都可以向任何需求该种产品的客户点供应任何数量的产品。他们提出了一个混合整数线性规划模型，讨论了经典的分解技术，提出了一些有效不等式及一系列分离算法来提高线性松弛规划模型的性能。实验结果表明提出的分支切割算法能够求解 30 个客户点，3 种产品的算例。紧接着，Hernández-Pérez 等(2016)针对此问题提出了一个三阶段的混合启发式算法，并基于随机产生的算例检验了此算法的性能。Li 等(2016)基于共享单车系统，对多种类型的自行车重新布局问题提出了混合遗传算法，实验结果表明，此算法在较短时间内能够对所研究的问题提供高质量的解。

#### 1.2.1.2 多车运输情况下供需匹配关系未知的取送货车辆路径问题

多车运输情况下的供需匹配关系未知的取送货车辆路径问题在当前文献中被称作“取送货车辆路径问题”(Pickup and Delivery Vehicle Routing Problem, PDVRP)。相对于 PDTSP，文献中关于 PDVRP 的研究较少，同样分为以下两种情况讨论：

（1）单产品

Shi 等(2009)首次引进单产品取送货车辆路径问题(1-PDVRP)。自 Raviv 等(2013)通过探索共享单车系统的自行车重新布局问题(Bike Rebalancing Problem，BRP)，研究了 1-PDVRP 以来，针对此问题的相关研究逐渐增多。Rainer-Harbach 等(2013)针对此问题提出了一个变邻域搜索算法，并基于现实的算例做了一系列实验分析。Dell' Amico 等(2014)提出了 4 个不同的混合整数规划模型和一系列标准算例。Angeloudis 等(2014)提出了一个被称作"重新构建匹配关系"(repair)的算法。Forma 等(2015)提出了一个三阶段启发式算法。Dell' Amico 等(2016)提出了一个被称作"破坏后重新构建匹配关系"(destroy and repair)的元启发式算法，该算法能够对文献中的算例求出更好的解。Di 和 Urli(2016)建立了一个新颖的模型，实验结果表明提出的分支定界精确算法和大邻域搜索启发式算法均优于当前文献中的算法。

（2）多产品

Chen 等(2014)通过考虑单次访问和无限供应(每个供应客户点的产品供应量无限大)引进了多产品取送货车辆路径问题(m-PDVRP)。提出的变邻域搜索算法在 1800 秒内能够对研究的问题提供高质量的解。本书研究的问题是对 Chen 等(2014)的多次访问和有限供应的扩展，这些扩展使本书研究的问题虽更复杂但更接近现实。

### 1.2.2 分批次取送货车辆路径问题研究现状

基于企业实际需求，取送货车辆路径问题一直受到广泛关注(Dumas et al.，1991；Røpke et al.，2006；Røpke and Cordeau，2009；Pelikán and Fábry，2012；Yu and Liu，2014；Wang et al.，2015；Kalayci and Kaya，2016)。众所周知，允许分批次送货和允许分批次取货为企业节省运输成本提供了可能。接下来将依次总结文献中关于分批次送货车辆路径问题、分批次取货车辆路径问题及分批次取送货车辆路径问题的研究现状。

#### 1.2.2.1 分批次送货车辆路径问题

分批次送货车辆路径问题(Split Delivery Vehicle Routing Problem，SDVRP)是指允许客户点的需求通过多次投放来满足，相对经典VRP为降低运输成本和节约运输车辆提供了机遇。Dror和Trudeau(1989)首先提出了可分批次送货车辆路径问题，即在经典VRP的基础上，允许每个客户点的需求分批次满足。他们提出了两阶段搜索的启发式算法。实验结果表明，允许需求分批次满足，相对需求一次性满足的情况节约了近14%的运输成本，且只需要较少的车辆来完成运输任务。紧接着，Dror等(1990，1994)，Frizzell和Griffin(1992)，Sierksma和Tijssen(1998)，Belenguer等(2000)，Archetti等(2006a，2008，2014)，Chen等(2007)，Jin等(2007，2008)，谭家美和徐瑞华(2008)，Derigs等(2009)，孟凡超等(2010)，Archetti和Speranza(2012)，Wilck IV和Cavalier(2012a，2012b)，Silva等(2015)对此问题分别做了相关研究。其中，Dror等(1990)提出了混合整数线性规划模型，验证了SDVRP是一个NP-难题，且只要运输距离满足三角不等式原则，被分批次满足的客户点就不可能出现在最优解的不同路线中。Frizzell和Griffin(1992)提出了三种构建式启发算法。Dror等(1994)提出了几类新的有效约束，并通过实验验证了选择合适的约束组合可以获得更紧的上下界。Sierksma和Tijssen(1998)提出了一个基于列生成(column generation)的启发式算法。Belenguer等(2000)提出了新的建模方法并对此问题的解空间进行了探索。Archetti等(2006a)首次提出了客户点分批次送货的定义与概念，即服务一个客户点的实际车辆数多于服务该客户点所需的最小车辆数。如车辆的容积为1个单位，针对需求量为3.6个单位的客户点，如果使用5辆车或更多的车来满足该客户点的需求，那么此客户点被称作“分批送货”。Chen等(2007)首先对当前阶段SDVRP的应用背景、模型和求解算法等相关研究进行了总结，然后通过结合整数规划和禁忌搜索提出了一个新的启发式算法。Archetti等(2008)通过一系列实验验证了当网络中客户点之间的需求量差别较小且平均需求量刚刚超过车容量的一半时，分批次送货节约的运输成本最大。Jin 等(2007)提出了一个基于有效不等式的两阶段算法，实验结果表明该算法优于文献中已有的精确算法。Jin 等(2008)提出了一个列生成算法。谭家美和徐瑞华(2008)基于蚁群算法原理设计了相应的优化算法。Derigs 等(2009)提出了基于局部搜索的元启发式算法。孟凡超等(2010)提出了禁忌搜索算法，通过数值实验同样得出允许客户点需求分批满足可以减少运输成本、减少所需车辆数和提高车辆装载率的结论。Archetti 和 Speranza(2012)回顾了 SDVRP 的数学模型、主要特性、求解算法研究，并对文献中 SDVRP 的衍生问题进行了总结。Wilck IV 和 Cavalier(2012b)提出了一个构建式启发算法，并基于 32 个标准算例与文献中列生成方法和两阶段方法做比较，实验结果表明提出的构建式启发算法优于这两个方法，且能够为其他启发算法或精确算法提供较好的初始可行解。Wilck IV 和 Cavalier(2012b)提出了一个混合遗传算法。Archetti等(2014)基于两个松弛模型提出了两个精确算法，并针对 4 类标准算例做了实验，实验结果表明提出的方法能够对 17 个新算例求得最优解。Silva 等(2015)通过考虑波动机制提出了反复迭代的局部搜索算法。该算法能够改善文献中 324 个标准算例中 243 个算例的解质量。解的质量最大提高了 2.81%，平均提高了 1.15%。随着对 SDVRP 研究的相继深入，目前出现了如下几个 SDVRP 的变种：

(1) 考虑时间窗约束的 SDVRP(SDVRPTW)

Frizzell 和 Griffin(1995)通过考虑客户点的送货时间要求，引进了 SD-VRPTW，并首先提出了一个构建式启发式算法来获得初始解，然后提出了两个启发算法来改善初始解的质量。接下来，Mullaseril 等(1997)提出了构建式启发算法；Ho 和 Haugland(2004)用 100 个客户点的算例来检验提出的禁忌搜索算法的效果；Gendreau 等(2006)提出了分支定界(branch and bound)算法；Desaulniers(2010)、Salani 和 Vacca(2011)提出了分支定价切割(branch price and cut)算法。Archetti 等(2011)采用禁忌搜索算法求解子问题，提出有效不等式，引进新的分离算法进而设计了更强的分支定价切割算法；Yan 等(2015)提出了两阶段求解算法，并通过求解现实问题验证了所提出算法的有效性。McNabb 等(2015)检验了局部搜索对问题求解的影响。

(2) 考虑最少投货量约束的 SDVRP(SDVRP-MDA)

Gulczynski 等(2010)通过考虑最低投货量约束研究了 SDVRP-MDA。他们基于文献中标准的 VRP 和 SDVRP 算例来验证提出的启发式算法的效果。针对此问题，Han 和 Chu(2016)提出了基于多个初始解的变邻域搜索方法，并基于文献中 32 个标准算例和 4 个不同标准的最低取货量做了一系列测试，测试结果表明提出的算法能够对 128 个算例中 43 个算例求得更好的解。

(3) 考虑多车场的 SDVRP(MDVRP)

Gulczynski 等(2011)引入了多车场情况下的分批次送货车辆路径问题(Multi-Depot SDVRP，MDVRP)，并提出了基于整数规划的启发式算法来求解该问题。此外，他们还分析了在相同车场允许分批次送货和不同车场允许分批次送货减少的运输成本情况。针对此问题，Ray 等(2014)研究了一个更有效的模型和算法；Wang 等(2016)研究了每个客户点都有特定服务时间限制的情况，并设计了相应的启发式算法。该算法除了能够对文献中 37 个标准算例求得当前最好解外，还能够对其他 21 个新算例求得近似最优解。

(4) 考虑多商品的 SDVRP(MCSDVRP)

据我们所知，只有 Archetti 等(2015)与 Moshref-Javadi 和 Lee(2016)研究了多商品分批次送货车辆路径问题(Multi-commodity Vehicle Routing Problem with Split Delivery，MCSDVRP)。其中，Archetti 等(2015)在研究分批次送货时考虑了商品类型限制，即限制只有当客户需求多种不同商品时才允许分批送货，同种商品不允许分批送货。测试结果表明提出的分支定价切割算法在两小时内能够求解 40 个客户点，3 种商品的算例。Moshref-Javadi 和 Lee(2016)相对于 Archetti 等(2015)松弛了商品类型限制，提出了两个混合整数规划模型，并通过改进文献中模拟退火和变邻域搜索算法设计了相应的启发式算法。

#### 1.2.2.2 分批次取货车辆路径问题

在分批次送货研究的基础上，Lee 等(2006)研究了一个分批次取货车辆路径问题(Vehicle Routing Problem with Split Pick-ups，VRPSP)。在该问题中，网络中有许多客户点和唯一的车场(depot)，每个客户点都向车场供应一定数量的产品，每个客户点所供应的产品都允许分批次取货，目标是如何安排成本最低的运输方案使所有客户点供应的产品都运送到车场。Nowak 等(2008)分析并验证了允许分批次取货能够为取送货车辆路径问题节省运输成本和运输车辆。另外，通过数值实验验证了分批次取货带来的利益大小与取货数量、取货点和送货点之间的运输成本，以及在同一客户点取送货的频繁程度密切相关。紧接着，Nowak 等(2009)基于现实中的算例，探索了允许分批次取货带来的利益大小与客户平均取货量、取货点相对送货点的数量、取货点和送货点的聚集程度的关系。实验结果表明，当客户点的平均取货量恰好超过车容量的一半时，允许分批次取货带来的利益最大。Nowak 等(2012)研究了带优先顺序约束的 VRPSP，即在访问任何送货点之前都必须访问所有的取货点。Lai 等(2015)基于集装箱运输研究了一个类似的问题。Flisberg 等(2009)基于卡车在森林伐木操作的优化路径需求研究了此类问题。Korsvik 等(2011)和 Andersson 等(2011)在海上运输系统中对现货分批次运输做了研究。Mar-Ortiz 等(2013)以搜集浪费的电子设备(Waste of Electric and Electronic Equipment，WEEE)为背景对此问题做了研究。Oncan 等(2011)研究了一个一对一取送货的 VRPSP，并提出了一个分支切割(branch and cut)算法。Sahin 等(2013)进一步针对 Oncan 等(2011)研究的问题提出了一个禁忌搜索和模拟退火的混合启发式算法。Wang 等(2013)研究了一个带时间窗约束的 VRPSP，并提出了线性规划模型和混合启发式算法。

#### 1.2.2.3 分批次取送货车辆路径问题

当前文献关于分批次取送货车辆路径问题(Vehicle Routing Problem with

Split Deliveries and Pickups, VRPSDP)的研究相对较少，Mitra(2005)通过探索一个回程车辆路径问题(Vehicle Routing Problem with Backhauling, VRPB)研究了此问题。在VRPB中，需要用一系列车辆把一些产品从车场运送到各个客户点，再把各个客户点中剩余的产品运送到车场，每个客户点的取货和送货请求允许分批次满足。显然，此问题属于VRPSDP。针对此问题，Mitra(2005)首先提出了混合整数线性规划模型和路径构建式启发算法；Mitra(2008)进一步提出了一个并行集群技术(parallel clustering technique)来构建路径；杨亚璪等(2010)设计了一个三阶段启发式算法；王科峰等(2011)通过实例验证了允许分批次取送货车辆路径问题和不允许分批次取送货车辆路径问题在最优解的结构和性质上存在的差异。Hennig等(2012)基于原油运输背景研究了此问题，并提出了列生成算法。Izuno等(2012)、Asefeh和Reza(2012)、Wang等(2014)针对此问题提出了包含初始解算法和混合算法的两阶段启发式算法。杨鹏等(2015)、Nagy等(2015)为更好地理解此问题，对该问题的精确求解算法和启发式求解算法进行了深度分析。Pelikan(2015)为此问题提供了新的数学模型并证明了此问题是NP-难题。

### 1.2.3 允许多次访问的取送货车辆路径问题研究现状

从车辆路径的角度来看，导致本研究涉及的问题高度复杂的主要原因是考虑了“多次访问”。由于“多次访问”给车辆路径规划带来了很大挑战，因此在取送货车辆路径问题的相关领域中，考虑“多次访问”的研究相对较少。通过查阅相关文献可知，考虑“多次访问”的取送货车辆路径问题的研究几乎都集中在海上路径规划问题(Maritime Routing and Scheduling Problem, MRSP)。Mckay和Hartley(1974)受美国军方的邀请研究了如何优化国防燃料供应中心向分布在不同地区的军队运输石油问题，进而提出了海上路径规划问题。此问题也受到许多学者的关注，如Miller(1987)、Dror和Ball(1987)、Bausch等(1991)。接下来将对文献中允许多次访问的取送货车辆路径问题的研究进行分类与总结。

#### 1.2.3.1 允许多次访问带库存约束的取送货车辆路径问题

针对海上路径规划问题，考虑库存约束的研究较多，此类问题在文献中被称作“海上库存路径问题”。接下来分以下两种情况讨论：

（1）单产品

Christiansen 和 Nygreen(1998a)研究了单产品的海上库存路径问题，在此运输网络中，有些港口生产氨，有些港口消耗氨，生产和消耗速率恒定。在每个港口的取货或送货操作都必须在特定时间内进行，每个生产港口都可以向任何其他消耗港口提供任何数量的氨，每个港口在计划周期内都允许被相同或不同船只访问多次，目标是设计一个总成本最低的运输方案，使得各港口的需求得到满足。他们针对此问题提出了一个数学规划模型和一个嵌入分支定界的列生成方法。紧接着，Christiansen 和 Nygreen(1998b)提出了一个路线流模型。Christiansen(1999)研究了类似的问题，不同处在于限制每个港口最大被访问次数和非同质的运输船只，并提出了一个弧流模型。Song 和 Furman(2010)通过考虑日常变化的生产速率和消耗速率扩展了 Christiansen(1999)的研究成果。Engineer 等(2012)通过考虑船只的停靠时间、生产速率随时间变化、消耗速率随时间变化、库容随时间变化等，研究了一个更普遍的单产品海上库存路径问题。Agra 等(2013a)探索了两个离散时间模型。Papageorgiou 等(2014)对文献中单产品海上库存路径问题的研究进行了回顾。Jiang 和 Grossmann(2015)提出了几个可替代的混合整数线性规划模型。Mirzaei 和 Seifi(2015)研究了综合考虑运输成本、库存成本及滞销成本的情况，他们提出的模型能够精确求解小规模问题，提出的元启发式算法对大规模问题能够提供较好的解。

（2）多产品

Al-Khayyal 和 Hwang(2007)以液态气体运输为背景，引入了多产品的海上库存路径问题：通过把每艘轮船隔成多个不同的舱来运输不同的产品；考虑同质的船只，允许每个港口被相同或不同的轮船访问多次。目标是在计划周期内设计一个总运输成本和装卸成本最低的路径规划方案。他们先建立了一个混合整数非线性规划模型，然后提出了一个等价的混合整数线性规划模型。由于研究的问题很复杂，他们并没有设计求解算法，只是借助优化软件 CPLEX 用小规模算例来验证问题求解难度随“访问次数”的增加而呈指数增长。针对同样的问题，Siswanto 等(2011)研究了不隔舱的情况。针对水泥工业中存在的类似问题，Christiansen 等(2011)提出了一个嵌入构建式启发的遗传算法。Agra 等(2013b)探索了一个近海原油分配问题并提出了几个混合整数规划模型。Agra 等(2014)针对 Agra 等(2013b)的问题提出了一个混合启发式算法。Agra 等(2015)通过考虑随机航行和停靠时间进一步扩展了 Agra 等(2013b)的研究工作。Hemmati 等(2016)同样基于近海运输研究了类似的问题，提出了一个两阶段的混合启发式算法，并基于小规模算例，把此混合算法与文献中的精确算法做了比较。

#### 1.2.3.2　允许多次访问不带库存约束的取送货车辆路径问题

Hennig 等(2012a)研究了原油运输路径规划问题，该问题可以被看作允许多次访问不带库存约束的取送货车辆路径问题。它虽然与海上库存路径问题类似，但不同处在于此问题研究运输时不考虑生产，不考虑库存约束。因此在该问题中，网络中每个港口针对每种产品的供应信息和需求信息确定。他们的研究以原油提炼行业为背景，网络中各个港口生产不同规格的原油，一些港口只供应一种规格的原油，另一些港口可以供应多种规格的原油。在每个港口取货或送货需在特定的时间窗内进行。他们建立了此问题的线性规划模型，并提出了路径生成算法来求解小规模问题。紧接着，Hennig 等(2012b)针对此问题提出了嵌套的列生成算法来求解更大规模的问题。Hennig 等(2015)比较了两个可替代的路线流模型。Siddiqui 和 Verma(2015)研究了每个港口有多个时间窗约束的情况，并提出了复合粒子群算法。实验结果表明，此算法优于简单的粒子群算法和遗传算法。针对类似问题，De 等(2015)建立了一个鲁棒性较好的数学模型并提出了一个分支定界算法。De 等(2016)探索了以操作成本和运输风险成本为双目标的情况，并提出了复合粒子群算法。

### 1.2.4 取送货车辆路径问题求解算法研究现状

#### 1.2.4.1 分批次取送货车辆路径问题求解算法

(1) 启发式算法

针对分批次送货车辆路径问题(SDVRP)，Dror 和 Trudeau(1989)、Yan 等(2015)提出了两阶段启发式算法；Frizzell 和 Griffin(1992，1995)、Mullaseril 等(1997)、Wilck IV 和 Cavalier(2012a)提出了构建式启发算法；Sierksma 和 Tijssen(1998)提出了一个基于列生成的启发式算法；Chen 等(2007)、Ho 和 Haugland(2004)以及孟凡超等(2010)提出了禁忌搜索算法；谭家美和徐瑞华(2008)基于蚁群算法思想设计了启发式算法；Gulczynski 等(2011)提出了基于整数规划的启发式算法；Wilck IV 和 Cavalier(2012a)提出了一个混合遗传算法；Silva 等(2015)和 McNabb 等(2015)提出了一个反复迭代的局部搜索算法；Han 和 Chu(2016)提出了一个基于多个初始解的变邻域搜索算法；Moshref-Javadi 和 Lee(2016)基于文献中的模拟退火和变邻域搜索设计了启发式求解算法。

针对分批次取货车辆路径问题(VRPSL)，自 Nowak 等(2008)研究了一个启发式算法以来，Korsvik 等(2011)探索了一个大邻域搜索算法；Mar-Ortiz 等(2013)提出了一个贪婪式随机自适应搜索算法；Sahin 等(2013)提出了一个禁忌搜索和模拟退火相结合的启发式算法；Lai 等(2015)研究了一个自适应启发式算法。

针对分批次取送货车辆路径问题(VRPSDP)，Mitra(2005)和 Mitra(2008)提出了一个路径构建启发式算法；杨亚璪等(2010)提出了一个三阶段启发式算法；Izuno 等(2012)、Asefeh 和 Reza(2012)、Wang 等(2014)提出了一个两阶段混合启发式算法。

（2）精确算法

针对SDVRP，Dror等(1990，1994)和Gendreau等(2006)探索了分支定界算法；Belenguer等(2000)提出了一个切平面算法(Cutting Plane Algorithm)；Jin等(2007)基于有效不等式设计了一个两阶段求解算法；Jin等(2008)提出了一个列生成算法；Desaulniers(2010)、Salani和Vacca(2011)、Archetti等(2011)和Archetti等(2015)提出了一个分支切割算法。

针对VRPSL，Lee等(2006)基于最短路思想设计了动态规划算法；Nowak等(2012)提出了一个前向搜索的最短路算法；Andersson等(2011)提出了一个分支定界算法；Oncan等(2011)提出了一个分支切割算法。

#### 1.2.4.2 供需匹配关系未知的取送货车辆路径问题求解算法

（1）启发式算法

针对单车、单产品的情况，Salazar-Gonzalez(2004b)提出了两个启发式算法：一个是基于提高k-optimality，另一个是基于分支切割进程的局部最优；Hernández-Pérez等(2009)提出了一个GRASP和VND的混合启发式算法；Zhao等(2009)提出了一个遗传算法；Mladenović等(2012)提出了一个广义的变邻域搜索算法；Ho和Szeto(2014)提出了一个反复迭代的禁忌搜索算法；Vogel等(2014)提出了一个嵌入大邻域搜索的元启发式算法。针对单车、多产品的情况，Hernández-Pérez等(2016)设计了一个三阶段的混合启发式算法；Li等(2016)设计了一个混合遗传算法。针对多车、单产品的情况，Rainer-Harbach等(2013)提出了一个变邻域搜索算法；Angeloudis等(2014)和Dell'Amico等(2016)提出了一个重新构建匹配关系的元启发式算法；Forma等(2015)提出了一个三阶段启发式算法；Di和Urli(2016)探索了一个大邻域搜索算法。针对多车、多产品的情况，Chen等(2014)提出了一个变邻域搜索算法。

（2）精确算法

针对单车、单产品的情况，Hernández-Pérez和Salazar-Gonzalez(2004a，

2007)、Chemla 等(2013)、Erdoğan 等(2015)、Salazar-Gonzalez 和 Santos-Hernández(2015)探索了一个分支切割算法；Kadri 等(2016)提出了一个分支定界算法。针对单车、多产品的情况，Hernández-Pérez 和 Salazar-Gonzalez(2014)提出了一个分支切割算法。针对多车、单产品的情况，Raviv 等(2013)、Di 和 Urli(2016)探索了分支定界算法；Dell'Amico 等(2014)提出了一个分支切割算法。

#### 1.2.4.3 允许多次访问的取送货车辆路径问题求解算法

(1) 启发式算法

针对单产品、带库存约束的情况，Song 和 Furman(2010)提出了一个基于优化的启发式算法(An Optimization based Heuristic Method)；Mirzaei 和 Seifi(2015)提出了一个基于模拟退火和禁忌搜索的元启发式算法。针对多产品、带库存约束的情况，Siswanto 等(2011)提出了一系列贪婪式启发式算法；Christiansen 等(2011)提出了一个嵌入构建式启发的遗传算法；Agra 等(2014)提出了一个混合启发式算法；Hemmati 等(2015)提出了一个被称作“ICGR”(Iterative Cargo Generating and Routing)的启发式算法；Hemmati 等(2016)提出了一个改进的大邻域搜索算法。针对不带库存约束的情况，Siddiqui 和 Verma(2015)、De 等(2016)提出了一个复合粒子群启发式算法。

(2) 精确算法

针对单产品、带库存约束的情况，Christiansen 和 Nygreen(1998a，1998b)、Christiansen(1999)提出了一个嵌入分支定界的列生成方法；Engineer 等(2012)探索了一个分支定价切割算法；Jiang 和 Grossmann(2015)提出了一个分支定界算法。针对多产品、带库存约束的情况，Al-Khayyal 和 Hwang(2007)、Agra 等(2013b)提出了一个分支定界算法；Agra 等(2015)提出了一个列生成算法。针对不带库存约束的情况，Hennig 等(2012a，2012b)提出了一个嵌套的列生成算法。

## 1.3 本书整体研究思路

在对企业调研的基础上，根据企业的实际需求考虑供需匹配关系事先未知、多商品、需求可否任意拆分满足(被相同或不同车辆拆分满足)的取送货车辆路径问题，并对此问题加以研究。研究如何把原问题抽象成数学模型，设计出适应企业需求的高效启发式算法或精确方法。根据客户实际需求提出运输方案，包括如何安排车辆路径和车辆到达每个客户点装载或卸载每种产品的数量。在总结国内外供需匹配关系事先未知的取送货车辆路径问题、分批次取送货车辆路径问题和允许多次访问的取送货车辆路径问题相关研究的基础上，结合图论等方法，从企业实际运营特征入手建立数学模型，设计问题下界求解方法、启发式求解算法和精确求解算法。

首先，基于企业的现实需求，运用图论从多个角度建立数学模型，借助所建立的模型研究问题的特性，进而提出多项式型有效不等式，通过数值实验验证所提出的模型与不等式的有效性及对问题求解的促进效果。

其次，为求解现实中常见的大规模实例，提出符合企业实际需求的高效启发式算法，借助优化软件 CPLEX 和问题特性设计问题下界的高效求解方法，以便在合理时间内获得高质量的问题下界，通过数值实验验证所提出的启发式算法的求解效果。

最后，在上述研究成果的基础上，基于问题特性分析文献中相关问题的研究成果，推导指数型有效不等式进一步提高模型的性能，并针对每类指数型有效不等式设计高效的分离算法，进而设计分支切割精确求解算法；通过数值实验验证所提出的精确算法的求解效果。

## 1.4 本书整体结构与主要研究内容

全书共分为9章，结构和主要内容简述如下：

第1章，绪论。阐述本书选题背景及研究意义、国内外研究现状、本书整体研究思路、本书整体结构与主要研究内容、本书特色与创新。

第2章，研究理论基础。系统总结和归纳与本书研究问题相关的理论，主要包括车辆路径规划理论。

第3章，多次访问条件下供需未匹配多商品取送货车辆路径问题模型构建与问题特性分析。首先，基于相关文献处理供需未匹配取送货车辆路径问题的方法，以总运输成本最低化为目标，以车辆最大装载量限制、车辆最大工作时间限制、装卸平衡限制等为约束构建混合整数线性规划模型。其次，通过消除决策变量之间的耦合关系，提出一个简化的单元化模型。再次，针对单元化模型提出一系列多项式型有效不等式。最后，通过数值实验验证了所提出的模型和不等式的有效性。

第4章，多次访问条件下供需未匹配多商品取送货车辆路径问题启发式算法设计。针对第3章提出的单元化模型，首先，设计一个贪婪式算法来构建初始解。其次，从优化供需匹配决策和优化车辆路径决策的角度提出高效的邻域结构，并在此基础上设计了高效的禁忌搜索算法。为验证禁忌搜索算法的效果，借助CPLEX及第3章提出的多项式型有效不等式设计了求解问题下界的方法。最后，通过数值实验验证了提出的启发式算法的良好表现及明显优势。

第5章，多次访问条件下供需未匹配多商品取送货车辆路径问题精确算法研究。首先，基于第3章建立的单元化模型及其优势，建立一个更简便的数学模型。其次，提出2类新的多项式型有效不等式和6类指数型有效不等式来加强模型，并针对每类指数型有效不等式设计了相应的分离算法。最后，基于初始上界选取、预处理操作、分支策略和分离算法调用策略的深入讨论，设计了一个分支切割算法。通过数值实验验证了所提出的算法相对于优化软件 CPLEX，在求解规模和求解效率方面均具有明显优势。

第 6 章，单次访问条件下供需未匹配多商品取送货车辆路径问题模型构建与问题特性分析。首先，借鉴相关文献的研究成果，通过采用更简便的方式来表示“服务次序约束”和“装卸约束”，以建立一个更简便的混合整数线性规划模型。其次，基于对问题特性的深入分析，提出了 6 类多项式型有效不等式来加强模型。最后，验证了基于数值实验验证所提出的改进模型具有明显的优势(求解性能提高)，以及提出的有效不等式可显著提高模型的性能。

第 7 章，单次访问条件下供需未匹配多商品取送货车辆路径问题启发式算法设计。首先，设计一个基于运输效率提升的贪婪式算法来构建初始解。其次，基于优化供需匹配决策和车辆路径决策的思想，对已有的相关邻域结构进行整合改进，进而提出一个改进的变邻域搜索算法来改善初始解的质量。再次，为验证该算法的效果，借助 CPLEX 设计求解问题下界的方法。最后，实验结果表明提出改进的变邻域搜索算法在较短时间内能够对所研究的问题提供最优解或近似最优解，且在求解质量和求解效率方面均优于文献中已有的变邻域搜索算法。

第 8 章，单次访问条件下供需未匹配多商品取送货车辆路径问题精确算法设计。首先，基于前面建立的数学模型，通过松弛一些较松弛的约束来建立一个容易求解的数学模型。其次，基于问题特性深入分析，提出 3 类指数型有效不等式来加强模型。再次，针对每类指数型有效不等式设计了相应的分离算法。最后，基于初始上界选取、预处理操作、分支策略和分离算法调用策略的深入讨论，设计了一个分支切割算法。实验结果表明设计的分支切割算法在求解规模和求解效率方面均优于优化软件 CPLEX。

第 9 章，总结与展望。总结本书针对供需未匹配多商品取送货车辆路径问题在模型构建、问题特性分析和算法设计方面所取得的研究成果，并讨论将来可以在问题提炼、模型构建和算法设计方面进一步研究的主要方向。

## 1.5 本书特色与创新

创新点 1：从不同角度建立并比较了多次访问条件下的供需未匹配多商品取送货车辆路径问题的线性规划模型，提出了采用有效不等式来提高模型的性能，验证了所提出的模型及不等式的有效性。

在当前文献中，多批次取送货车辆路径问题的研究集中于单商品、供需匹配关系事先已知的情况（Dror et al.，1994；Archetti et al.，2008；Archetti and Speranza，2012；Wilck IV and Cavalier，2012a，2012b；Archetti et al.，2014；Silva et al.，2015）；供需匹配关系事先未知的取送货车辆路径问题的研究集中于单车、单商品、单次访问的情况（Hernández-Pérez and Salazar-Gonzalez，2004a，2004b，2007；Hernández-Pérez et al.，2009；Zhao et al.，2009；Mladenović et al.，2012；Ho and Szeto，2014）；允许多次访问的取送货车辆路径问题的研究集中于取送货时间窗约束、库存约束的情况（Christiansen and Nygreen，1998a，1998b；Christiansen，1999；Al-Khayyal and Hwang，2007；Engineer et al.，2012；Agra et al.，2015）。基于企业的实际需求，本书研究了多车、多商品、需求可拆分、允许多次访问、供需匹配关系事先未知的取送货车辆路径问题。这也是首次同时考虑以上 5 个条件来研究取送货车辆路径问题。针对本书研究的问题，首先，根据相关文献的建模方法建立了一个混合整数规划模型；其次，基于分析问题特性和消除决策变量之间的耦合关系，提出了一个简化数学模型；最后，为进一步简便模型的性能，提出了一系列多项式型有效不等式。通过数值实验验证了简便的模型更容易求解，且提出的模型及不等式对所研究的问题具有有效性。

创新点 2：针对多次访问条件下的供需未匹配多商品取送货车辆路径问题，设计了高效的禁忌搜索算法，借助优化软件 CPLEX 设计了问题下界求解方法，验证了本书提出算法的良好表现及明显优势。

为快速获得符合当前企业需求的运输方案，在分析单元化模型特性的基础上，首先提出一个贪婪式算法来快速构建初始可行解，然后基于优化供需匹配决策和车辆路径决策的思想，提出7个新颖的邻域结构，并设计了高效的禁忌搜索算法来改善初始解质量。为测试算法的性能，先用本书提出的算法测试对应所研究问题随机生成的算例，并将测试结果与基于CPLEX获得的下界做比较，然后使用提出的算法改进去求解相关文献中的算例，并将求解结果与文献中的结果做比较。实验结果表明提出的启发式算法在较短时间内对所研究问题和文献中的相关问题都能够提供最优解或近似最优解，且在求解质量、求解时间和稳定性方面都远远优于相关文献的算法。

创新点3：针对多次访问条件下的供需未匹配多商品取送货车辆路径问题，设计了精确求解算法，验证本书提出的算法的良好表现及明显优势。

从供需匹配关系事先未知的取送货车辆路径问题的研究领域来看，由于本书研究了多车、多产品和多次访问的情况，导致本书所研究的问题高度复杂。针对供需匹配关系事先未知的取送货车辆路径问题，即使只考虑以上3个条件中任意1个条件，问题也将变得非常复杂，因此文献中针对此类问题的精确算法的研究极少（Hernández-Pérez and Salazar-Gonzalez，2004a，2007，2014；Salazar-Gonzalez and Santos-Hernández，2015）。为了精确求解现实中中小规模的问题且丰富相关领域精确算法的研究成果，本书基于单元化模型设计了一个分支切割算法来求解所研究的问题，即精确求解的同时考虑以上3个条件的供需匹配关系事先未知的取送货车辆路径问题。针对此精确算法，除了提出多项式型有效不等式外，还提出了6类指数型有效不等式，并对每类指数型有效不等式设计了相应的分离算法；讨论了初始上界嵌入方法、预处理过程、分支策略、分离算法调用策略。实验结果表明，该算法能够求解问题的规模为9个客户点和5种产品的算例，这些算例的规模均大于相关文献的求解规模。

创新点 4：从不同角度建立并比较了单次访问条件下的供需未匹配多商品取送货车辆路径问题的线性规划模型，提出了采用有效不等式来提高模型的性能，验证了所提出的模型及不等式的有效性。

在当前文献中，取送货车辆路径问题的研究集中于单商品、供需匹配关系事先已知的情况(Dror et al.，1994；Archetti et al.，2008；Archetti and Speranza，2012；Wilck IV and Cavalier，2012a，2012b；Archetti et al.，2014；Silva et al.，2015)；供需匹配关系事先未知的取送货车辆路径问题的研究集中于单车、单商品的情况(Hernández-Pérez and Salazar-Gonzalez，2004a，2004b，2007；Hernández-Pérez et al.，2009；Zhao et al.，2009；Mladenović et al.，2012；Ho and Szeto，2014)；基于企业的实际需求，本书研究了多车、多商品、需求可拆分、供需匹配关系事先未知的取送货车辆问题。这也是首次同时考虑以上 4 个条件来研究取送货车辆路径问题。针对本书研究的问题，首先，根据相关文献的建模方法建立了混合整数规划模型；其次，基于分析问题特性提出了一个简化数学模型；最后，为进一步验证简便模型的性能，提出了一系列多项式型有效不等式。通过数值实验验证了简便模型更容易求解，且提出的模型及不等式对所研究的问题具有有效性。

创新点 5：针对单次访问条件下的供需未匹配多商品取送货车辆路径问题，设计了改进的变邻域搜索算法，借助优化软件 CPLEX 设计了问题下界求解方法，验证了本书提出算法的良好表现及明显优势。

为快速获得符合当前企业需求的运输方案，在分析模型特性的基础上，首先构建一个基于运输效率提升的贪婪式算法来快速构建初始可行解，然后基于优化供需匹配决策和车辆路径决策的思想，整合并改进了 Chen 等(2014)提出的邻域结构，并设计了高效的变邻域搜索算法来改善初始解质量。为测试算法的性能，用提出的算法测试对应研究问题的随机生成算例，并将测试结果与基于 CPLEX 获得的下界和文献中已有的相关算法进行比较。实验结果表明提出的启发式算法能在较短时间内对所研究问题提供最优解或近似最优解，且在求解质量、求解时间和稳定性方面都远远优于相关文献的算法。

创新点 6：针对单次访问条件下的供需未匹配多商品取送货车辆路径问题设计了精确求解算法，验证了本书提出的算法的良好表现及明显优势。

从供需匹配关系事先未知的取送货车辆路径问题的研究领域来看，本书研究了多车、多产品和单次访问的情况。针对供需匹配关系事先未知的取送货车辆路径问题，由于问题非常复杂，因此文献中针对此类问题的精确算法的研究极少（Hernández-Pérez and Salazar-Gonzalez，2004a，2007，2014；Salazar-Gonzalez and Santos-Hernández，2015）。为了精确求解现实中中小规模的问题且丰富相关领域精确算法的研究成果，本书设计了一个分支切割算法来求解所研究的问题，即精确求解的同时考虑以上 3 个条件的供需匹配关系事先未知的取送货车辆路径问题。针对此精确算法，提出了 3 类指数型有效不等式，并对每类指数型有效不等式设计了相应的分离算法；讨论了初始上界嵌入方法、预处理过程、分支策略、分离算法调用策略。实验结果表明，该算法能够求解问题的规模为 10 个客户点和 6 种商品的算例，这些算例的规模均大于相关文献中的求解规模。

第2章

# 研究理论基础

车辆路径问题研究的是面对一定数量的客户和需求，在满足车辆最大装载量、车辆最大工作时间等现实约束前提下，车辆运输寻找路程最短、成本最低、耗时最短，且使所有客户需求均得到满足的车队送货方案的问题。该问题既是组合优化问题的热点，也是难点之一。根据不同的角度，车辆路径问题可以形成不同的类型，常见的车辆路径问题具体分类如下。

## 2.1 以优化目标为研究对象

### 2.1.1 以成本最小为目标的车辆路径问题

施天娇等(2020)为研究全渠道零售的配送系统对企业物流成本的影响，综合考虑时间窗、车型选择等因素，以运输成本最低为目标，建立高度协同的全渠道零售场景下的物流配送模型。徐东洋等(2021)首次尝试基于“运距×运量”的车辆路径成本和基于额定吨位的固定派车成本之和最小为优化目标，建立同时考虑多车场、多车型、多商品、客户间供需未匹配和需求可拆分的取送货车辆路径问题模型，并设计基于大规模邻域搜索的迭代局部搜索求解算法。南丽君等(2021)为了给物流企业在车辆配送方案制订方面提供决策支持，针对电动物流车与燃油物流车混合配送的模式，研究了带时间窗的动态需求的车辆路径问题，建立了以配送总成本最小化为目标的两阶段整数规划模型，并针对模型特点，设计了改进的自适应大规模邻域搜索算法(IALNS)，提出新的删除修复算子及动态阶段加速策略。另外，分别针对大规模的静态算例与动态算例进行算法性能测试。结果表明，与无改进策略的 IALNS（IALNS-ND）相比，静态问题中在相同的求解时间内 75%的算例（12 个算例中 9 个算例）IALNS 得到的最小值和平均值均优于 IALNS-ND，动态问题中 95%的算例（60 个算例中 57 个算例）可以得到的成本和时间均优于 IALNS-ND 的解；李楠等（2021）针对现实中广泛存在的一类模糊需求下多时间窗车辆路径问题，即配送前客户需求模糊但车辆到达客户点后其需求变为确定的多时间窗车辆路径问题，以最低化总成本为优化目标，构建基于模糊可信性理论的模糊机会约束规划模型，并提出一种两阶段混合优化算法。崔巍等（2021）从零售业供应链整合入手，考虑配送中心分拣能力，分批次设置车辆协同到达配送中心的服务时间，据此建立以最低化车辆运输成本、临时库存成本和固定成本为目标的数学模型，并考虑问题特征，设计一种混合变邻域搜索粒子群算法求解，将结果进行横纵向比较。结果表明，所提算法有效且可靠，能够为带批次和临时库存的越库配送问题提供解决方案。

### 2.1.2 以成本最小和使用车辆数最少为目标的车辆路径问题

王勇等（2019）为了研究基于客户重要度的混合时间窗车辆路径优化问题，基于成本最低和配送车辆数最少的双层数学规划模型，设计了一种 GA-TS 混合智能算法求解模型。通过实例对构建的模型和设计的算法进行了合理性验证，并进行了不同算法计算结果的比较和敏感度分析研究。

### 2.1.3 以总成本最低和车辆周转时间最少为目标的车辆路径问题

李文霞等（2020）为有效降低物流配送过程中产生的能耗和碳排放，控制配送成本，以传统带时间窗车辆路径问题为基础，研究低碳条件下的车辆路径问题。通过三角概率分布在合理速度区间内对车辆速度进行估算，综合考虑车辆行驶速度、载重量及运行里程来构建碳排放计算模型，建立以系统总成本最低、车辆周转时间最少的多目标低碳车辆路径优化模型。将新兴多因子优化算法中协同进化和信息交互的思想应用于 NSGA-Ⅱ算法，提出增强型 NSGA-Ⅱ算法。

### 2.1.4　以总成本最低和客户满意度最高为目标的车辆路径问题

张瑾等(2020)针对带容量和软时间窗约束的双目标生鲜农产品冷链物流车辆路径问题，建立了以总成本最低和客户满意度最高为目标的双目标优化模型。为了求解问题，运用 ε 约束法处理双目标模型，以蚁群算法为基础，加入交叉与变异算子，设计了遗传蚁群算法。

### 2.1.5　以行驶距离最短为目标的车辆路径问题

余海燕等(2021)针对从线上到线下(O2O)生鲜外卖订单动态性高和配送服务时效性强的特征，建立以配送距离最短为目标，带硬时间窗约束的 O2O 生鲜外卖即时配送路径优化模型。

### 2.1.6　以行驶距离最短和所用车辆数最少为目标的车辆路径问题

骆正山等(2005)以车辆数最少和行驶距离最短为目标，研究了决策者的主观嗜好对决策目标的影响，通过引入遗传算法提出一种基于模糊可能性的混合遗传算法。最后，通过与其他算法的比较证明了基于模糊可能性的混合遗传算法的优势。周晓晔等(2020)为解决工位对物料需求紧迫程度不同，进而影响配送优先顺序的问题，建立以单线超市车辆配置最少与路径最短为目标的数学模型，然后提出加入控制搜索因子的改进蚁群算法对该问题进行求解。庞燕等(2020)为了降低家具配送成本，提高物流效率，基于第三方物流配送模式，构建了以总行驶距离最短和车辆数最少为最优目标的开放式车辆路径问题(Open Vehicle Routing Problem，OVRP)数学模型，并设计了一个改进的两阶段禁忌搜索算法进行求解。范厚明等(2020)针对带模糊需求与模糊时间窗的车辆路径问题，以总行驶距离最短、车辆使用数最少为目标，构建多目标模糊机会约束模型。为提高种群的多样性，改进了交叉算子，在引入局部优化算法及擂台法则的基础上，设计了适合求解多目标车辆路径问题的混合遗传算法。马龙等(2021)根据带时间窗车辆路径问题的应用要求，利用整数线性规划方法，以行驶距离最短和车辆使用数最少为目标，综合考虑了车辆出发点、服务点、装载量、行驶距离、服务时间窗等约束，构建了多目标、多时间窗车辆路径模型，并提出一种鸽群—智能水滴互补改进优化算法解决该问题。

### 2.1.7 以行驶距离最短和碳排放量最少为目标的车辆路径问题

唐慧玲等(2019)考虑带有碳排放约束的车辆路径问题(VRP)，以车辆行驶距离最短和碳排放量最少为目标，构建 VRP 非线性规划模型，提出了一种改进的蚁群系统算法对该模型求解。李晶等(2020)以医药物流客户满意度最大和总成本最低为目标，建立了考虑多模糊时间窗的车辆路径问题优化模型。为满足低碳物流的要求，在路径规划中引入碳排放成本，为防止类似大型医疗器械运输超载问题引入超载惩罚项，引入多模糊时间窗来评价客户在可以忍受送达时间段和期待送达时间段的满意度。以单个配送中心 3 辆配送车辆、25 个客户为算例，运用遗传算法对模型求解，得到的最优车辆配送路径提高了客户满意度并降低了总成本。

### 2.1.8 以总旅行时间最少为目标的车辆路径问题

芦娟等(2019)以最少化总的旅行时间为优化目标，以单车场、单车型、装载能力和需求依背包拆分等为约束，将以往客户需求不可拆分的约束松弛为依背包离散拆分，建立了带装载能力的需求依背包拆分 VRP(CVRPSDB)的单目标数学模型，设计了一个自适应禁忌搜索算法(ATSA)对模型求解。

### 2.1.9 以利润最大为目标的车辆路径问题

鲁建厦等(2021)针对废旧品回收过程中存在的政府补贴和再制造收益等问题，进行了以最大化企业利润为目标的集配一体化车辆路径问题(VRPSPD)研究，设计了改进混合蛙跳算法(ISFLA)求解。该算法利用改进扫描算法生成初始种群，采取多样性策略进行族群分配，设计深度领域搜索机制进行更优化探索。对比实验结果表明，考虑政府补贴和再制造收益的调度方案使总利润平均增加 6%，可以有效提高企业利润，做出更优决策；该算法与遗传算法（GA）、模拟退火（SA）算法等经典算法相比，具有更好的收敛速度与求解精度，可以有效解决此类问题。

## 2.2　以车型为研究对象

### 2.2.1　单车型的车辆路径问题

刘丞等（2013）以某高校通勤车为唯一运载工具探讨车辆路径问题，并采用蚁群算法对该高校通勤车运行路径进行了优化研究。优化方案解决了车辆载客量不均以及驾驶员工作量不均等问题，新的路线方案更加合理。夏扬坤和符卓（2018）为了降低连锁超市的配送系统总成本，结合各超市配送的时效性，研究了带工作时间与软时间窗约束的车辆路径问题，建立了相应的双目标数学模型，并设计了一个自适应禁忌搜索算法求解。在算法中设计了性能提升策略，采用“随机禁忌长度”和“禁忌表重新初始化”对邻域进行充分搜索，设计“多邻域结构体”和“自适应机制”增强算法的全局寻优能力。马冰山等（2019）根据单车型（纯电动车）车辆的行驶特征，结合多配送中心联合服务模式的特点，构建带时间窗的半开放式多配送中心纯电动车辆路径优化模型，设计蚁群算法对其求解。方文婷等（2019）以冷链物流为背景，以冷链运输车为运输工具，研究了单车型车辆路径问题，并建立以总成本最低为研究目标的冷链物流路径优化数学模型。针对蚁群算法初始阶段由于信息素不足导致收敛速度慢的问题，将 A* 算法与蚁群算法相结合，利用 A* 算法的全局收敛性和蚁群算法的正反馈性构造了一种混合蚁群算法来求解此问题。

### 2.2.2　多车型的车辆路径问题

郭海湘等（2017）为降低华北石油局大牛地气田采气过程中车辆运输成本

和车辆碳排放量，建立了单车场多车型车辆路径问题(SHVRP)数学模型，将扫描法、插入法、邻近法、两阶段法、遗传算法和蚁群算法等启发式算法作为求解SHVRP模型的基本算法，在分析算法原理、性能和适用环境等差异的基础上，提出了3种混合算法以及混合蚁群算法HACO。王旭坪等(2019)引入了多车型因素，针对多品种的冷链多温共配问题，从汽车能耗的角度，提出了一种冷链多温车的碳排放量计算方法，将时空距离度量融入初始路径构造中，构建了考虑碳排放量与时空距离的冷链配送路径优化模型，设计了一种两阶段启发式算法求解。赵志学等(2020)针对降低物流配送过程中产生的碳排放问题，从绿色环保角度，提出一种考虑交通拥堵区域的多车型物流配送车辆的绿色车辆路径问题(GVRP)。首先，分析不同类型车辆、不同拥堵状况对车辆行驶路线规划的影响，然后引入基于车辆行驶速度和载重的碳排放速率度量函数；其次，以车辆管理使用费用和油耗碳排放成本最低作为优化目标，构建双目标绿色车辆路径模型；最后，根据模型的特点设计一种融合模拟退火算法的混合差分进化算法对问题求解。

## 2.3 以车场为研究对象

### 2.3.1 单一起始车场和终止车场

基于国际原油运输、烟草制造行业中生产原料调拨、零售行业的商品库存重新布局及共享单车系统的自行车重新分配等问题，徐东洋(2017)研究了网络中供需匹配与多批次取送货车辆路径问题，基于起始车场和终止车场位置相同的假设，建立单车型的车辆路径问题数学模型，并从启发式算法求解和精确算法求解的角度对此问题进行深入研究。郭海湘等(2017)为降低华北石油局大牛地气田采气过程中车辆运输成本和车辆碳排放量，研究了始于车场、途经服务点后返回同一车场的车场多车型车辆路径问题(SHVRP)，基于问题特性建立数学模型，将扫描法、插入法、邻近法、两阶段法、遗传算法和蚁群算法等启发式算法作为求解 SHVRP 模型的基本算法。在分析算法原理、性能和适用环境等差异的基础上，提出了 3 种混合算法：混合启发式算法 HHA（两阶段法+最远插入法+2-OPT）、混合遗传算法 HGA（最邻近法+2-OPT+遗传算法）以及混合蚁群算法 HACO（遗传算法+蚁群算法）。尚春剑等（2021）针对垃圾分类收运问题建模，提出了一个带时间窗异构周期性混合车辆路径问题模型。在该模型中，基于运输车辆从垃圾中转站出发执行收运任务并最终返回垃圾中转站的假设，考虑到垃圾分类收运的周期性，并加入了软时间窗和异型车辆的约束。通过理论分析，将该复杂问题分解为多层车辆路径问题，并提出了一种改进蚁群算法对问题求解。

### 2.3.2　单一起始车场和多个终止车场

修睿等（2021）研究了单车型的单一起始车场和多个终止车场的车辆路径问题。针对多家 LNG 点供企业联合配送的路径优化问题，通过共享客户需求信息，由多个配送中心整合物流资源、联合为客户提供配送服务。车辆从配送中心出发，在客户允许服务的时间内依次为指定的客户提供配送服务；车辆在完成配送任务后，为减少因频繁返回原配送中心造成的额外运输里程，可以选择任意一个配送中心停靠，基于此特点构建带时间窗的半开放式多中心车辆路径模型。为了求解该问题，设计改进的回溯搜索优化算法，利用优化软件 CPLEX 和改进的回溯搜索优化算法求解算例，其结果验证了数学模型的正确性及算法的有效性。

王明阳等（2012）研究了多车型的单一起始车场和多个终止车场的车辆路径问题。针对带油耗的单车场、多车型开放式车辆路径问题，即车辆在执行配送任务时不必回到原车场，而是终止于它所服务的最后一个客户点。针对问题的特殊性，首先建立了该问题的 0-1 整数规划模型，接着设计禁忌搜索算法对该问题求解。

### 2.3.3 多个起始车场和多个终止车场

Xu 等(2012)分析了带时间窗的多车场多车型车辆路径问题，构建了问题模型，并提出了一种改进的可变邻域搜索算法，该算法采用插入和交换的混合算子来完成振荡过程。采用最佳改进策略，一方面保证解的质量，另一方面其时间的消耗较为合理。Contardo 等(2014)为了解决多车场车辆调度问题，同时考虑了车容量约束和路径长度约束，提出了一种精确算法。Li 等(2015)提出了带同时取送货的多车场车辆路径问题，并针对该问题设计了元启发式算法。

## 2.4 以访问次数为研究对象

### 2.4.1 客户需求不可拆分的车辆路径问题

在客户需求不可拆分的车辆路径问题中，网络中每个客户点只能由一辆车访问，客户点的需求一次性交付。Hernández-Pérez 和 Salazar-Gonzalez 等(2014a，2014b)以银行系统中各支行间的现金调配为背景，从单车、单商品、客户需求一次性满足的视角对车辆路径问题进行研究，并分别提出了相应的优化算法。基于相同的视角，Hernández-Pérez 和 Salazar-Gonzalez(2007)、Hernández-Pérez(2009)、Zhao 等(2009)以及 Mladenović 等(2012)对该问题的启发式求解算法和精确求解算法进行了深入探讨。Hernández-Pérez 等(2016)和 Lu 等(2019)考虑单车、多商品、客户需求一次性满足等条件对车辆路径问题进行了深入研究。

### 2.4.2 客户需求可拆分的车辆路径问题

客户需求可拆分的车辆路径问题，即允许多次访问的车辆路径问题。Christiansen 和 Nygreen(1998a)研究了单商品的海上库存路径问题，在此运输网络中有些港口生产氨，有些港口消耗氨，生产和消耗速率恒定。每个港口的取货或送货操作必须在特定时间内进行，每个生产港口可以向任何其他消耗港口提供任何数量的氨，每个港口在计划周期内允许被相同或不同车辆访问多次，目标是设计一个总成本最少的运输方案，使得各港口的需求得到满足。他们针对此问题提出了一个数学规划模型和一个嵌入分支定界的列生成方法。Hemmati 等(2016)引入了多商品的条件，基于近海运输提出了一个两阶段的混合启发式算法，并基于小规模算例将此混合算法与文献中的精确算法做比较。Hennig 等(2012a)研究了原油运输路径规划问题，该问题可以被看作允许多次访问不带库存约束的取送货车辆路径问题。它虽然与海上库存路径问题类似，但不同处在于此问题研究运输时不考虑生产，不考虑库存约束。因此在该问题中，网络中每个港口针对每种商品的供应信息和需求信息确定。他们的研究以原油提炼行业为背景，网络中各个港口生产不同规格的原油，另一些港口只供应一种规格的原油，一些港口可以供应多种规格的原油，在每个港口取货或送货需在特定的时间窗内进行。他们由此建立了此问题的线性规划模型，并提出了路径生成算法来求解小规模问题。Siddiqui 和 Verma (2015)研究了每个港口有多个时间窗约束的情况，并提出了复合粒子群算法。

## 2.5　以时间窗为研究对象

### 2.5.1　带硬时间窗约束的车辆路径问题

所谓硬时间窗约束，即在进行物流服务时，必须在时间窗口要求内到达，否则时间窗关闭将拒绝服务。殷亚等(2017)考虑硬时间窗和车载量限制等约束，针对多目标车辆路径问题的研究，以最少派车数和最短车辆行驶距离为目标建立了数学模型。在分析基本蝙蝠算法求解离散问题局限性的基础上，混合蝙蝠法加入交叉算子和重组算子，以提高算法性能。利用遗传算法的特点，构建出 3 种混合蝙蝠算法求解此问题。陈子根等(2018)为考虑硬时间窗约束的多车型车辆路径问题，深入分析原油初采集疏运系统，将穿梭油轮船队的设计与调度在确保各 FPSO 可在硬时间窗内获得服务的条件下，以观测期内原油运输总成本最低为目标，建立穿梭油轮船队设计与调度优化模型，同步优化穿梭油轮船队的设计（船型选择与船舶数量）与各船舶的航行路径。余海燕等（2020）引入硬时间窗因素，针对从线上到线下（O2O）生鲜外卖订单动态性高和配送服务时效性强的特征，建立以配送距离最短为目标的 O2O 生鲜外卖即时配送路径优化模型。根据硬时间窗的要求和合单配送思想，设计滚动时域延迟配送算法求解。

### 2.5.2 带软时间窗约束的车辆路径问题

由于众多不确定因素的存在，软时间窗更符合实际需求。软时间窗即在进行物流服务时，尽可能在时间窗内进行访问，否则将给予一定的惩罚，即车辆如果在时间窗最早开放时间之前到达，须承担在任务点处等待时损失的成本；如果车辆在时间窗关闭之后到达，须承担惩罚的成本。符卓等（2017）针对带软时间窗的需求依订单拆分车辆路径问题，考虑客户需求依订单拆分和客户对被服务时间的要求，建立了解决问题的数学模型，并设计了求解的禁忌搜索算法。李博威等（2020）考虑在软时间窗下的车辆路径问题，且客户点常伴有同时取送货的双重需求。针对此类问题，通过对软时间窗、车辆在途前后时间关系及二者融合问题进行刻画，同时将车辆行驶距离、车辆使用数、违反软时间窗总时间、客户满意度等纳入综合考量，构建相应混合整数非线性规划模型。设计相应多目标优化求解算法，运用理想点法对目标函数进行转化，将多目标优化问题转化为单目标优化问题。结合相应算例集，运用 LINGO 17.0 全局求解程序求得每组算例的全局最优解。Li 等（2020）引入带软时间窗和动态中转仓库两个因素研究了两阶段车辆路径问题，以货车可变成本、货车等待成本、无人机成本以及无人机等待成本之和最低为优化目标，并提供了一种自适应的大邻域搜索（ALNS）启发式算法来解决此问题。

## 2.6 以需求信息为研究对象

### 2.6.1 需求确定的车辆路径问题

需求确定的车辆路径问题可以被描述为在一个配送系统中有若干个配送中心和一定数量的客户，每个客户的位置和需求已知，车辆从配送中心出发为客户进行配送服务再回到配送中心，在满足约束条件的情况下科学规划配送路径，以实现配送路程最短、成本最低等目标。Pop 等(2013)在客户点需求已知的前提下，引入车容量限制约束研究了车辆路径问题，提出一种有效的混合启发式算法来求解此问题。Kourank 和 Hejazi(2015)在需求确定的基础上，构建了带软时间窗约束的仓库配送路径规划模型，并设计了一种将列生成和元启发式算法结合的高效启发式算法。范厚明等(2020)根据客户需求，以行驶里程最短、车辆数最少以及客户满意度最高为目标，构建基于可信性测度理论的多目标模糊机会约束模型，并将遗传算法的交叉算子进行改进，引入局部优化算法及擂台法则，得到适合模型求解的混合遗传算法。综上所述，国内外对需求确定性车辆路径问题的研究成果很丰富，且研究涉及的范围和领域也很广泛。

### 2.6.2 需求不确定的车辆路径问题

在现实生活中，相对于确定性车辆路径问题，不确定性车辆路径问题更加常见。Sungur 等(2008)提出一种鲁棒优化方法来解决具有需求不确定性的车辆路径问题，这种方法产生的路线可以使运输成本最低，同时在给定的有界不确定性集中满足所有需求。侯玲娟等(2011)针对需求不确定的车辆路径问题，建立了一个随机规划模型，提出了一种带有自适应机制的改进遗传算法。李嫚嫚等(2018)对客户需求量尚未确定的时间窗指派车辆路径问题展开研究。在构建了混合整数线性规划模型的基础上，采用不同约束处理并依据帕累托方法设计了 2 个多目标遗传算法。李国明等(2019)考虑客户需求未知，针对求解过程中大规模车辆规划复杂度较高、规划时间较长等问题，提出一种改进的两阶段算法。

## 2.7 以供需匹配为研究对象

### 2.7.1 供需匹配关系已知的车辆路径问题

在供需匹配关系事先已知的取送货问题中，网络中各客户点之间的供需匹配关系事先已确定，即任意两点之间需转运的商品类型及数量已确定。

### 2.7.2 供需匹配关系未知的车辆路径问题

相对于供需匹配关系已知的车辆路径问题，供需匹配关系事先未知的取送货车辆路径问题为节约运输成本提供了机遇，因为后者相对于前者松弛了网络中各客户点之间已固定的供需匹配关系，使网络中各客户点之间的供需匹配关系变成一个决策，所以可以通过寻找更好的供需匹配关系来获得更好的运输方案，进而降低运输成本。最近几年，供需匹配关系未知的取送货车辆路径问题吸引了许多学者的关注。Shi 等(2009)首次引进单商品取送货车辆路径问题(1-PDVRP)。接着 Kadri 等(2016)研究了单车情况下的单商品取送货车辆路径问题，并提出了一个分支定界算法。Hernández-Pérez 和 Salazar-Gonzalez(2014)引进了单车情况下的多商品取送货旅行商问题(m-PDTSP)。在该问题中，运输网络中有多种商品，任何一种商品的供应客户点都可以向任何需求该种商品的客户点供应任何数量的商品。他们提出了一个混合整数线性规划模型，讨论了经典的分解技术，提出了一些有效不等式及一系列分离算法来提高线性松弛规划模型的性能。实验结果表明，其提出的分支切割算法能够求解 30 个客户点，3 种商品的算例。Dell'Amico 等(2016)研究了多车情况下的单商品取送货车辆路径问题，提出了一个被称作"破坏后重新构建匹配关系”(Destroy and Repair)的元启发式算法，该算法能够对文献中的算例求出更好的解。Chen 等(2014)研究了多车情况下的多商品车辆路径问题，通过考虑单次访问和无限供应(每个供应客户点的商品供应量无限大)引进了多商品取送货车辆路径问题(m-PDVRP)。提出的变邻域搜索算法在 1800 秒内能够对所研究的问题提供高质量的解。徐东洋等(2021)基于供需匹配关系未知，首次尝试基于“运距×运量”的车辆路径成本和基于额定吨位的固定派车成本之和最低为优化目标，建立同时考虑多车场、多车型、多商品和需求可拆分的取送货车辆路径问题模型，并设计了基于大规模邻域搜索的迭代局部搜索求解算法。

第3章

# 多次访问条件下供需未匹配多商品取送货车辆路径问题模型构建与问题特性分析

## 3.1 引言

随着商业模式的演变，物流成本成为企业第三利润源，在企业竞争中占据着越来越重要的地位。通过企业调研，了解到中部地区某烟草公司卷烟生产原料的运输成本长期居高不下。该公司有几个烟厂分别位于省内不同的城市，由于没有原料中心仓库，所以每个烟厂都存贮某些种类的生产原料(如烟叶等)。为快速响应生产，一旦接到公司下达的生产计划(以旬为周期)，每个烟厂自行制订原料调运方案来避免因缺货而影响生产。该公司目前采用以下方式调运原料：当烟厂 1 需求某种原料 $m$ 时，先把送货请求发送给距离它最近且能供应原料 $m$ 的烟厂(如烟厂 2)。一旦接到送货请求，烟厂 2 就派车把原料 $m$ 运送到烟厂 1，然后空车返回。如果烟厂 2 不能单独满足烟厂 1 的需求，剩下的需求依次由其他距离烟厂 1 最近且能供应原料 $m$ 的烟厂来满足，直到烟厂 1 的需求得到充分满足为止。

在目前的调运模式下，原料调运决策权分散于各个烟厂。当某个烟厂有原料需求时，该烟厂只是站在自己的角度，对单批次需求做局部最优供需匹配决策和车辆路径决策，而没有站在整个公司的角度考虑全局最优供需匹配决策和车辆路径决策，这便造成年度的调运费用较高(每年的调拨次数可达上千次)。另外，车辆执行运输任务后空车返回率较高，运输资源浪费严重。因此，该烟草公司希望通过建立一个物流管控部门(物流中心)，从整个公司的角度来优化原料调运问题(即做全局供需匹配决策和车辆路径决策)，进而降低原料运输成本、提高运输资源利用率。

零售行业也存在类似问题。例如在日常生活中可以经常观察到，当一个顾客去商店购买一种商品时，恰好此商品已售完。在此情况下，为了增加销售机会，该商店通常从其他最近的商店调货来尽快满足客户的需求。明显地，在此调货模式下，各商店满足自己单批次需求所做的供需匹配决策和车辆路径决策也均是局部最优，没有考虑其他商店的商品需求情况。为了增加消费机会且减少调运成本，最好的办法是在商店出现断货之前，总店从全局的角度对各商店中的商品库存重新布局。类似的问题也存在于国际原油运输系统（Andersson et al.，2011；Hennig et al.，2012a，2012b；Agra et al.，2013，2014，2015；Siddiqui and Verma，2015）和共享单车系统（Raviv et al.，2013；Chemla et al.，2013；Dell'Amico et al.，2014；Forma et al.，2015）中。

文献中关于车辆路径的研究通常考虑“单次访问”（即单车最多访问一个客户点一次），目前烟草行业中的生产原料调运模式也属于单次访问的情况。从直观上看，允许“多次访问”（即单车多次访问一个客户点）使得问题的优化空间更大，将带来更多的经济效益。如图 3-1 所示，假设网络中有 3 个工厂、4 种生产原料且车辆的最大装载量为 3 个单位。每个工厂的供应信息和需求信息如“供应、需求”所示，其中括号中的数值表示生产原料的供应/需求量。所有车辆必须从车场出发，执行运输任务后返回到车场且每辆车最多被使用一次。在单次访问模式下［见图 3-1（a）］，需要两辆车来满足所有工厂的需求，路线分别是车场→工厂 1→工厂 2→工厂 3→车场（实线部分）和车场→工厂 3→工厂 1→工厂 2→车场（虚线部分）。车辆从一个工厂到另一个工厂的装载信息呈现在两个工厂之间的连线上。然而，在多次访问模式下［见图 3-1（b）］，以上两条路线可以合并，即只需一辆车就能完成运输任务且相应的路线为车场→工厂 1→工厂 2→工厂 3→工厂 1→工厂 2→车场。与单次访问的调运模式相比，单车访问了工厂 1 和工厂 2 两次。显然多次访问模式下的调运方案比单次访问模式下的运输方案需要更少的运输车辆和运输成本。因此，多次访问模式下的调运方案更优。

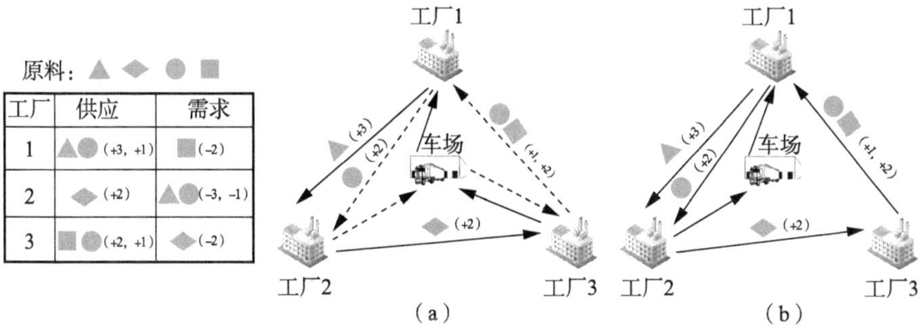


**图 3-1　单次访问模式下的方案和多次访问模式下的方案**

另外，可以通过优化供需匹配决策来进一步优化以上问题。与网络中供需匹配关系事先已知的情况相比，供需匹配关系未知的情况松弛了已固定的供需匹配关系，进而可以通过做出更好的供需匹配决策来减少所需的车辆数和降低运输成本。针对供需匹配关系未知的情况，网络中每个需求点的需求应由哪些供应点来供应以及供应的数量事先未知。显然针对本书所提出的优化问题，供需匹配和车辆路径都需做出决策。更重要的是，这两个决策相互影响，即给定一个路径决策相对应的最优供需匹配决策唯一；反之亦然。在烟草制造行业中，生产计划提前十天下达，这给每个工厂足够时间以调拨原料来满足生产需求。因此，该运输网络不需要考虑取送货时间窗约束。

针对多个行业面临的现实挑战，本章基于无时间窗约束和多商品的运输网络，从优化运输成本的角度，研究了一个允许多次访问的供需匹配与取送货车辆路径问题。通过查阅相关文献可知，该问题高度复杂且在当前文献中没有被研究过。因此，当前的首要任务是探索该问题的线性规划模型及其特性。

## 3.2 模型建立

### 3.2.1 问题描述及假设

针对本书研究的问题，网络中有多个客户点和多种商品，允许单车多次访问一个客户点，目标是设计一个总运输成本最低的商品调运方案，在满足车容量和车辆最大工作时间等约束的前提下，使得所有客户点的需求得到满足。

为了方便建模，考虑以下假设：

（1）车辆同质，即所有车辆具有相同的车容量、最大工作时间、行驶速度且速度恒定。

（2）不考虑在每个客户点的装卸时间。

（3）每个客户点对每种商品的供应有限。该假设基于现实，因为企业的每个工厂的库容有限且每个工厂都持有库存成本。

（4）网络中每种商品的总供应量不少于总需求量。在烟草行业的实际运营中，当某个烟厂的某种原料出现短缺时，它的需求总能通过烟厂之间的转运得到满足。基于同样的假设，Chen 等（2014）研究了烟草行业的类似问题（单次访问）。另外，文献中关于 MRSP 和 BRP 的相关研究（Hennig et al.，2012a，2012b；Agra et al.，2013b，2014；Chemla et al.，2013；Dell'Amico et al.，2014；Forma et al.，2015）也考虑了同样的假设。

（5）网络中每个客户点的需求虽然可通过相同或不同车辆访问多次来分批次满足，但同种商品的需求不允许分批次满足。此假设基于现实操作。如在烟草行业中，由于不同原料的包装和储存不同，导致需要不同的卸载工具。为方便卸载操作和存储管理，每个烟厂总希望同种原料的需求能得到一次性满足。Archetti 等（2015）研究多商品分批送货车辆路径问题（MCSDVRP）时考虑了同样的假设。如 Archetti 等(2015)所述，针对不同商品允许分批次送货，将使送货操作更简便且客户更乐意接受。

### 3.2.2 基础模型

类似 Al-Khayyal 和 Hwang(2007)，此问题可以构建于一个$(i, a)$的节点网络中，其中 $i$ 表示一个顶点，$a$ 表示第 $a$ 次访问顶点 $i$。类似地，定义$(i, a)$参数为顶点 $i$ 的一个位置(a position)。为了描述模型，定义符号如表 3-17 所示。

表 3-1　参数与变量

| | |
|---|---|
| $V$ | 表示车辆集合，$V=\{1, \cdots, K\}$ |
| $T$ | 表示车辆的最大工作时间 |
| $Q$ | 表示车容量 |
| $N$ | 表示顶点集合，$N=\{0, 1, \cdots, n, n+1\}$。顶点 0 和 $n+1$ 分别表示车辆的起始车场和终止车场，其他顶点表示网络中的客户点 |
| $c_{ij}$ | 表示顶点 $i$ 和顶点 $j$ 之间的行驶成本，它等于这两个顶点之间的行驶距离且满足三角不等式原理 |
| $t_{ij}$ | 表示顶点 $i$ 和顶点 $j$ 之间的行驶时间，它等于这两个顶点之间的行驶距离与车速的比值 |
| $H$ | 表示商品类型集合，$H=\{1, \cdots, M\}$ |
| $I_{jm}$ | 表示顶点 $j$ 供应或需求商品 $m$ 的数量，其中负值代表顶点 $j$ 对商品 $m$ 的相应需求数量，正值代表顶点 $j$ 对商品 $m$ 的相应供应数量 |
| $f_{jm}$ | 表示一个辅助型参数，等于 1 代表顶点 $j$ 供应商品 $m$，等于-1 代表顶点 $j$ 需求商品 $m$，等于 0 代表顶点 $j$ 既不供应商品 $m$ 也不需求商品 $m$ |
| $(i, a)$ | 表示顶点 $i$ 的一个位置，它代表第 $a$ 次访问顶点 $i$ |
| $u_i$ | 表示顶点 $i$ 被允许访问的最大次数。由于访问一个顶点时取货量可为 1 个单位，为了保证获得的最优解为全局最优，在实验中，设定 $u_i$ 为顶点 $i$ 处的总供应量和需求的商品类型数量之和 |
| $A_i$ | 表示顶点 $i$ 的可能访问次数，$A_i=\{1, 2, \cdots, u_i\}$ |
| $E$ | 表示所有顶点的位置集合，$E=\{(i, a) \mid i \in N, a \in A_i\}$ |
| $E_n$ | 表示所有客户点的位置集合，$E_n=\{(i, a) \mid i \in N/\{0, n+1\}, a \in A_i\}$ |
| $(0, s_k)$ | 表示车辆 $k$ 的起始位置。如果网络中有 $K$ 辆车，针对每辆车 $k$，设定 $s_k=k$ |
| $(n+1, e_k)$ | 表示车辆 $k$ 的终止位置。如果网络中有 $K$ 辆车，针对每辆车 $k$，设定 $e_k=k$ |

续表

| | |
|---|---|
| $\Omega$ | 表示一个较大的整数。在实验中，设定为$\sum_{i\in N} u_i$ |
| $x_{iajbk}$ | 0~1 变量，等于 1 表示车辆 $k$ 从位置$(i, a)$直接行驶到位置$(j, b)$，否则等于 0 |
| $q_{jbmk}$ | 整数变量，表示车辆 $k$ 访问位置$(j, b)$时取走或投放商品 $m$ 的数量 |
| $z_{jbmk}$ | 0~1 变量，等于 1 表示车辆 $k$ 访问位置$(j, b)$时投放商品 $m$，否则等于 0 |
| $L_{iajbmk}$ | 整数变量，表示车辆 $k$ 从位置$(i, a)$直接行驶到位置$(j, b)$时所装商品 $m$ 的数量 |
| $e_{jbk}$ | 非负实数变量，表示车辆 $k$ 访问位置$(j, b)$的次序。此变量用于消除子循环路线 |

$$\min \sum_{(i,a)\in E}\sum_{(j,b)\in E}\sum_{k\in V} x_{iajbk}c_{ij} \tag{3-1}$$

$$\sum_{(j,b)\in E} x_{os_kjbk} = 1,\quad \forall k \in V \tag{3-2}$$

$$\sum_{(j,b)\in E} x_{jbos_kk} = 0,\quad \forall k \in V \tag{3-3}$$

$$\sum_{(j,b)\in E} x_{jb(n+1)e_kk} = 1,\quad \forall k \in V \tag{3-4}$$

$$\sum_{(j,b)\in E} x_{(n+1)e_kjbk} = 0,\quad \forall k \in V \tag{3-5}$$

$$\sum_{(i,a)\in E}\sum_{k\in V} x_{iajbk} \leqslant 1,\quad \forall (j, b) \in E \tag{3-6}$$

$$\sum_{(i,a)\in E} x_{iajbk} - \sum_{(i,a)\in E} x_{jbiak} = 0,\quad \forall (j, b) \in E_n,\ k \in V \tag{3-7}$$

$$\sum_{m\in H} L_{os_kjbmk} = 0,\quad \forall (j, b) \in E,\ k \in V \tag{3-8}$$

$$\sum_{m\in H} L_{jb(n+1)e_kk} = 0,\quad \forall (j, b) \in E,\ k \in V \tag{3-9}$$

$$\sum_{(i,a)\in E} x_{iajbk}\Big(\sum_{(i,a)\in E} L_{iajbmk} + q_{jbmk}f_{jm} - \sum_{(i,a)\in E} L_{jbiamk}\Big) = 0,$$
$$\forall (j, b) \in E_n,\ m \in H,\ k \in V \tag{3-10}$$

$$L_{iajbmk} \geqslant 0,\quad \forall (i, a) \in E,\ (j, b) \in E,\ m \in H,\ k \in V \tag{3-11}$$

$$\sum_{m\in H} L_{iajbmk} \leqslant Qx_{iajbk},\quad \forall (i, a) \in E,\ (j, b) \in E,\ k \in V \tag{3-12}$$

$$\sum_{(i,a)\in E}\sum_{(j,b)\in E} x_{iajbk}t_{ij} \leqslant T,\quad \forall k \in V \tag{3-13}$$

$$\sum_{b \in A_j} \sum_{k \in V} q_{jbmk} \leqslant I_{jm} f_{jm}, \ \forall j \in N/\{0, n+1\}, m \in \{H \mid I_{jm} > 0\} \tag{3-14}$$

$$\sum_{b \in A_j} \sum_{k \in V} q_{jbmk} = I_{jm} f_{jm}, \ \forall j \in N/\{0, n+1\}, m \in \{H \mid I_{jm} < 0\} \tag{3-15}$$

$$q_{jbmk} \leqslant \min(I_{jm} f_{jm}, Q) \sum_{(i, a) \in E} x_{iajbk}, \quad \forall (j, b) \in E_n, m \in \{H \mid I_{jm} > 0\}, k \in V \tag{3-16}$$

$$q_{jbmk} = I_{jm} f_{jm} z_{jbmk}, \ \forall (j, b) \in E_n, m \in \{H \mid I_{jm} < 0\}, k \in V \tag{3-17}$$

$$q_{jbmk} \geqslant 0, \ \forall (j, b) \in E, m \in H, k \in V \tag{3-18}$$

$$e_{jbk} > e_{iak} - \Omega(1 - x_{iajbk}), \ \forall (i, a) \in E, (j, b) \in E, k \in V \tag{3-19}$$

$$e_{jbk} \in [0, \Omega], \ \forall (j, b) \in E, k \in V \tag{3-20}$$

$$z_{jbmk} \leqslant \sum_{(i, a) \in E} x_{iajbk}, \ \forall (j, b) \in E_n, m \in \{H \mid I_{jm} < 0\}, k \in V \tag{3-21}$$

$$z_{jbmk} \in \{0, 1\}, \ \forall (j, b) \in E_n, m \in \{H \mid I_{jm} < 0\}, k \in V \tag{3-22}$$

$$x_{iajbk} \in \{0, 1\}, \ \forall (i, a) \in E, (j, b) \in E, k \in V \tag{3-23}$$

式(3 - 1) 表示目标函数，总运输成本最小化；式(3 - 2) ~ 式(3 - 5) 保证每辆车从起始车场出发，完成任务后返回终止车场且被使用一次；式(3 - 6) 表示每个位置最多被访问一次；式(3 - 7) 表示路线流约束；式(3 - 8) 表示每辆车空车从起始车场出发；式(3 - 9) 表示每辆车完成任务后空车返回终止车场；非线性式(3 - 10) 表示商品的装卸平衡约束，它保证如果车辆 $k$ 访问位置 $(j, b)$，车辆 $k$ 到达 $(j, b)$ 时所装载的商品数量加上在 $(j, b)$ 取走的商品数量或减去在 $(j, b)$ 投放的商品数量，等于车辆 $k$ 离开 $(j, b)$ 时所装载的商品数量；式(3 - 11) 保证车辆从一个位置到另一个位置任何一种商品的装载量非负；式(3 - 12) 保证每辆车的装载量不能超过车容量；式(3 - 13) 表示每辆车的行驶时间不能超过最大允许工作时间限制；式(3 - 14) 表示如果 $j$ 是商品 $m$

的供应顶点，在顶点$j$的取货总量不超过它的总供应量；式(3 - 15)表示如果$j$是商品$m$的需求顶点，在顶点$j$的投货总量等于它的总需求量；式(3 - 16)表示如果$j$是商品$m$的供应顶点，在位置$(j, b)$的取货量不能超过它对商品$m$的总供应量及车容量，此外式(3 - 16)保证如果车辆$k$没有访问$(j, b)$，$q_{jbmk}$应为0；式(3 - 17)表示如果$j$是商品$m$的需求顶点，在位置$(j, b)$的投货总量应等于它对商品$m$的总需求量或者零；式(3 - 17)和式(3 - 15)结合在一起表示每个顶点的同种商品的需求一次性满足；式(3 - 18)保证在每个位置的取货量或投货量不能为负值，类似 Miller 等(1960)和 Bektas(2006)；式(3 - 19)和式(3 - 20)表示消除子循环约束；式(3 - 21)表示$\sum_{(i, a) \in E} x_{iajbk}$主导$z_{jbmk}$，即针对任意的商品$m$，如果$\sum_{(i, a) \in E} x_{iajbk}$为0，那么$z_{jbmk}$也应为0；式(3 - 22)和式(3 - 23)表示0 ~ 1变量。

显然地，非线性式(3-10)导致以上模型非线性。为了能够采用优化软件CPLEX求解该模型，采用以下两个线性式(3-10.1)和(3-10.2)来代替非线性式(3-10)。

$$\sum_{(i, a) \in E} L_{iajbmk} + q_{jbmk} f_{jm} - \sum_{(i, a) \in E} L_{jbiamk} - Q \sum_{(i, a) \in E} x_{iajbk} \geqslant -Q, \quad \forall (j, b) \in E_n, m \in H, k \in V \tag{3-10.1}$$

$$\sum_{(i, a) \in E} L_{iajbmk} + q_{jbmk} f_{jm} - \sum_{(i, a) \in E} L_{jbiamk} + Q \sum_{(i, a) \in E} x_{iajbk} \leqslant Q, \quad \forall (j, b) \in E_n, m \in H, k \in V \tag{3-10.2}$$

通过允许多次访问，所研究的问题扩展了 Chen 等(2014)中的 NP-难问题。因此，所研究的问题也是 NP-难题。

### 3.2.3 单元化模型

造成以上“基础模型”较复杂的主要原因有两个：一方面，需要做路径决策和取/投货数量决策，这两个决策相互交叉影响且相对应决策变量的维度较高，如路径决策变量为五维，取/投货数量决策变量为四维；另一方面，每个顶点被访问的次数事先未知，为了保证所获得的最优解为全局最优，在测试中，$u_i$ 应被设定为一个足够大的数(即顶点 $i$ 的供应总量与需求商品类型数量之和)。因此，本节提出了一个“单元化”方法来简化基础模型，把简化后的模型称作“单元化”模型。

单元化方法的主要思想是顶点拆分。为了方便，用“节点”表示从原顶点拆分出的子顶点。图 3-2 通过列举一个简单的例子来说明顶点拆分过程。图 3-2 中的顶点供应 2 种商品，需求 2 种商品。

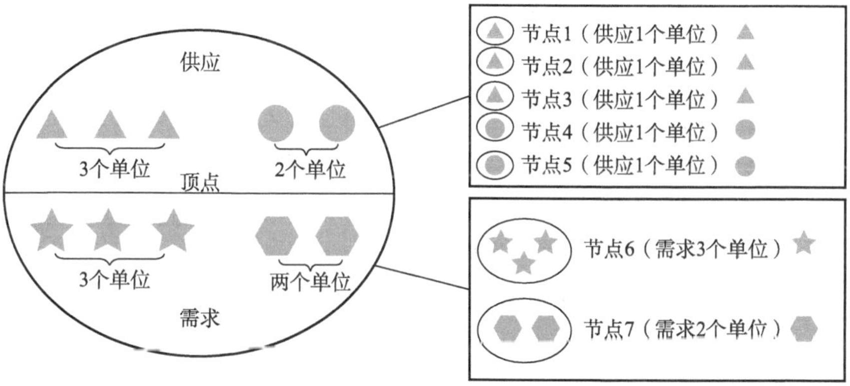


**图 3-2　一个顶点的拆分过程**

基于以上顶点拆分过程，每个顶点根据供应和需求信息都被拆分成一个或两个节点集合。这些节点和原顶点的位置坐标相同，其中一个为供应节点集合，该集合中的每个节点都只供应一种商品且供应量为 1。因此，拆分出的供应节点数等于原顶点针对所有商品的总供应量。另一个为需求节点集合，在该集合中每个节点都只需求一种商品且需求量等于原顶点对该种商品的需求量。因此，拆分出的需求节点数等于原顶点所需的商品类型数。如在图 3-2 中，该顶点供应 5 个单位的商品，需求 2 种商品类型，最终该顶点被拆分出 5 个供应节点和 2 个需求节点。

为描述单元模型，需额外引入的符号如表 3-2 所示。

**表 3-2　参数与变量**

| | |
|---|---|
| $N^u$ | 表示节点集合，$N^u=\{0,\ 1,\ \cdots,\ n^u,\ n^u+1\}$。节点 0 和 $n^u+1$ 分别表示起始车场和终止车场；其他节点表示从顶点拆分出的子顶点 |
| $I^u_{jm}$ | 表示节点 $j$ 供应或需求商品 $m$ 的数量。如果 $j$ 是商品 $m$ 的供应节点，$I^u_{jm}$ 为 1。如果 $j$ 是商品 $m$ 的需求节点，$I^u_{jm}$ 为一个负数 |
| $S$ | 表示供应节点集合。如果两个节点属于相同顶点且供应的商品类型相同，它们被称为同质节点 |
| $D$ | 表示需求节点集合 |
| $S_m$ | 表示供应商品 $m$ 的节点集合 |
| $D_m$ | 表示需求商品 $m$ 的节点集合 |
| $S^v$ | 表示从顶点 $v$ 拆分出的供应节点集合 |
| $D^v$ | 表示从顶点 $v$ 拆分出的需求节点集合 |
| $S^v_m$ | 表示从顶点 $v$ 拆分出且供应商品 $m$ 的节点集合，该集合中的节点是同质节点 |
| $LM(i)$ | 表示比 $i$ 的商品类型编号大的节点集合 |
| $LN(i)$ | 表示比 $i$ 的节点编号大的节点集合 |
| $arg[i]$ | 表示节点 $i$ 所供应或需求的商品类型 |
| $x^k_{ij}$ | 0~1 变量，等于 1 表示车辆 $k$ 从节点 $i$ 直接行驶到节点 $j$，否则等于 0 |
| $L^k_{ijm}$ | 整数变量，表示车辆 $k$ 从节点 $i$ 直接行驶到节点 $j$ 所装商品 $m$ 的数量 |
| $e^k_j$ | 非负实数变量，表示车辆 $k$ 访问节点 $j$ 的顺序，此变量用于消除子循环路线 |

单元化模型具体如下：

（1）目标函数

$$\min \sum_{i \in N^u} \sum_{j \in N^u} \sum_{k \in V} x^k_{ij} c_{ij} \tag{3-24}$$

（2）车辆起始和终止约束

式(3-25)~式(3-28)保证每辆车从起始车场出发，执行任务后返回终止车场且只被使用一次。

$$\sum_{j \in N^u} x^k_{oj} = 1,\quad \forall k \in V \tag{3-25}$$

$$\sum_{j \in N^u} x_{jo}^k = 0, \quad \forall k \in V \tag{3-26}$$

$$\sum_{j \in N^u} x_{j(n^u+1)}^k = 1, \quad \forall k \in V \tag{3-27}$$

$$\sum_{j \in N^u} x_{(n^u+1)j}^k = 0, \quad \forall k \in V \tag{3-28}$$

（3）一次访问约束

式(3-29)表示每个供应节点最多被访问一次；式(3-30)表示每个需求节点有且只有被访问一次。

$$\sum_{i \in N^u} \sum_{k \in V} x_{ij}^k \leqslant 1, \quad \forall j \in S \tag{3-29}$$

$$\sum_{i \in N^u} \sum_{k \in V} x_{ij}^k = 1, \quad \forall j \in D \tag{3-30}$$

（4）路线流约束

式(3-31)保证车辆 $k$ 进入节点 $j$ 的车辆流等于离开节点 $j$ 的车辆流。

$$\sum_{i \in N^u} x_{ij}^k - \sum_{i \in N^u} x_{ji}^k - 0, \quad \forall j \in N^u / \{0, n^u + 1\}, \ k \in V \tag{3-31}$$

（5）装载量约束

式(3-32)和式(3-33)保证每辆车空车从起始车场出发且空车返回终止车场。式(3-34)保证如果车辆 $k$ 访问节点 $j$，车辆 $k$ 到达 $j$ 时所装商品 $m$ 的数量，加上在节点 $j$ 取走商品 $m$ 的数量或减去在节点 $j$ 投放商品 $m$ 的数量，等于车辆 $k$ 离开节点 $j$ 时所装商品 $m$ 的数量；式(3-34)同时保证当访问一个节点时，必须全部取走该节点所供应的商品或投放该节点所需求的商品。式(3-35)表示每辆车从一个节点到另一个节点所装商品的数量不能超过车容量。

$$\sum_{m \in H} L_{ojm}^k = 0, \quad \forall j \in N^u, \ k \in V \tag{3-32}$$

$$\sum_{m \in H} L_{j(n^u+1)m}^k = 0, \quad \forall j \in N^u, \ k \in V \tag{3-33}$$

$$\sum_{i \in N^u} L_{ijm}^k + I_{jm}^u \sum_{i \in N^u} x_{ij}^k = \sum_{i \in N^u} L_{jim}^k, \quad \forall j \in N^u / \{0, n^u + 1\}, \ m \in H, \ k \in V \tag{3-34}$$

$$\sum_{m \in H} L_{ijm}^k \leqslant Q x_{ij}^k, \quad \forall i \in N^u, \ j \in N^u, \ k \in V \tag{3-35}$$

（6）车辆工作时间约束

$$\sum_{i \in N^u}\sum_{j \in N^u} x_{ij}^k t_{ij} \leqslant T,\quad \forall k \in V \tag{3-36}$$

（7）消除子循环约束

$$e_j^k > e_i^k - \Omega(1 - x_{ij}^k),\quad \forall i \in N^u,\ j \in N^u,\ k \in V \tag{3-37}$$

$$e_j^k \in [0,\ \Omega/2],\quad \forall j \in N^u,\ k \in V \tag{3-38}$$

（8）变量类型约束

$$x_{ij}^k \in \{0,\ 1\},\quad \forall i \in N^u,\ j \in N^u,\ k \in V \tag{3-39}$$

$$L_{ijm}^k \geqslant 0,\quad \forall i \in N^u,\ j \in N^u,\ m \in H,\ k \in V \tag{3-40}$$

基于单元化方法，取/投货数量决策被消除，故基础模型中的式(3-14)~式(3-18)被消除。类似地，变量 $z_{jbmk}$ 被消除，基础模型中的式(3-21)和式(3-22)也被消除。然而需要指出，以上单元化模型的可行解空间比基础模型的可行解空间大。因为在基础模型中，在一个顶点取货时，每种商品被看作一个整体被取走；但在单元化模型中，商品的取货方式由所拆分的供应节点的访问顺序决定。假设需要取走商品▲和商品●的所有供应。如图 3-3 所示，在基础模型中，3 个单位的▲一起被取走，2 个单位的●一起被取走。然而在单元化模型中，除了存在与基础模型相同的取货方式[见图 3-4(a)]，还存在其他取货方式[见图 3-4(b)]。在图 3-4(b)中，先取走 1 个单位的▲，然后取走 2 个单位的●，最后再取走 2 个单位的▲，此取货方式被称作“交叉取货”。为保证单元化模型和基础模型的可行解空间相同，下面所讨论的“取货和投货约束”必须添加到单元化模型中。

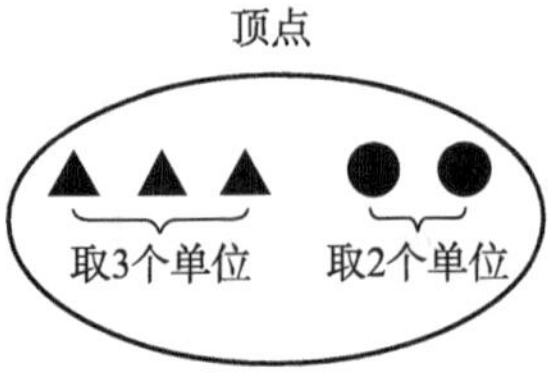


**图 3-3　基础模型中的取货方式**

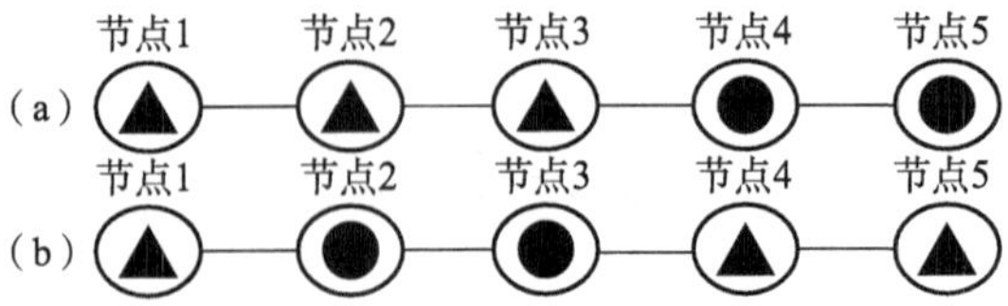


**图 3-4　单元化模型中的取货方式**

(9)取货或投货约束

式(3-41)表示当在一个顶点取不同的商品时，不允许交叉取货，即同种商品应一起被取走。

$$\sum_{k \in V}\sum_{i \in S_m^v}(x_{ip}^k + x_{pi}^k) \leqslant 1,\ \forall v \in N,\ m \in H,\ p \in (S^v / S_m^v) \quad (3-41)$$

式(3-42)、式(3-43)和式(3-44)表示当在一个顶点取走/投放多种商品时，只有一种取货/投货操作顺序。式(3-42)表示当在一个顶点取走多种商品时，取货操作应从商品类型编号较小的商品开始；式(3-43)表示当在一个顶点投放多种商品时，投放操作应从商品类型编号较小的商品开始；式(3-44)表示当在一个节点同时存在取货操作和投货操作时，应先执行投货操作。

$$\sum_{k \in V} x_{ji}^k = 0,\ \forall v \in N,\ i \in S^v,\ j \in S^v \cap LM(i) \quad (3-42)$$

$$\sum_{k \in V} x_{ji}^k = 0,\ \forall v \in N,\ i \in D^v,\ j \in D^v \cap LM(i) \quad (3-43)$$

$$\sum_{k \in V} x_{ji}^k = 0,\ \forall v \in N,\ i \in D^v,\ j \in S^v \quad (3-44)$$

式(3-45)表示当在一个顶点取走多个单位的某种商品时，取货操作应从节点编号较小的节点开始。

$$\sum_{k \in V} x_{ji}^k = 0,\ \forall v \in N,\ m \in H,\ i \in S_m^v,\ j \in S_m^v \cap LN(i) \quad (3-45)$$

从以上可清晰地观察到，单元化模型相对于基础模型需要较少的决策变量和约束。进一步测试表明，单元化模型相对于基础模型能够求解更多的算例，获得更紧的下界(详细结果可参阅第 3.4.2 节)。

## 3.3　有效不等式

由于所研究问题的复杂性，初步实验表明，即使表现较好的单元化模型对一些小规模问题也不能获得最优解或更紧的下界。为了使单元化模型在规定时间内获得最优解或更紧的下界，本节将提出一些有效不等式来提高单元化模型的性能。

### 3.3.1 对称破坏不等式

（1）解的对称破坏处理

在单元化模型中可能存在多个目标值相同的解，这是因为在求解过程中不同的供需匹配决策，可能导致路线虽不同但运输成本相同。为了详细地解释这种情况，本节列举了两条不同的路线，如图 3-5 和图 3-6 所示。在这两条路线中，节点 $i$，$j$，$p$ 分别属于不同顶点且节点 $p$ 是需求节点。在路线 $k$ 中，节点 $i_1$ 是需求节点 $p$ 的供应节点且与节点 $i$ 属于相同顶点。在路线 $k'$ 中，节点 $j_1$ 是需求节点 $p$ 的供应节点且与节点 $j$ 属于相同顶点。针对需求节点 $p$ 两个不同的供需匹配虽导致两条不同的路线，但这两条路线的运输成本相同。

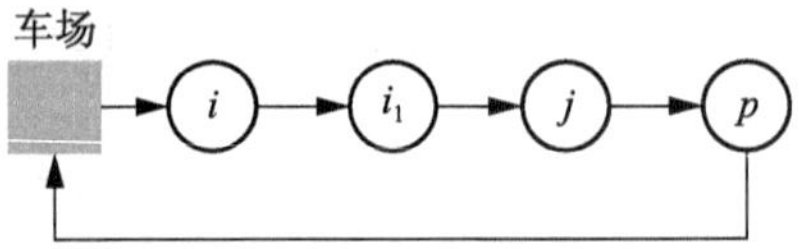


**图 3-5　路线 $k$**

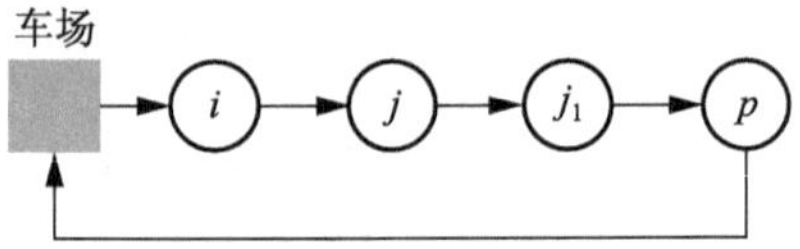


**图 3-6　路线 $k'$**

在实际运输中，为了减少油料消耗，装载量×运输距离（Load×Distance，“LD”）的值越小路线越好。因此，本节通过往目标函数（3-24）中引入 $c_{ij}L_{ijm}^k$ 对目标值相同的解作进一步筛选。目标函数（3-24）因此更新为

$$\min\sum_{i\in N^u}\sum_{j\in N^u}\sum_{k\in V}c_{ij}x_{ij}^k + P\sum_{i\in N^u}\sum_{j\in N^u}\sum_{k\in V}\sum_{m\in H}c_{ij}L_{ijm}^k \tag{3-46}$$

其中，$P$ 是一个辅助参数，在数值实验中，设定 $P$ 为 $\frac{1}{10\times Q\Omega\max\limits_{0\leqslant i,j\leqslant n^u}\{c_{ij}\}}$。由于在单元化模型中，每个节点最多被访问一次且每个供应节点的供应量为 1 个单位，因此以上参数 $P$ 可以保证函数（3-46）中第二项的值小于 0.01。由函数（3-46）中第一项的浮点数为 0.01 可知，函数（3-46）不仅能够保证较好解的运输成本较低，而且能够通过选择最小的“LD”对运输成本相同的解作筛选。初步测试表明采用函数（3-46）代替函数（3-24），显著地加快了问题求解

进程。

（2）车辆编号对称破坏不等式

派遣车辆时，采用编号较小优先被使用的原则，即只有车辆 $k$ 被使用后车辆 $k+1$ 才允许被使用。

$$x_{0(n^u+1)}^{k} \leqslant x_{0(n^u+1)}^{k+1} \ \forall k \in V/\{K\} \tag{3-47}$$

（3）同质节点对称破坏不等式

采用以下 3 个对称破坏规则处理同质供应节点。

规则 1：编号较小的同质节点优先被选择。

$$\sum_{k \in V} \sum_{p \in N^u} x_{pj}^{k} \leqslant \sum_{k \in V} \sum_{p \in N^u} x_{pi}^{k} \ \forall v \in N,\ m \in H,\ i \in S_m^v,\ j \in S_m^v \cap LN(i) \tag{3-48}$$

规则 2：如果两个同质供应节点被相同车辆访问，则这两个节点按节点编号的增加顺序被访问，即编号较小的节点优先被访问。

$$y_i^k \leqslant y_j^k + \Omega\Big(2 - \sum_{p \in N^u} x_{pi}^{k} - \sum_{p \in N^u} x_{pj}^{k}\Big) \ \forall v \in N,\ m \in H,\ i \in S_m^v,\ j \in S_m^v \cap LN(i),\ k \in V \tag{3-49}$$

规则 3：如果两个同质供应节点分别被不同车辆访问，则编号较小的节点被编号较小的车辆访问。

$$\sum_{k \in V}\Big(\sum_{p \in N^u} x_{pi}^{k}\Big) \cdot k \leqslant \sum_{k \in V}\Big(\sum_{p \in N^u} x_{pj}^{k}\Big) \cdot k + K\Big(1 - \sum_{k \in V} \sum_{p \in N^u} x_{pj}^{k}\Big) \ \forall v \in N,\ m \in H,\ i \in S_m^v,\ j \in S_m^v \cap LN(i) \tag{3-50}$$

### 3.3.2　三节点子路线消除不等式

为描述并证明这些不等式，首先指出可行路线应满足的 4 个条件：

(1)针对每种商品，总取货量等于总需求量。

(2)每个需求节点的需求一次性满足，此条件对应第 3.2.1 节中假设(5)“网络中每个客户点的需求虽然可通过相同或不同车辆访问多次来分批次满足，但同种商品的需求不允许分批次满足”。

(3)任意两个节点之间的装载量非负，且不能超过车容量。

(4)路线的行驶时间不超过车辆的最大允许工作时间。在呈现这些不等式之前，先讨论下面 6 个命题。

命题 3.1：如果供应节点 $i$ 和供应节点 $j$ 均属于相同顶点，供应节点 $p$ 属于其他顶点，则子路线 $i \to p \to j$ 不可能出现在最优解的任何路线中。

证明：假设存在满足以上命题条件的节点 $i$，$j$，$p$，使 $i \to p \to j$ 出现在最优方案的某条路线中。不妨假定该路线为路线 $k$ 且把最优解记作 $F^*$，节点 $i$ 在路线 $k$ 的直接前点记作 $i_0$，如图 3-7 所示。针对路线 $k$，先移除节点 $i$，然后重新插入节点 $p$ 和节点 $j$ 之间，将获得的一条新路线记作路线 $k'$，如图 3-8 所示。不难发现，路线 $k'$仍然满足条件(1)、(2)和(3)。

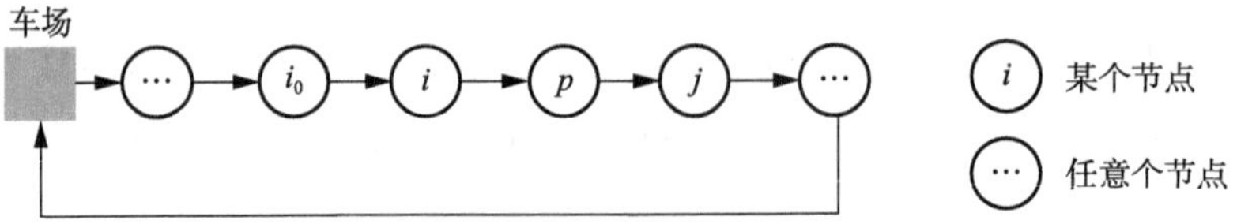


**图 3-7　路线 $k$**

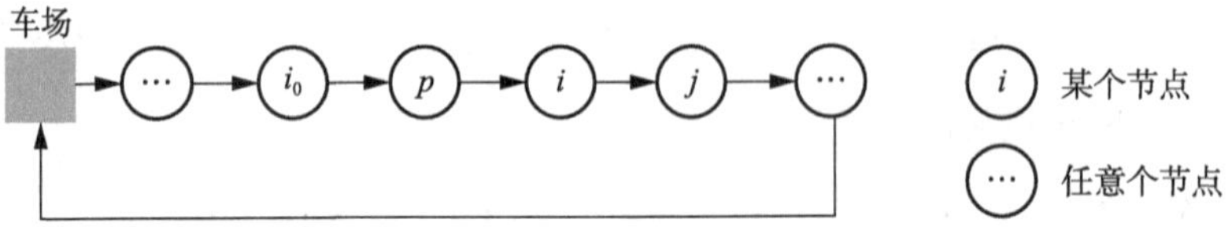


**图 3-8　路线 $k'$**

接下来讨论以下两种情况：

情况 1：节点 $i$ 和节点 $i_0$ 均属于不同顶点。由图 3-7 和图 3-8 可知，除了子路线 $i_0 \to i \to p \to j$ 和 $i_0 \to p \to i \to j$ 之外，路线 $k$ 和路线 $k'$完全相同。路线 $k$ 和路线 $k'$中相同部分的运输成本均记作 $c_0$。因此，路线 $k$ 的运输成本 $c^k=c_0+c^k_{i_0j}$，其中 $c^k_{i_0j}=c_{i_0i}+c_{ip}+c_{pj}$。类似地，路线 $k'$的运输成本 $c^{k'}=c_0+c^{k'}_{i_0j}$，其中 $c^{k'}_{i_0j}=c_{i_0p}+c_{pi}+c_{ij}$。由节点 $i$，$j$ 属于相同顶点可知，$c_{ij}=0$ 且 $c_{pj}=c_{pi}$。再根据三角不等

式 $c_{i_0 i}+c_{ip}>c_{i_0 p}$，可得到 $c^k_{i_0 j}>c^{k\prime}{}_{i_0 j}$，进而可知 $c^k>c^{k\prime}$。基于车速恒定，路线 $k'$ 也满足条件(4)。因此，路线 $k'$ 是可行路线且优于路线 $k$。显然地，用路线 $k'$ 替换路线 $k$ 将得到一个更好的解 $F'$，此结论与 $F^*$ 是最优解矛盾，因此假设不成立，问题得证。

情况 2：节点 $i$ 和节点 $i_0$ 均属于相同顶点。在此情况下，$c_{i_0 i}=c_{ij}=0$，$c_{ip}=c_{i_0 p}$ 且 $c_{pj}=c_{pi}$。因此 $c^k=c^{k\prime}$，此结论表明路线 $k'$ 和路线 $k$ 的运输成本相同且路线 $k'$ 是可行路线。由于供应节点 $i$ 在路线 $k'$ 中的位置比在路线 $k$ 中的位置靠后，即与路线 $k$ 相比，路线 $k'$ 中供应节点 $i$ 与它的需求节点之间的距离较近。再根据这两条路线中其他供应节点与它们的需求节点之间的距离完全相同可知，路线 $k'$ 比路线 $k$ 的“LD”值小。从而可知，路线 $k'$ 是可行路线且优于路线 $k$。接下来类似情况 1，问题得证。

命题 3. 2：如果供应节点 $i$ 和供应节点 $j$ 均属于相同顶点，需求节点 $p$ 属于其他顶点且它所需求的商品类型不同于节点 $i$ 所供应的商品类型，子路线 $i\to p\to j$ 不可能出现在最优解的任何路线中。

命题 3. 3：如果需求节点 $i$ 和需求节点 $j$ 均属于相同顶点，供应节点 $p$ 属于其他顶点且它所供应的商品类型不同于节点 $j$ 所需求的商品类型，子路线 $i\to p\to j$ 不可能出现在最优解的任何路线中。

命题 3. 4：如果需求节点 $i$ 和需求节点 $j$ 均属于相同顶点，需求节点 $p$ 属于其他顶点，子路线 $i\to p\to j$ 不可能出现在最优解的任何路线中。

命题 3. 5：如果需求节点 $i$ 和供应节点 $j$ 均属于相同顶点，供应节点 $p$ 属于其他顶点，子路线 $i\to p\to j$ 不可能出现在最优解的任何路线中。

命题 3. 6：如果需求节点 $i$ 和供应节点 $j$ 均属于相同顶点，需求节点 $p$ 属于其他顶点，子路线 $i\to p\to j$ 不可能出现在最优解的任何路线中。

命题 3. 2 至命题 3. 6 的证明过程和命题 3. 1 的证明过程类似，故省略。基于以上 6 个命题，以下 6 个不等式有效。

$$\sum_{k\in V}\Big(\sum_{i\in S^v}x^k_{ip}+\sum_{j\in S^v}x^k_{pj}\Big)\leqslant 1,\ \forall v\in N,\ p\in S/S^v \tag{3-51}$$

$$\sum_{k \in V}\left(\sum_{i \in (S^v/S_{\arg[p]})} x_{ip}^k + \sum_{j \in S^v} x_{pj}^k\right) \leqslant 1,\ \forall v \in N,\ p \in (D/D^v) \tag{3-52}$$

$$\sum_{k \in V}\left(\sum_{i \in D^v} x_{ip}^k + \sum_{j \in (D^v/D_{\arg[p]})} x_{pj}^k\right) \leqslant 1,\ \forall v \in N,\ p \in (S/S^v) \tag{3-53}$$

$$\sum_{k \in V}\left(\sum_{i \in D^v} x_{ip}^k + \sum_{j \in D^v} x_{pj}^k\right) \leqslant 1,\ \forall v \in N,\ p \in D/D^v \tag{3-54}$$

$$\sum_{k \in V}\left(\sum_{i \in D^v} x_{ip}^k + \sum_{j \in S^v} x_{pj}^k\right) \leqslant 1,\ \forall v \in N,\ p \in (S/S^v) \tag{3-55}$$

$$\sum_{k \in V}\left(\sum_{i \in D^v} x_{ip}^k + \sum_{j \in S^v} x_{pj}^k\right) \leqslant 1,\ \forall v \in N,\ p \in (D/D^v) \tag{3-56}$$

### 3.3.3 弧消除不等式

基于 CPLEX 求解整数线性规划的分支切割特点(Cordeau，2006；Agarwal and Aneja，2012)，本节提出不等式(3-57)、不等式(3-58)和不等式(3-59)。它们主要通过消除一些小数解来提高问题下界值，这些小数解是整数规划(IP)所对应的线性松弛规划(LP)的可行解。如不等式(3-57)可以消除包含 $x_{12}^k=0.8$ 和 $x_{0(n^u+1)}^k=0.8$ 的解。不等式(3-57)、不等式(3-58)和不等式(3-59)旨在通过减少 LP 的可行解空间提高问题的下界值。

$$x_{ij}^k \leqslant (1-x_{0(n^u+1)}^k),\ \forall i,\ j \in N^u/\{0,\ n^u+1\},\ k \in V \tag{3-57}$$

$$x_{0i}^k \leqslant (1-x_{0(n^u+1)}^k),\ \forall i \in N^u/\{0,\ n^u+1\},\ k \in V \tag{3-58}$$

$$x_{i(n^u+1)}^k \leqslant (1-x_{0(n^u+1)}^k),\ \forall i \in N^u/\{0,\ n^u+1\},\ k \in V \tag{3-59}$$

### 3.3.4 装载不等式

以下不等式表示车辆从一个节点行驶到另一个节点所能装载的商品数量。不等式(3-60)表示当车辆 $k$ 从节点 $i$ 直接行驶到节点 $j$ 时，所装载商品 $m$ 的数量，不能少于节点 $i$ 对商品 $m$ 的供应量且不能少于节点 $j$ 对商品 $m$ 的需求量；不等式(3-61)表示当车辆 $k$ 从节点 $i$ 直接行驶到节点 $j$ 时，所装载商品 $m$ 的数量，不能大于车容量减去节点 $i$ 对商品 $m$ 的需求量和节点 $j$ 对商品 $m$ 的供应量两者之间的较大者；不等式(3-62)表示当车辆 $k$ 从节点 $i$ 直接行驶到节点 $j$ 时，所装载商品的数量，不能大于车容量减去节点 $i$ 的需求量和节点 $j$ 的供应量两者之间的较大者。

$$L_{ijm}^{k} \geqslant \max\{I_{im}, -I_{jm}, 0\} x_{ij}^{k} \forall i \in N^{u}, j \in N^{u}, m \in H, k \in V \quad (3-60)$$

$$L_{ijm}^{k} \leqslant (Q - \max\{-I_{im}, I_{jm}, 0\}) x_{ij}^{k} \forall i \in N^{u}, j \in N^{u}, m \in H, k \in V \quad (3-61)$$

$$\sum_{m \in H} L_{ijm}^{k} \leqslant (Q - \max\{-I_{\mathrm{iarg}[i]}, I_{\mathrm{jarg}[j]}, 0\}) x_{ij}^{k} \forall i \in N^{u}, j \in N^{u}, k \in V \quad (3-62)$$

### 3.3.5　第一个节点和最后一个节点限制

式(3-63)表示车辆在到达终止车场之前，最后一个访问的节点不可能是供应节点；式(3-64)表示车辆离开起始车场之后，第一个访问的节点不可能是需求节点。

$$x_{j(n^{u}+1)}^{k} = 0, \quad \forall j \in S, k \in V \quad (3-63)$$

$$x_{0j}^{k} = 0, \quad \forall j \in D, k \in V \quad (3-64)$$

### 3.3.6　兼容不等式

式(3-65)表明弧 $i \rightarrow j$ 和 $j \rightarrow i$ 不兼容。

$$\sum_{k \in V} (x_{ij}^{k} + x_{ji}^{k}) \leqslant 1, \quad \forall i, j \in N^{u} / \{0, n^{u} + 1\} \quad (3-65)$$

## 3.4　算例测试及结果分析

本节主要测试“基础模型”(见第 3.2.2 节)、“单元化模型”(见第 3.2.3 节)及“有效不等式”(见第 3.3 节)的性能。为了表示方便，把基础模型记作 $\mathrm{Model}_{\mathrm{B}}$，把单元化模型记作 $\mathrm{Model}_{\mathrm{U}}$，把单元化模型和有效不等式的组合记作 $\mathrm{Model}_{\mathrm{UV}}$。所有测试在一个配置为 2.8GHz CPU 和 2GB RAM 的个人计算机上进行，用 12.2 版本的 CPLEX 作为求解器。每个算例的最大允许测试时间为 12 小时。

### 3.4.1 测试算例

虽然已有文献研究了供需匹配与取送货车辆路径问题，但据我们所知，当前文献并没有出现本书研究问题的标准算例。由于本章研究的问题是对 Chen 等(2014)研究问题的“多次访问”和“有限供应”扩展，因此本章节通过改进 Chen 等(2014)生成算例的方法来生成适用于本书研究问题的算例，即客户点 $i$ 对商品 $m$ 的供应量 $I_{im}$ 的生成方式为 $U[0, 3]$。每个客户点 $i$ 对商品 $m$ 需求量的生产方式为如果客户点 $i$ 供应商品 $m$，那么 $D_{im}=0$；否则 $D_{im}=\min\left\{\frac{\sum_{j=1}^{n} I_{jm}}{n-\sum_{j=1}^{n}\delta_{jm}},\ U[0, 3]\right\}$，其中 $\delta_{jm}=1$(如果 $I_{jm}>0$)，$\delta_{jm}=0$(如果 $I_{jm}=0$)。以上生成 $I_{im}$ 和 $D_{im}$ 的方式可以保证网络中每种商品的总供应量不少于总需求量。其他参数的生成方式和 Chen 等(2014)的生成方式完全相同，如表3-3所示。

**表 3-3 生成测试算例所用的参数**

| 参数 | 参数描述 | 数值 |
|---|---|---|
| $T$ | 车辆最大工作时间 | 10 |
| $Q$ | 车容量 | 10 |
| $Speed$ | 车速 | 60 |
| $a_i$，$b_i$ | 顶点 $i$ 的坐标 | $a_i, b_i \sim U[0, T\times\frac{Speed}{sqrt(8)}]$ |
| $c_{ij}$ | 顶点 $i$ 和顶点 $j$ 之间的行驶成本 | $\sqrt{(a_i-a_j)^2+(b_i-b_j)^2}$ |
| $t_{ij}$ | 顶点 $i$ 和顶点 $j$ 之间的行驶时间 | $\frac{c_{ij}}{Speed}$ |

在数值实验中，本节考虑了 24 个不同规模的算例，客户点数和商品类型数分别为 $n\in\{5, 6, 7, 8, 9, 10\}$ 和 $m\in\{2, 3, 4, 5\}$。另外，考虑到烟草行业中大部分生产原料都有足够的库存，生成算例时，设定每种商品的总供应大于总需求的概率为 95%，总供应等于总需求的概率为 5%。

### 3.4.2　模型比较与结果分析

为了比较 $Model_B$ 和 $Model_U$ 的性能，借助 CPLEX 用 $Model_B$ 和 $Model_U$ 测试了以上 24 个算例。表 3-4 呈现了 CPLEX 在 12 小时内获得的结果。在表 3-4 中，第 1 列表示所用的测试算例（由客户点数和商品类型数标记）。第 2～8 列表示 $Model_B$ 获得的结果，第 9～15 列表示 $Model_U$ 获得的结果。"LB"表示获得的下界。"UB"表示获得的上界，其中"/"表示由于时间限制或超出内存问题而无法获得上界值。"Gap"表示 LB 和 UB 之间的百分比差距，计算方式为 $Gap=100\times\frac{(UB-LB)}{LB}$，此处"/"表示由于缺少 UB 值而无法得到相应的 Gap 值。"Node"和"Time"分别表示需探索的节点数和需花费的时间。"Var"和"Cont"分别表示模型的决策变量数和约束数。"Δ1"表示 $Model_B$ 获得的下界与 $Model_U$ 获得的下界之间的百分比差距。"Δ2"表示 $Model_B$ 的决策变量数与 $Model_U$ 的决策变量数之间的百分比差距。"Δ3"表示 $Model_B$ 的约束数与 $Model_U$ 的约束数之间的百分比差距。

从表 3-4 的测试结果中可知，针对以上 24 个算例，$Model_B$ 能够对其中的 3 个算例求得最优解。$Model_U$ 除了对这 3 个算例求得最优解外，对算例 7_ 2 和算例 8_ 2 也能求得最优解。针对 $Model_B$ 和 $Model_U$ 都能够求得最优解的 3 个算例来说，与 $Model_B$ 相比，$Model_U$ 平均节省时间所占的百分比为 37.86%；平均节省节点数所占的百分比为 32.17%。针对 $Model_B$ 和 $Model_U$ 只能获得上界和下界的 5 个算例，从平均值来看，$Model_U$ 相对 $Model_B$ 把下界提高了 37.97%，把上界减少了 4.78%。更重要的是，针对每个算例，$Model_U$ 获得更紧的下界，需要较少的决策变量数和约束数。从平均值来看，$Model_U$ 把下界提高了 23.79%，决策变量数减少了 36.18%，约束数减少了 39.57%。以上结果表明 $Model_U$ 占有绝对的优势，比 $Model_B$ 更容易求解。

表 3-4　比较 $Model_B$ 和 $Model_U$

| 算例 | $Model_B$ | | | | | | | $Model_U$ | | | | | | | Δ/% | | |
|---|---|---|---|---|---|---|---|---|---|---|---|---|---|---|---|---|---|
| | LB | UB | Node | Time/s | Gap/% | Var | Cont | LB | UB | Node | Time/s | Gap/% | Var | Cont | Δ1 | Δ2 | Δ3 |
| 5_ 2 | 357. 21 | 357. 21 | 844 | 3. 64 | 0 | 1056 | 13123 | 357. 21 | 357. 21 | 1227 | 2. 06 | 0 | 800 | 4993 | 0 | -24. 24 | -61. 95 |
| 6_ 2 | 489. 84 | 489. 84 | 557747 | 352. 06 | 0 | 1320 | 21547 | 489. 84 | 489. 84 | 115525 | 165. 92 | 0 | 768 | 10545 | 0 | -41. 82 | -51. 06 |
| 7_ 2 | 417. 71 | 482. 71 | 937334 | 5696. 23 | 15. 56 | 2520 | 24276 | 482. 71 | 482. 71 | 6558258 | 16669. 20 | 0 | 1728 | 12587 | 15. 56 | -31. 43 | -48. 15 |
| 8_ 2 | 595. 72 | 818. 80 | 2325919 | 16275. 88 | 37. 45 | 3840 | 27135 | 818. 80 | 818. 80 | 2289130 | 35470. 33 | 0 | 2304 | 14544 | 37. 45 | -40. 00 | -46. 40 |
| 9_ 2 | 591. 22 | 799. 16 | 1569744 | 17591. 69 | 35. 17 | 5440 | 26992 | 660. 23 | 799. 14 | 485564 | 43200. 00 | 21. 04 | 2880 | 14314 | 11. 67 | -47. 06 | -46. 97 |
| 10_ 2 | 195. 72 | / | 40169 | 236. 98 | / | 7215 | 38451 | 344. 86 | / | 10476 | 9765. 46 | / | 4205 | 22846 | 76. 20 | -41. 72 | -40. 58 |
| 5_ 3 | 409. 62 | 409. 62 | 5449819 | 7906. 30 | 0 | 2430 | 21612 | 409. 62 | 409. 62 | 2037625 | 6537. 89 | 0 | 1587 | 9882 | 0 | -34. 69 | -54. 28 |
| 6_ 3 | 483. 66 | 593. 48 | 220634 | 1417. 11 | 22. 71 | 7400 | 31756 | 507. 63 | 593. 50 | 47689 | 2469. 80 | 16. 92 | 4205 | 17308 | 4. 96 | -43. 18 | -45. 50 |
| 7_ 3 | 415. 33 | 900. 67 | 520470 | 2435. 47 | 116. 86 | 7790 | 39343 | 663. 48 | 850. 27 | 737652 | 27465. 88 | 28. 15 | 4500 | 22577 | 59. 75 | -42. 23 | -42. 61 |
| 8_ 3 | 556. 51 | / | 238517 | 1706. 70 | / | 9450 | 47700 | 574. 75 | / | 574158 | 34296. 63 | / | 5780 | 28951 | 3. 28 | -38. 84 | -39. 31 |
| 9_ 3 | 523. 24 | / | 282383 | 3282. 80 | / | 11270 | 43156 | 697. 22 | / | 733789 | 43200. 00 | / | 7220 | 25574 | 33. 25 | -35. 94 | -40. 74 |
| 10_ 3 | 456. 77 | / | 241685 | 2143. 59 | / | 14300 | 99100 | 478. 96 | / | 658508 | 19550. 06 | / | 9680 | 70925 | 4. 86 | -32. 31 | -28. 43 |
| 5_ 4 | 316. 25 | 782. 26 | 543813 | 1959. 20 | 147. 35 | 7200 | 39764 | 316. 25 | 564. 25 | 346599 | 1677. 45 | 78. 42 | 3920 | 21859 | 0 | -45. 56 | -45. 03 |
| 6_ 4 | 292. 07 | / | 34085 | 523. 59 | / | 9660 | 71340 | 317. 48 | / | 43678 | 2289. 65 | / | 5780 | 46651 | 8. 70 | -40. 17 | -34. 61 |
| 7_ 4 | 335. 40 | / | 281675 | 3024. 06 | / | 11025 | 67638 | 364. 27 | / | 29576 | 6347. 69 | / | 6845 | 33711 | 8. 61 | -37. 91 | -50. 16 |
| 8_ 4 | 333. 95 | / | 264580 | 4689. 45 | / | 11500 | 93055 | 387. 46 | / | 27568 | 6438. 43 | / | 7220 | 63748 | 16. 02 | -37. 22 | -31. 49 |
| 9_ 4 | 391. 29 | / | 158624 | 4734. 84 | / | 12528 | 125783 | 415. 66 | / | 28987 | 6247. 18 | / | 9216 | 91042 | 6. 23 | -26. 44 | -27. 62 |
| 10_ 4 | 372. 78 | / | 41480 | 1799. 13 | / | 19200 | 113959 | 564. 17 | / | 11486 | 12867. 8 | / | 13520 | 75112 | 51. 34 | -29. 58 | -34. 09 |
| 5_ 5 | 158. 92 | 394. 60 | 223382 | 2098. 97 | 148. 30 | 10780 | 48695 | 339. 24 | 432. 48 | 37146 | 10846. 20 | 89. 58 | 6480 | 27480 | 131. 08 | -39. 89 | -43. 57 |
| 6_ 5 | 304. 65 | / | 172368 | 2098. 97 | / | 11856 | 12474 | 449. 38 | / | 12387 | 2584. 16 | / | 8464 | 8574 | 47. 51 | -28. 61 | -31. 27 |

续表

| 算例 | $Model_B$ | | | | | | | $Model_U$ | | | | | | | Δ/% | | |
|---|---|---|---|---|---|---|---|---|---|---|---|---|---|---|---|---|---|
| | LB | UB | Node | Time/s | Gap/% | Var | Cont | LB | UB | Node | Time/s | Gap/% | Var | Cont | Δ1 | Δ2 | Δ3 |
| 7_5 | 300.20 | / | 136558 | 3324.59 | / | 17030 | 89083 | 318.78 | / | 3927 | 20627.12 | / | 11520 | 59073 | 6.19 | -32.55 | -33.69 |
| 8_5 | 343.00 | / | 11917 | 1831.28 | / | 14820 | 170272 | 376.04 | / | 21086 | 43200.00 | / | 9680 | 127352 | 9.63 | -34.68 | -25.21 |
| 9_5 | 420.09 | / | 104738 | 7319.80 | / | 17670 | 190066 | 603.37 | / | 54879 | 43200.00 | / | 12005 | 143936 | 43.63 | -32.06 | -24.27 |
| 10_5 | 526.29 | / | 10228 | 4683.94 | / | 20130 | 216901 | 593.37 | / | 95768 | 43200.00 | / | 14045 | 167766 | 12.75 | -30.23 | -22.65 |
| Avg. | 399.48 | | | | | 9895 | 69718 | 480.45 | | | | | 6431 | 49640 | 23.79 | -36.18 | -39.57 |

与 $Model_B$ 相比，$Model_U$ 的决策变量数和约束数少了近 40%，它可以很好地解释为什么在求解较大规模算例时，$Model_B$ 运行不到 2 小时就会因内存不足停止，而 $Model_U$ 能够运行更长时间。另外观察到，甚至针对一些较小规模的算例，$Model_B$ 和 $Model_U$ 都不能求得最优解。这种现象直观上可由模型中较多的决策变量数来解释，同时也反映了所研究问题的高度复杂性。

### 3.4.3 有效不等式效果验证

为了测试前面提出的有效不等式的效果，用 $Model_U$ 和 $Model_{UV}$ 进一步测试了表 3-4 中的 24 个算例，测试结果呈现在表 3-5 中。“LB”“UB”“Node”“Time”和“Gap”代表的含义和表 3-4 中代表的含义完全相同。“Δ”表示 $Model_U$ 获得的下界与 $Model_{UV}$ 获得的下界之间的百分比差距。

从表 3-5 的测试结果中可知，针对 $Model_U$ 和 $Model_{UV}$ 都能够求得最优解的 5 个算例，从平均值来看，$Model_{UV}$ 节省时间占的比例为 99.84%，节省需探索的节点数占的比例为 96.17%。此外，$Model_{UV}$ 对额外的 15 个算例也能求得最优解。

更重要的是，针对每个算例，$Model_{UV}$ 都能够求得更紧的下界。与 $Model_U$ 相比，$Model_{UV}$ 把下界平均提高了 49.54%。以上结果表明，本章提出的有效不等式极大地促进了 $Model_{UV}$ 获得最优解或更紧的下界。另外观察到，问题求解难度随着问题规模(客户点数和商品类型数)的增加而急剧增加。

**表 3-5　比较 $Model_U$ 和 $Model_{UV}$**

| 算例 | $Model_U$ | | | | | $Model_{UV}$ | | | | | Δ/% |
|---|---|---|---|---|---|---|---|---|---|---|---|
| | LB | UB | Node | Time/s | Gap/% | LB | UB | Node | Time/s | Gap/% | |
| 5_2 | 357.21 | 357.21 | 1227 | 2.06 | 0 | 357.21 | 357.21 | 0 | 0.36 | 0 | 0 |
| 6_2 | 489.84 | 489.84 | 115525 | 165.92 | 0 | 489.84 | 489.84 | 618 | 2.11 | 0 | 0 |
| 7_2 | 482.71 | 482.71 | 6558258 | 16669.20 | 0 | 482.71 | 482.71 | 2221 | 14.03 | 0 | 0 |
| 8_2 | 818.80 | 818.80 | 2289130 | 35470.33 | 0 | 818.80 | 818.80 | 4139 | 72.88 | 0 | 3.33 |
| 9_2 | 660.23 | 799.14 | 485564 | 43200.00 | 21.04 | 799.14 | 799.14 | 5287 | 109.65 | 0 | 22.52 |
| 10_2 | 344.86 | / | 10476 | 9765.46 | / | 513.03 | 513.03 | 40905 | 440.25 | 0 | 48.76 |
| 5_3 | 409.62 | 409.62 | 2037625 | 6537.89 | 0 | 409.64 | 409.64 | 498 | 4.62 | 0 | 0 |
| 6_3 | 507.63 | 593.50 | 47689 | 2469.80 | 16.92 | 593.50 | 593.50 | 282 | 9.16 | 0 | 20.28 |
| 7_3 | 663.48 | 850.27 | 737652 | 27465.88 | 28.15 | 703.37 | 703.37 | 1138 | 77.78 | 0 | 10.51 |
| 8_3 | 574.75 | / | 574158 | 34296.63 | / | 973.22 | 973.22 | 5776 | 387.99 | 0 | 72.08 |
| 9_3 | 697.22 | / | 733789 | 43200.00 | / | 1011.34 | 1011.34 | 22072 | 1707.94 | 0 | 48.05 |
| 10_3 | 478.96 | / | 658508 | 19550.06 | / | 873.07 | 904.96 | 259017 | 43200.00 | 3.65 | 101.32 |
| 5_4 | 316.25 | 564.25 | 346599 | 1677.45 | 78.42 | 525.21 | 525.21 | 1624 | 12.95 | 0 | 66.07 |
| 6_4 | 317.48 | / | 43678 | 2289.65 | / | 508.72 | 508.72 | 3678 | 147.65 | 0 | 65.20 |
| 7_4 | 364.27 | / | 29576 | 6347.69 | / | 577.26 | 577.26 | 5406 | 807.29 | 0 | 59.59 |
| 8_4 | 387.46 | / | 27568 | 6438.43 | / | 1131.69 | 1131.69 | 62078 | 4728.96 | 0 | 236.10 |
| 9_4 | 415.66 | / | 28987 | 6247.18 | / | 897.60 | 897.60 | 46875 | 31428.67 | 0 | 123.10 |
| 10_4 | 564.17 | / | 11486 | 12867.80 | / | 925.51 | 1099.67 | 6412 | 15497.63 | 18.82 | 71.97 |
| 5_5 | 339.24 | 432.48 | 37146 | 10846.20 | 89.58 | 365.64 | 365.64 | 5567 | 64.68 | 0 | 8.21 |

续表

| 算例 | $Model_U$ | | | | | $Model_{UV}$ | | | | | Δ/% |
|---|---|---|---|---|---|---|---|---|---|---|---|
| | LB | UB | Node | Time/s | Gap/名 | LB | UB | Node | Time/s | Gap/名 | |
| 6_ 5 | 449. 38 | / | 12387 | 2584. 16 | / | 530. 50 | 530. 50 | 3197 | 272. 67 | 0 | 23. 54 |
| 7_ 5 | 318. 78 | / | 3927 | 20627. 12 | / | 432. 75 | 432. 75 | 1327 | 4860. 08 | 0 | 36. 61 |
| 8_ 5 | 376. 04 | / | 21086 | 43200. 00 | / | 1130. 50 | 1130. 50 | 21643 | 22457. 26 | 0 | 200. 63 |
| 9_ 5 | 603. 37 | / | 54879 | 43200. 00 | / | 980. 38 | 1048. 67 | 22642 | 43200. 00 | 6. 97 | 61. 68 |
| 10_ 5 | 593. 37 | / | 95768 | 43200. 00 | / | 699. 83 | 887. 23 | 32042 | 43200. 00 | 26. 78 | 17. 34 |
| Avg. | 480. 45 | | | | | 697. 10 | | | | | 49. 54 |

## 3.5 本章小结

本章研究了多商品、允许多次访问的供需匹配与取送货车辆路径问题。此问题包含了两个相互影响的决策：供需匹配和车辆路径。为了探索该问题的特性，先建立了一个被称作“基础模型”的混合整数线性规划模型；为了简化，提出了一个新颖的“单元化模型”。为提高单元化模型的性能，提出了一系列多项式型有效不等式。基于随机生成的算例，做了一系列实验来比较两个模型的性能，检验提出的有效不等式对本研究问题求解的效果。实验结果表明，单元化模型比基础模型更容易求解，有效不等式显著地帮助单元化模型获得最优解或更紧的下界。

第4章

# 多次访问条件下供需未匹配多商品取送货车辆路径问题启发式算法设计

## 4.1 引言

由于研究的问题高度复杂，第 3 章提出的单元化模型及有效不等式只能求解客户点数不超过 8 且商品类型不超过 4 的问题。因此，它不能被用于求解一些大规模的现实问题，如烟草制造行业中参与调拨的原料种类(商品类型数)可能有上百种，零售行业中参与转运的商店数(客户点数)可能有几十种。为了快速地对现实中较大规模问题求得最优解或近似最优解，显然需要设计高效的启发式算法。基于第 3 章的研究成果，单元化模型比基础模型更容易求解，且需要较少的决策变量和约束。因此，本章基于第 3 章提出的单元化模型来设计高效的启发式算法。

禁忌搜索算法是由 Glover(1986)提出的元启发式算法，该算法是对局部搜索算法的扩展，已经广泛地应用于求解复杂的车辆路径问题(Osman，1993；Renaud et al.，1996；Cordeau et al.，2004；Archetti et al.，2006b；Gendreau et al.，2008；Côté and Potvin，2009；Cordeau and Maischberger，2012；Nguyen et al.，2013；Lai et al.，2016)。更重要的是，它能很好地平衡搜索质量和搜索时间。因此，本章首先设计一个贪婪式算法来快速构建初始可行解，其次从优化供需匹配决策和车辆路径决策的角度提出 7 个高效的邻域结构，最后设计一个禁忌搜索算法来改善初始可行解的质量，以期设计的启发式算法在较短时间内能够针对较大规模的现实问题获得高质量的解。

## 4.2 初始解构建

为快速构建出本章问题的可行解，首先分析单元化模型的特性。在单元化模型中，每个节点只供应或需求一种商品；每个供应节点的供应量为 1 单位；每个需求节点的需求被一次性满足。因此，在可行解的每条路线中，每个需求节点的前面都应有一个或一系列供应节点来满足其需求。本章把每个需求节点和与它对应的供应节点合在一起，称作一个供需匹配（Supply-demand Pair）。显然，在每个供需匹配中，供应节点的数量等于需求节点的需求数量。可行解中的每条路线都应由一个或一系列供需匹配构成。因此，本章采用以下主要步骤来构建初始解。初始解构建的详细过程如图 4-1 所示。

步骤 1：开辟一条空路线，随机插入一个需求节点。

步骤 2：为满足插入的需求节点，在路线中需求节点的前面插入一个供应节点。在所有可能的插入中（每个插入由一个特定的供应节点和一个特定的插入位置组成），选择增加成本最小的做插入操作。如果所插入的需求节点的需求量大于 1，则重复以上供应节点插入过程，直到所插入的需求节点的需求都得到满足。

步骤 3：如果所有的需求节点都已插入，终止算法。否则，选取一个新的需求节点继续插入。针对所有可能的插入（每个插入由一个特定的需求节点和一个特定的插入位置组成），计算每个插入所增加的成本，且按增加成本从小到大的顺序将这些插入排序。

步骤 4：从序列的第一个插入开始，用步骤 2 的思想检查当前插入是否可行（即检查当前需求节点插入路线的某个特定位置后，它的需求是否可以得到满足）。如果当前插入可行，则把需求节点插入当前路线的特定位置，然后执行步骤 2；否则，检查下一个插入。如果序列的所有插入都非可行，则开辟一条空路线，并插入一个增加成本最少的需求节点，然后执行步骤 2。

需要指出的是，在第一次插入时，选择不同的需求节点可能产生不同的初始可行解。因此，本节首先执行以上过程 $DN$（表示需求节点的个数）次，每次选择不同的需求节点作为第一个插入的节点，然后把产生的 $DN$ 个初始可行解按目标值大小进行升序排列。

初始解构建过程：

1. 初始化：$D'=D$，$S'=S$，$k$=1；//$D$ 是需求节点集合，$S$ 是供应节点集合，$k$ 是路线指数
2. 创建子路线 $k$：连接起始车场和终止车场；//开辟一条空路线
3. 在子路线 $k$ 中随机插入一个需求节点 $j$
4. 设定 $IN$=0, $S''=\phi$, $IL=\phi$，$flag$=0；// $flag$ 用于判断刚插入的需求节点的需求是否可以得到满足//为满足刚插入的需求节点 $j$，开始往当前路线中插入供应节点
5. While（$IN<\left|I''_{jarg[j]}\right|$）do // $\left|I''_{jarg[j]}\right|$ 表示 $j$ 的需求数量
6. 　　把每个节点 $i\in$（$S'\cap S_{arg[j]}\setminus S''$）插入到子路线 $k$ 中每个可能的位置，并把每个可行插入及其相应的增加成本记录到 $IL$ 中 // 可行插入满足所有约束
7. 　　If（$IL\neq\phi$）then
8. 　　　　选择增加成本最小的插入做插入操作
9. 　　　　更新 $S''$：$=S''\cup\{i\}$，更新 $IL$：$=\phi$，更新 $IN$：$=IN+1$
10. 　　Else
11. 　　　　Break；
12. If（$IN=\left|I''_{jarg[j]}\right|$）then//节点 $j$ 的需求可以得到满足
13. 　　更新 $D'$：$=D'\setminus\{j\}$，更新 $S'$：$=S'\setminus S''$，更新 $S''$：$=\phi$，更新 $flag$：=1；// 停止插入供应节点
14. While（$D'\neq\phi$）do//如果存在需求节点没有被插入
15. 　　插入每个需求节点 $j\in D'$ 插入子路线 $k$ 中每个可能的位置，并把每个可行插入及其相应的增加成本记录到 $IL$ 中
16. 　　If（$IL\neq\phi$）then// 存在可以插入当前子路线 $k$ 的需求节点
17. 　　　　把 $IL$ 的插入按增加成本的非降顺序排列
18. 　　　　For 每个插入 $\Theta\in IL$ do //$\Theta$ 由一个需求节点和一个插入位置组成
19. 　　　　　　把 $\Theta$ 中的需求节点和插入位置分别记作 $j$ 和 $p$
20. 　　　　　　采用步骤5~13检查当前插入 $\Theta$ 是否可行
21. 　　　　　　If（$flag$=1）then//当前插入 $\Theta$ 可行
22. 　　　　　　　　把需求节点 $j$ 插入子路线 $k$ 第 $p$ 个位置上
23. 　　　　　　　　重复步骤5~13；//往子路线 $k$ 中插入供应节点来满足需求节点 $j$
24. 　　　　　　　　Break；
25. 　　　　If（$flag$=0）then
26. 　　　　　　把当前路线 $k$ 当作初始解的一条路线，设定 $k$：$=k+1$，并创建一条新子路线 $k$　$k$：=连接起始车场和终止车场
27. 　　Else
28. 　　　　把当前路线 $k$ 当作初始解的一条路线，设定 $k$：$=k+1$，并创建一条新子路线 $k$　$k$：=连接起始车场和终止车场
29. 生成初始解

**图 4-1　初始解构建过程的伪代码**

## 4.3 邻域结构

求解此问题需做供需匹配决策和车辆路径决策，所做供需匹配决策及车辆路径决策的好坏将直接影响求解的质量。更重要的是，这两个决策互相影响。因此，本节旨在通过改变(优化)当前解的供需匹配决策和车辆路径决策来生成邻域解。

### 4.3.1 通过改变所选供需匹配中的供应节点或需求节点来生成邻域解

显然在邻域搜索中，只有商品类型相同的供应/需求节点才可以交换。给定任意一个邻域 *NH*，把商品 $m$ 的所有可能交换组合在一起，并定义为商品 $m$ 在邻域 *NH* 下的交换空间。由于网络中不同商品的供应和需求信息可能不同，因此给定一个邻域，不同商品的交换空间也可能不同。为了平衡搜索质量和搜索时间，在执行邻域搜索时，对交换空间较大的商品类型应加强搜索；对交换空间较小的商品类型应弱化搜索。因此，在执行邻域搜索时，采用基于交换空间大小的“轮盘赌”来选取用于交换的商品类型。如运输网络有 3 种商品 $m1$、$m2$ 和 $m3$，它们在邻域结构 *NH* 下的交换空间大小分别为 10、20 和 30，那么在执行邻域 *NH* 时，$m1$、$m2$ 和 $m3$ 被选取的概率分别为 1/6、1/3 和 1/2。显然，以上提出的“轮盘赌”方法比“随机选择”方法更有优势。

(1) 针对某种商品，用没有被访问的供应节点替换当前解的供应节点

在此邻域结构中，每种商品的交换空间大小由网络中该商品的供应量和需求量决定。首先，用基于交换空间大小的“轮盘赌”选取一种商品 $m$。其次，从当前解中随机选择一个与商品 $m$ 相关的供需匹配 $\eta$。最后，选取 $r$ 个没有被访问且能供应商品 $m$ 的供应节点来代替供需匹配 $\eta$ 中的 $r$ 个供应节点。$r$ 的产生方式是 $U[1, \min(r_1, r_2)]$，其中 $U$ 表示均匀分布；$r_1$ 表示没有被访问且能供应商品 $m$ 的供应节点个数；$r_2$ 表示供需匹配 $\eta$ 中供应节点的个数。

（2）针对某种商品，在当前解中交换供应节点

在此邻域结构中，每种商品的交换空间大小由网络中该种商品的需求总量决定。首先，用基于交换空间大小的“轮盘赌”选取一种商品 $m$。其次，从当前解中随机选择两个与商品 $m$ 相关的供需匹配 $\eta_1$ 和 $\eta_2$。最后，分别从 $\eta_1$ 和 $\eta_2$ 中选取 $r_3$ 个供应节点来相互交换。$r_3$ 的产生方式是 $U[1, \min(r_4, r_5)]$，其中 $r_4$ 表示 $\eta_1$ 中供应节点的个数；$r_5$ 表示 $\eta_2$ 中供应节点的个数。

（3）针对某种商品，在当前解中交换与需求量相同的需求节点

在此邻域结构中，每种商品的交换空间大小由网络中与该种商品需求量相同的需求节点数目决定。首先，用基于交换空间大小的“轮盘赌”选取一种商品 $m$。其次，随机选取两个与商品 $m$ 相关且需求量相同的供需匹配 $\eta_3$ 和 $\eta_4$。最后，交换 $\eta_3$ 和 $\eta_4$ 中的需求节点。

### 4.3.2 通过改变所选供需匹配的访问路径来生成邻域解

（1）删除某些供需匹配，然后重新插入到当前解中

首先，从当前解中随机删除 $\beta$ 个供需匹配，$\beta$ 的产生方式是 $U[1, \min(3, \sigma)]$，其中 $\sigma$ 表示当前解中供需匹配的个数。其次，在当前解中选择增加成本最少的位置重新插入所删除的供需匹配。

（2）在某些路线中删除与某种商品相关的供需匹配，然后重新插入到当前解中

首先，从当前解中随机选取 $R$ 条路线。$R$ 的产生方式是 $U[1, \min(3, R_c)]$，其中 $R_c$ 表示当前解中路线的个数。其次，在 $R$ 条路线所承运的商品中随机选择某种商品 $m$。再次，在所选取的 $R$ 条路线中删除所有与商品 $m$ 相关的供需匹配。最后，在当前解中选择增加成本最小的位置重新插入所删除的供需匹配。

（3）在某条路线中删除与某些商品相关的供需匹配，然后重新插入到当前解中

首先，从当前解中随机选取某条路线 $r$。其次，随机选择 $M'$ 种商品，$M'$ 的产生方式是 $U[1, \min(3, M_r)]$，其中 $M_r$ 表示路线 $r$ 所承运的商品类型数。

再次，在路线 $r$ 中删除所有与 $M'$ 种商品相关的供需匹配。最后，在当前解中选择增加成本最小的位置重新插入所删除的供需匹配。

（4）删除与某个顶点相关的供需匹配，然后重新插入到当前解中

首先，从网络中随机选取一个顶点 $v$。其次，从 $\xi$ 个与顶点 $v$ 相关的供需匹配中随机选取 $\lambda$ 个供需匹配。$\lambda$ 的产生方式是 $U[1, \min(3, \xi)]$。最后，在当前解中选择增加成本最小的位置重新插入所删除的供需匹配。

明显可以看出，当删除的供需匹配的需求节点插入某条路线后，所删除的供需匹配的供应节点只能插入此需求节点的前面，即针对需要重新插入的供需匹配，一旦需求节点插入某个位置，就只能沿着该位置向前搜索供应节点的可能插入位置。由于一些节点被从相同的顶点拆分出来，因此在单元化网络中，一些节点的位置坐标相同。在供应节点 $i$ 插入过程中，如果存在一个可行插入位置，插入节点 $i$ 后所增加的运输成本为 0，那么该位置是节点 $i$ 的最好插入位置。为了节省计算时间，提高搜索效率，在节点插入过程中采用以下原则来定义被主导的插入位置。其中，$AC_k^{iP}$ 和 $AL_k^{iP}$ 分别表示供应节点 $i$ 插入路线 $k$ 上的位置 $P$ 时所增加的运输成本和所增加的“LD”值。

定义 1：当供应节点 $i$ 插入路线 $k$ 时，如果 $AC_k^{iP1}=0$ 且 $AC_k^{iP2}>0$，那么插入位置 $P1$ 主导插入位置 $P2$。

定义 2：当供应节点 $i$ 插入路线 $k$ 时，如果 $AC_k^{iP1}=AC_k^{iP2}=0$ 且 $AL_k^{iP1}<AL_k^{iP2}$，那么插入位置 $P1$ 主导插入位置 $P2$。

定义 3：当供应节点 $i$ 插入路线 $k$ 时，如果 $AC_k^{iP1}=AC_k^{iP2}=0$，$AL_k^{iP1}=AL_k^{iP2}$ 且位置 $P1$ 距离相应的需求节点更近，那么插入位置 $P1$ 主导插入位置 $P2$。

图 4-2 通过列举一个例子来说明删除供需匹配的重新插入过程。在此例中，需要插入的供需匹配由一个需求节点和一个供应节点组成。图 4-2(a)描述了需求节点 $j$ 的插入过程，右边的表格呈现了插入的路线、路线的位置及插入所增加的运输成本和“LD”值。基于插入需求节点 $j$ 后，图 4-2(b)描述了供应节点 $i$ 的插入过程，其中阴影节点表示该节点和节点 $i$ 的位置坐标相同。尽管节点 $i$ 存在 11 个可能的插入位置，但非主导的插入位置只有 5 个，并被呈现在右边的表格中。图 4-2(c)采用了分支定界树来筛选所删除供需匹配的最

好插入位置。在分支定界树的每条边上，均由节点、路线和位置组成的标签来表示相应的插入操作。如标签(*j*，1，2)表示节点 *j* 插入路线 1 的第 2 个位置。相应地插入所增加的运输成本和“LD”值被呈现在分支定界树的圆圈中。插入删除的供需匹配所增加的运输成本和“LD”值被呈现在分支定界树的正方形中。应注意到，“LD”值只是一个辅助参数，被用于筛选插入。在图 4-2 的例子中，针对删除的供需匹配的最好插入是先在路线 1 的第 4 个位置插入需求节点 *j*，然后在第 4 个位置上插入供应节点 *i*。

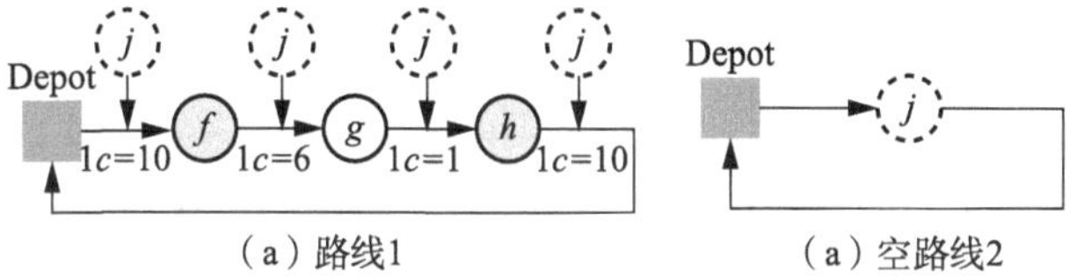


（a）节点*j*的插入位置

| Route | Position | Cost | LD |
|---|---|---|---|
| 1 | 1 | 5 | 2 |
| 1 | 2 | 9 | 4 |
| 1 | 3 | 10 | 5 |
| 1 | 4 | 7 | 3 |
| 2 | 1 | 4 | 1 |

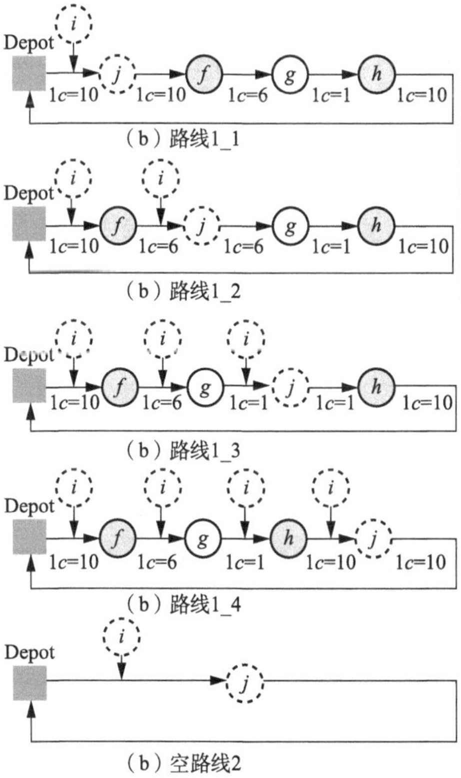


（b）节点*j*插入后节点*i*的插入位置

| Route | Position (*j*) | Position (*i*) | Cost (*i*) | LD |
|---|---|---|---|---|
| 1_1 | 1 | 1 | 10 | 3 |
| 1_2 | 2 | 2 | 0 | 2 |
| 1_3 | 2 | 2 | 0 | 1 |
| 1_4 | 4 | 4 | 0 | 1 |
| 2 | 1 | 1 | 8 | 2 |

（c）节点*i*和节点*j*的插入位置组合

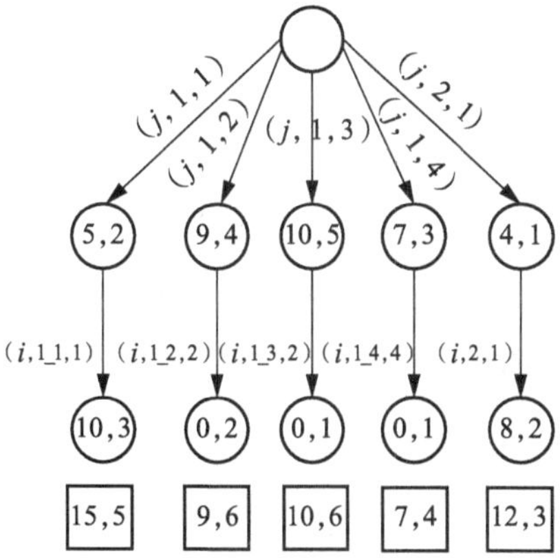


**图 4-2　删除供需匹配的重新插入过程**

## 4.4 禁忌搜索

### 4.4.1 禁忌列表

通常，在搜索过程中禁忌列表的长度可以变动(Chiang et al.，1997；Taillard et al.，1997；Gendreau et al.，1999)或固定不变(Chemla et al.，2013；Ho and Szeto，2014；Lai et al.，2016)。为了采用更好的方法来设定禁忌列表，本节探索了两种不同的策略。

首先，探索了Taillard等(1997)和Chiang等(1997)中动态改变禁忌列表长度的策略，它们的禁忌对象为目标值。针对Taillard等(1997)禁忌列表的长度被设定为一个较大的数。每一个解对应禁忌列表的一个位置，解的目标值及解被解禁所对应的迭代次数存储在该位置上。当产生一个邻域解时，如果其目标值存在于禁忌列表的某个位置上，且当前迭代次数小于该位置所存贮的数值，此邻域解对应的邻域操作被禁忌。禁忌周期设定为总迭代次数的一半。Chiang等(1997)与Taillard等(1997)的类似，不同处在于如果某次迭代中并没有发现可行解(即所有可行邻域操作算子均被禁忌)，则禁忌列表长度更新为“当前长度×0.9”；如果重复解的数目超过3，则禁忌列表长度更新为“当前长度×1.1”。

其次，考虑了类似Chemla等(2013)、Ho和Szeto(2014)采用的静态策略。因为第4.3节提出了两种生成邻域解的方法，所以禁忌列表由以下两个部分组成：

第一部分：禁忌对象为节点，适用于第4.3.1节的3个邻域。当生成邻域时，如果所需交换的节点存在于禁忌列表中，则该邻域被禁忌。禁忌列表的长度被设定为$l_1$。

第二部分：禁忌对象为供需匹配，适用于第4.3.2节的4个邻域。当生成邻域时，如果所需删除的供需匹配存在于禁忌列表中，则该邻域被禁忌。禁忌列表的长度被设定为 $l_2$。

初步测试表明，Taillard 等(1997)和 Chiang 等(1997)使用的动态策略均劣于上述的静态策略。因此，选择上述的静态策略设定禁忌列表。

最后，针对禁忌列表，考虑了常用的藐视准则，即如果某个邻域处于被禁忌状态，但它所对应的邻域解优于当前搜索到的最好解，那么该邻域立即被解禁。

### 4.4.2　禁忌搜索算法流程设计

本章的禁忌搜索算法起始于一个初始解，在每次迭代中都通过每个邻域执行 3 次来寻找更好的解。在搜索过程中，通过采用禁忌列表来防止搜索陷入局部最优。另外，考虑了采用常用的藐视准则来激活禁忌状态下的高质量解。当连续执行迭代到一定次数后，若当前最好的解还没有更新，则从初始可行解序列中选择一个新的解作为当前解来继续搜索。直到满足终止条件，搜索停止。

让 $F_C$ 表示当前解，$F_B$ 表示当前搜索到的最好解，$MI$ 表示最大允许迭代次数，$NI$ 表示允许 $F_B$ 连续没有更新的迭代次数，$tbl$ 表示禁忌列表，$l=(l_1, l_2)$ 表示禁忌列表的长度。$N(F_C)$ 表示基于当前解 $F_C$ 产生的邻域解集合，$DN$ 表示初始可行解序列中解的个数。禁忌搜索算法的具体流程呈现在图4-3 中。

## 4.5　算例测试及结果分析

本节所有测试均在一个频率为 2.8 赫兹，运行内存为 2G 的个人计算机上进行。算法代码在 C++中编译。所有算例用第 3.4.1 节呈现的方法生成。针对烟草行业，虽然在较长的计划周期(如 1 年)内有上百种生产原料需要转运，但在一个旬计划周期(10 天)内只有十几种生产原料参与调运。针对零售行

```
从初始解序列中选取第一个初始解作为当前解 F
初始化：F_C=F，F_B=F，α=0，β=0，γ=0，tbl={}
While（α<MI 且 γ<DN）do
    // 基于当前解 F_C 生成邻域解
    N（F_C）={}
    For l=1 : 3 do（为充分利用当前解，每个邻域被执行 3 次）
        For g=1 : 7 do
            N（F_C）:=N（F_C）∪{n_g（F_C）}，其中n_g（F_C）是第 k 个邻域解
    把N（F_C）的邻域解按目标值非降的顺序排列
    Accept_flag=0
    While（Accept_flag=0）do
        从 N（F_C）中选取第一个邻域解
        If（当前选的邻域解没有处于禁忌状态）then
            If（当前选的邻域解优于F_B）then
                更新F_B：=当前选的邻域解，更新F_C：=当前选的邻域解
                β=0，清空tbl（intensification），Accept_flag=1
            Else
                更新F_C：=当前选的邻域解
                β=β+1，更新 tbl ：=添加相应的邻域操作
                If（β>NI）then
                    从初始解序列中选择一个新的解作为F_C（diversification）
                    γ=γ+1
                    β=0，清空tbl，Accept_flag=1
        Else
            If（当前选的邻域解优于F_B）then
                更新F_B：=当前选的邻域解，更新F_C：=当前选的邻域解
                β=0，清空tbl（aspersion），Accept_flag=1
            Else
                选择下一个邻域解
    α=α+1
Return 所搜索的最好解F_B
```

**图 4-3　禁忌搜索算法流程**

业，虽然连锁店总数可达几十家，但在实际运营中只有附近的十几家商店适合参与转运。因此，在初步测试中，首先考虑了 144 组不同规模的算例（$n\in\{5,6,\cdots,20\}$，$m\in\{2,3,\cdots,10\}$），每组算例包含 5 个随机产生的算例。这些算例可以充分反映现实中不同规模的问题。然而，在测试$(n,m)=$

(12，6)，(14，7)，(16，8)，(18，9)和(20，10)的五组算例(这些算例可以较好地反映较大规模的现实问题)后，发现本章提出的禁忌搜索算法针对这些算例可以很快地获得有效可行解(每个算例 5 次获得的最优解和平均解的百分比差距在 6%以内)。然而由于这些算例的复杂度很高，借助优化软件 CPLEX 不能获得高质量的下界来做对比，所以即使提出的禁忌搜索算法能够获得稳定的解，也不能从理论上证明所获得的解的质量。因此，本节只选取 24 组不同规模的算例($n \in \{5, 6, 7, 8, 9, 10\}$，$m \in \{2, 3, 4, 5\}$)做接下来的实验。需要特别指出的是，这 24 组算例的第 1 个算例来自第 3.4.1 节生成的 24 个算例中。

### 4.5.1　参数调整测试

禁忌搜索的主要参数是禁忌列表 $l=(l_1, l_2)$，最大允许迭代次数 $MI$ 和允许当前最好解连续没有更新的迭代次数 $NI$。为探究这些参数如何取值能使算法更有效，本节测试了$(l_1, l_2)=(3, 0.5\sqrt{DN})$，$(5, \sqrt{DN})$，$(7, 2\sqrt{DN})$；$(MI, NI)=(100, 5)$，$(250, 10)$，$(400, 15)$的情况。考虑到这些参数相互影响，采用以下 9 种关于$(l_1, l_2, MI, NI)$的不同设置来测试每组算例中的第 1 个算例。表 4-1 呈现了测试每个算例 5 次获得的平均解和花费的平均时间。

从表 4-1 的结果中很容易得出，$(MI, NI)$的值越大，获得解的质量越高，但耗费时间就越长。为了在合理时间内获得较满意的解，权衡求解质量和求解时间后，最后选择$(l_1, l_2, MI, NI)=(5, \sqrt{DN}, 250, 10)$做接下来的测试。

**表 4-1 不同参数设置的有效性测试**

| 算例 | $l_1,l_2,MI,NI$ | | | | | | | | | | | | | | | | | |
|---|---|---|---|---|---|---|---|---|---|---|---|---|---|---|---|---|---|---|
| | $(3,0.5\sqrt{DN},100,5)$ | | $(3,0.5\sqrt{DN},250,10)$ | | $(3,0.5\sqrt{DN},400,15)$ | | $(5,\sqrt{DN},100,5)$ | | $(5,\sqrt{DN},250,10)$ | | $(5,\sqrt{DN},400,15)$ | | $(7,2\sqrt{DN},100,5)$ | | $(7,2\sqrt{DN},250,10)$ | | $(7,2\sqrt{DN},400,15)$ | |
| | Avg. S | Avg. T | Avg. S | Avg. T | Avg. S | Avg. T | Avg. S | Avg. T | Avg. S | Avg. T | Avg. S | Avg. T | Avg. S | Avg. T | Avg. S | Avg. T | Avg. S | Avg. T |
| 5_2_1 | 357.22 | 9.48 | 357.22 | 15.72 | 357.22 | 22.56 | 357.22 | 8.79 | 357.22 | 15.58 | 357.22 | 23.65 | 357.22 | 9.25 | 357.22 | 15.45 | 357.22 | 21.59 |
| 6_2_1 | 489.84 | 8.52 | 489.84 | 15.18 | 489.84 | 21.33 | 489.84 | 8.06 | 489.84 | 14.62 | 489.84 | 21.89 | 489.84 | 8.78 | 489.84 | 14.69 | 489.84 | 20.68 |
| 7_2_1 | 482.71 | 18.86 | 482.71 | 32.98 | 482.71 | 45.97 | 482.71 | 18.64 | 482.71 | 32.01 | 482.71 | 47.13 | 482.71 | 20.06 | 482.71 | 31.75 | 482.71 | 44.64 |
| 8_2_1 | 844.73 | 20.35 | 853.57 | 37.51 | 827.64 | 51.43 | 871.48 | 19.99 | 832.5 | 36.23 | 845.02 | 52.76 | 852.27 | 21.38 | 843.72 | 36.28 | 835.89 | 48.55 |
| 9_2_1 | 826.59 | 14.93 | 819.74 | 29.36 | 819.74 | 39.29 | 826.59 | 14.96 | 822.88 | 26.48 | 812.88 | 41.84 | 833.44 | 15.90 | 826.59 | 26.71 | 814.43 | 38.40 |
| 10_2_1 | 513.06 | 22.50 | 513.06 | 39.23 | 513.06 | 54.92 | 513.06 | 22.19 | 513.03 | 38.39 | 513.06 | 56.01 | 513.06 | 23.96 | 513.06 | 38.80 | 513.06 | 57.17 |
| 5_3_1 | 412.75 | 15.89 | 409.64 | 28.66 | 413.62 | 36.97 | 413.62 | 17.41 | 409.64 | 26.86 | 411.63 | 38.22 | 414.73 | 18.08 | 413.62 | 26.85 | 411.63 | 43.78 |
| 6_3_1 | 593.50 | 22.31 | 593.50 | 38.85 | 593.50 | 53.00 | 593.50 | 21.43 | 593.50 | 38.83 | 593.50 | 52.86 | 593.50 | 22.54 | 593.50 | 38.21 | 593.50 | 57.80 |
| 7_3_1 | 703.37 | 23.03 | 703.37 | 41.69 | 703.37 | 61.42 | 703.37 | 23.43 | 703.37 | 39.98 | 703.37 | 59.00 | 703.37 | 23.47 | 703.37 | 40.75 | 703.37 | 60.71 |
| 8_3_1 | 991.82 | 30.18 | 973.22 | 53.16 | 973.22 | 78.47 | 974.54 | 32.16 | 973.22 | 51.06 | 974.54 | 70.60 | 973.22 | 32.07 | 974.54 | 51.03 | 973.22 | 73.05 |
| 9_3_1 | 1109.19 | 41.57 | 1117.99 | 73.18 | 1042.11 | 106.25 | 1115.12 | 42.29 | 1070.71 | 73.96 | 1076.94 | 107.35 | 1121.62 | 41.69 | 1100.60 | 67.27 | 1062.19 | 100.38 |
| 10_3_1 | 927.51 | 30.13 | 915.31 | 55.56 | 918.07 | 74.06 | 920.90 | 32.61 | 914.98 | 49.63 | 916.44 | 71.71 | 923.11 | 30.07 | 919.52 | 56.73 | 918.70 | 82.54 |
| 5_4_1 | 525.21 | 26.60 | 525.21 | 47.56 | 525.21 | 63.99 | 525.21 | 24.74 | 525.21 | 44.69 | 525.21 | 64.78 | 525.21 | 27.48 | 525.21 | 45.03 | 525.21 | 61.45 |
| 6_4_1 | 508.72 | 39.12 | 508.72 | 62.80 | 508.72 | 89.18 | 508.72 | 39.09 | 508.72 | 61.32 | 508.72 | 89.25 | 508.72 | 39.72 | 508.72 | 65.98 | 508.72 | 86.80 |
| 7_4_1 | 620.09 | 54.44 | 577.26 | 89.75 | 577.26 | 132.03 | 577.26 | 50.82 | 577.26 | 83.92 | 577.26 | 125.02 | 577.26 | 50.48 | 577.26 | 83.84 | 577.26 | 123.02 |
| 8_4_1 | 1131.69 | 39.51 | 1131.69 | 60.94 | 1131.69 | 86.34 | 1131.69 | 36.96 | 1131.69 | 61.19 | 1131.69 | 87.79 | 1131.69 | 39.05 | 1131.69 | 65.26 | 1131.69 | 82.69 |
| 9_4_1 | 938.84 | 79.09 | 914.95 | 145.15 | 898.27 | 211.03 | 920.10 | 79.45 | 902.50 | 133.16 | 903.73 | 207.25 | 929.28 | 83.24 | 920.65 | 136.45 | 897.94 | 221.29 |
| 10_4_1 | 1260.46 | 87.88 | 1150.11 | 180.47 | 1153.03 | 257.66 | 1321.01 | 86.59 | 1175.23 | 169.06 | 1104.98 | 259.50 | 1295.77 | 90.37 | 1153.42 | 172.82 | 1175.18 | 255.46 |
| 5_5_1 | 366.07 | 35.01 | 365.64 | 61.17 | 366.07 | 85.60 | 366.07 | 35.54 | 366.07 | 59.40 | 365.64 | 86.60 | 365.85 | 37.39 | 365.85 | 60.49 | 365.64 | 89.73 |

续表

| 算例 | $l_1,l_2,MI,NI$ | | | | | | | | | | | | | | | | | |
|---|---|---|---|---|---|---|---|---|---|---|---|---|---|---|---|---|---|---|
| | (3, 0.5 $\sqrt{DN}$, 100, 5) | | (3, 0.5 $\sqrt{DN}$, 250, 10) | | (3, 0.5 $\sqrt{DN}$, 400, 15) | | (5, $\sqrt{DN}$, 100, 5) | | (5, $\sqrt{DN}$, 250, 10) | | (5, $\sqrt{DN}$, 400, 15) | | (7, 2 $\sqrt{DN}$, 100, 5) | | (7, 2 $\sqrt{DN}$, 250, 10) | | (7, 2 $\sqrt{DN}$, 400, 15) | |
| | Avg. S | Avg. T | Avg. S | Avg. T | Avg. S | Avg. T | Avg. S | Avg. T | Avg. S | Avg. T | Avg. S | Avg. T | Avg. S | Avg. T | Avg. S | Avg. T | Avg. S | Avg. T |
| 6_5_1 | 530.52 | 33.27 | 530.52 | 57.63 | 530.52 | 81.84 | 530.52 | 34.08 | 530.52 | 53.97 | 530.52 | 81.96 | 530.52 | 36.74 | 530.52 | 53.53 | 530.52 | 82.86 |
| 7_5_1 | 432.75 | 56.83 | 432.75 | 96.94 | 432.75 | 136.12 | 432.75 | 53.15 | 432.75 | 92.1 | 432.75 | 136.59 | 432.75 | 59.59 | 432.75 | 93.38 | 432.75 | 141.77 |
| 8_5_1 | 1131.75 | 48.48 | 1131.25 | 85.60 | 1131.00 | 116.00 | 1131.75 | 47.57 | 1131.25 | 82.00 | 1130.50 | 129.51 | 1131.75 | 52.01 | 1131.50 | 78.99 | 1131.00 | 122.05 |
| 9_5_1 | 1051.83 | 77.18 | 1048.67 | 142.48 | 1048.67 | 180.03 | 1051.83 | 72.60 | 1048.67 | 131.82 | 1049.92 | 188.70 | 1052.03 | 78.24 | 1048.67 | 120.73 | 1048.67 | 184.15 |
| 10_5_1 | 825.12 | 82.84 | 814.88 | 182.46 | 828.79 | 250.03 | 818.89 | 81.21 | 824.53 | 172.92 | 814.88 | 265.41 | 827.38 | 90.27 | 818.47 | 178.95 | 817.25 | 250.50 |
| *Avg.* | 732.31 | 38.25 | 723.37 | 69.75 | 719.42 | 97.31 | 732.41 | 37.66 | 721.58 | 66.22 | 718.87 | 98.56 | 731.93 | 39.66 | 723.46 | 66.67 | 720.73 | 97.96 |

另外，用表 4-1 的 24 个算例来验证 $l=1$，2，3，4 对算法性能的影响，每个算例被求解 5 次获得的平均解和需要的平均时间呈现在表4-2中。

**表 4-2　$l$ 值的选取**

| 算例 | $l=1$ | | $l=2$ | | $l=3$ | | $l=4$ | |
|---|---|---|---|---|---|---|---|---|
| | Avg. S | Avg. T | Avg. S | Avg. T | Avg. S | Avg. T | Avg. S | Avg. T |
| 5_2_1 | 357.22 | 6.16 | 357.22 | 10.91 | 357.22 | 15.58 | 357.22 | 17.63 |
| 6_2_1 | 489.84 | 6.11 | 489.84 | 11.84 | 489.84 | 14.62 | 489.84 | 16.44 |
| 7_2_1 | 482.71 | 12.15 | 482.71 | 24.89 | 482.71 | 32.01 | 482.71 | 36.89 |
| 8_2_1 | 881.85 | 11.68 | 827.34 | 24.07 | 832.50 | 36.23 | 825.89 | 39.97 |
| 9_2_1 | 833.44 | 10.01 | 833.44 | 17.78 | 822.88 | 26.48 | 819.74 | 31.62 |
| 10_2_1 | 513.03 | 14.99 | 513.03 | 28.15 | 513.03 | 38.39 | 513.03 | 45.22 |
| 5_3_1 | 413.52 | 12.69 | 411.63 | 20.71 | 409.64 | 26.86 | 409.64 | 32.26 |
| 6_3_1 | 593.50 | 15.62 | 593.50 | 26.54 | 593.50 | 38.83 | 593.50 | 43.56 |
| 7_3_1 | 703.37 | 16.43 | 703.37 | 28.29 | 703.37 | 39.98 | 703.37 | 49.21 |
| 8_3_1 | 983.17 | 17.53 | 973.22 | 35.20 | 973.22 | 51.06 | 973.22 | 60.24 |
| 9_3_1 | 1107.67 | 21.94 | 1096.99 | 47.77 | 1070.71 | 73.96 | 1103.85 | 85.37 |
| 10_3_1 | 919.33 | 17.57 | 917.53 | 32.29 | 914.98 | 49.63 | 918.23 | 64.49 |
| 5_4_1 | 525.21 | 18.89 | 525.21 | 33.59 | 525.21 | 44.69 | 525.21 | 51.80 |
| 6_4_1 | 508.72 | 24.86 | 508.72 | 45.20 | 508.72 | 61.32 | 508.72 | 76.50 |
| 7_4_1 | 577.26 | 32.24 | 577.26 | 55.29 | 577.26 | 83.92 | 577.26 | 105.38 |
| 8_4_1 | 1131.69 | 27.66 | 1131.69 | 45.56 | 1131.69 | 61.19 | 1131.69 | 72.45 |
| 9_4_1 | 941.92 | 55.90 | 920.65 | 89.54 | 902.50 | 133.16 | 904.31 | 173.27 |
| 10_4_1 | 1214.93 | 58.38 | 1194.93 | 113.80 | 1175.23 | 169.06 | 1130.99 | 205.72 |
| 5_5_1 | 366.71 | 22.28 | 365.85 | 44.47 | 366.07 | 59.40 | 365.64 | 75.05 |
| 6_5_1 | 530.50 | 27.49 | 530.50 | 42.72 | 530.50 | 53.97 | 530.50 | 71.47 |
| 7_5_1 | 432.75 | 36.39 | 432.75 | 69.34 | 432.75 | 92.10 | 432.75 | 119.27 |
| 8_5_1 | 1132.13 | 31.08 | 1131.75 | 59.53 | 1131.25 | 82.00 | 1130.50 | 103.05 |
| 9_5_1 | 1050.23 | 54.35 | 1049.92 | 96.53 | 1048.67 | 131.82 | 1048.67 | 166.66 |
| 10_5_1 | 861.12 | 58.05 | 818.47 | 114.01 | 824.53 | 172.92 | 823.16 | 225.39 |
| Average | 731.32 | 25.44 | 724.48 | 46.58 | 721.58 | 66.22 | 720.82 | 82.04 |

以上实验结果表明，随着 $l$ 的增长，求解质量虽增加，但增长率下降。由

于以上算例中，$l=4$ 和 $l=3$ 获得解的质量一样，因此为了平衡求解质量和求解时间，我们最终选取 $l=3$ 做接下来的测试。

### 4.5.2　启发式算法效果测试

为了评估禁忌搜索算法的求解效果，用此启发式算法测试选取的算例，考虑到随机性，每个算例测试5次，并把测试结果与第3章提出的CPLEX（$Model_{UV}$）的测试结果做比较。测试结果呈现在表4-3~表4-6中，其中“LB”表示CPLEX获得的下界；“UB”表示CPLEX获得的上界，其中“/”表示由于时间限制或超出内存问题而无法获得上界值。“Gap”表示LB和UB之间的百分比差距，计算方式为 $Gap=100\times(UB-LB)/LB$，表中“/”表示由于缺失UB以致无法得到相应的Gap值，“Node”和“Time”分别表示CPLEX需探索的节点数和需花费的时间。$TS_B$、$TS_A$ 和 $T_1$ 分别表示禁忌搜索算法测试每个算例5次获得的最优解、平均解及获得最优解所需的时间。另外“Δ1”“Δ2”“Δ3”分别表示 $TS_B$ 和LB之间的百分比差距、$TS_B$ 和UB之间的百分比差距，$TS_B$ 和 $TS_A$ 之间的百分比差距。

根据表4-3~表4-6可以得到：

（1）CPLEX能够对表4-3的所有算例求出最优解，对表4-4的绝大多数算例（27/30）求出最优解。针对表4-4中不能求出最优解的3个算例，CPLEX能够获得算例的上界和下界。针对表4-5和表4-6中较大规模的算例，CPLEX分别能够精确求解18个算例和15个算例。以上结果表明，随着问题规模增加，问题求解难度急剧增加。另外，针对客户点数超过8或商品类型数超过4的算例，即使运行12小时，CPLEX也很难求出最优解。

**表 4-3 2 种商品类型的测试结果**

| 算例 | CPLEX ( $Model_{UV}$ ) | | | | | Tabu Search | | | Δ/% | | |
|---|---|---|---|---|---|---|---|---|---|---|---|
| | LB | UB | Node | Time/s | Gap/% | $TS_B$ | $TS_A$ | T1/s | Δ1 | Δ2 | Δ3 |
| 5_2_1 | 357. 22 | 357. 22 | 0 | 0. 36 | 0 | 357. 22 | 357. 22 | 16. 97 | 0 | 0 | 0 |
| 5_2_2 | 551. 72 | 551. 72 | 0 | 0. 80 | 0 | 551. 73 | 551. 73 | 14. 60 | 0 | 0 | 0 |
| 5_2_3 | 426. 67 | 426. 67 | 543 | 1. 13 | 0 | 426. 67 | 431. 65 | 16. 47 | 0 | 0 | -1. 15 |
| 5_2_4 | 246. 27 | 246. 27 | 29 | 1. 05 | 0 | 246. 27 | 246. 27 | 14. 12 | 0 | 0 | 0 |
| 5_2_5 | 321. 83 | 321. 83 | 0 | 0. 31 | 0 | 321. 83 | 321. 83 | 17. 77 | 0 | 0 | 0 |
| Avg. | 380. 74 | 380. 74 | 114 | 0. 73 | 0 | 380. 74 | 381. 74 | 15. 99 | 0 | 0 | -0. 26 |
| 6_2_1 | 489. 84 | 489. 84 | 618 | 2. 11 | 0 | 489. 84 | 489. 84 | 14. 34 | 0 | 0 | 0 |
| 6_2_2 | 438. 10 | 438. 10 | 1042 | 4. 67 | 0 | 438. 11 | 438. 11 | 18. 5 | 0 | 0 | 0 |
| 6_2_3 | 898. 65 | 898. 65 | 45 | 3. 38 | 0 | 898. 65 | 898. 65 | 24. 46 | 0 | 0 | 0 |
| 6_2_4 | 546. 99 | 546. 99 | 2416 | 6. 78 | 0 | 546. 99 | 551. 02 | 48. 61 | 0 | 0 | -0. 73 |
| 6_2_5 | 422. 28 | 422. 28 | 19 | 1. 59 | 0 | 422. 28 | 422. 28 | 9. 03 | 0 | 0 | 0 |
| Avg. | 559. 17 | 559. 17 | 828 | 3. 71 | 0 | 559. 17 | 559. 98 | 22. 99 | 0 | 0 | -0. 14 |
| 7_2_1 | 482. 71 | 482. 71 | 1221 | 14. 03 | 0 | 482. 71 | 482. 71 | 29. 84 | 0 | 0 | 0 |
| 7_2_2 | 746. 28 | 746. 28 | 881 | 12. 93 | 0 | 746. 28 | 752. 95 | 27. 80 | 0 | 0 | -0. 89 |
| 7_2_3 | 509. 54 | 509. 54 | 590 | 20. 62 | 0 | 509. 54 | 509. 54 | 49. 55 | 0 | 0 | 0 |
| 7_2_4 | 971. 25 | 971. 25 | 5610 | 43. 37 | 0 | 1000. 18 | 1026. 80 | 46. 85 | 2. 98 | 2. 98 | -2. 66 |
| 7_2_5 | 509. 99 | 509. 99 | 5038 | 9. 95 | 0 | 509. 99 | 509. 99 | 20. 44 | 0 | 0 | 0 |
| Avg. | 643. 95 | 643. 95 | 2668 | 20. 18 | 0 | 649. 74 | 656. 40 | 34. 89 | 0. 60 | 0. 60 | -0. 71 |
| 8_2_1 | 818. 80 | 818. 80 | 4139 | 72. 88 | 0 | 818. 80 | 832. 50 | 36. 33 | 0 | 0 | -1. 65 |

续表

| 算例 | CPLEX ( $Model_{UV}$ ) | | | | | Tabu Search | | | Δ/% | | |
|---|---|---|---|---|---|---|---|---|---|---|---|
| | LB | UB | Node | Time/s | Gap/% | $TS_B$ | $TS_A$ | T1/s | Δ1 | Δ2 | Δ3 |
| 8_2_2 | 857. 24 | 857. 24 | 4968 | 45. 08 | 0 | 859. 01 | 860. 90 | 37. 92 | 0. 21 | 0. 21 | -0. 22 |
| 8_2_3 | 516. 15 | 516. 15 | 296 | 20. 12 | 0 | 516. 15 | 516. 15 | 43. 62 | 0 | 0 | 0 |
| 8_2_4 | 908. 99 | 908. 99 | 6135 | 58. 39 | 0 | 908. 99 | 909. 14 | 42. 04 | 0 | 0 | -0. 02 |
| 8_2_5 | 1048. 42 | 1048. 42 | 2935 | 35. 93 | 0 | 1048. 42 | 1048. 42 | 30. 42 | 0 | 0 | 0 |
| Avg. | 829. 92 | 829. 92 | 3694 | 46. 48 | 0 | 830. 27 | 833. 42 | 38. 07 | 0. 04 | 0. 04 | -0. 38 |
| 9_2_1 | 799. 14 | 799. 14 | 5287 | 109. 65 | 0 | 799. 14 | 812. 88 | 24. 65 | 0 | 0 | -1. 69 |
| 9_2_2 | 799. 01 | 799. 01 | 5729 | 86. 92 | 0 | 834. 95 | 851. 45 | 35. 62 | 4. 50 | 4. 50 | -1. 94 |
| 9_2_3 | 483. 70 | 483. 70 | 3944 | 66. 74 | 0 | 483. 70 | 483. 70 | 32. 50 | 0 | 0 | 0 |
| 9_2_4 | 761. 24 | 761. 24 | 14405 | 158. 29 | 0 | 766. 75 | 766. 75 | 66. 46 | 0. 72 | 0. 72 | 0 |
| 9_2_5 | 651. 25 | 651. 25 | 4557 | 73. 46 | 0 | 651. 25 | 661. 24 | 27. 91 | 0 | 0 | -1. 51 |
| Avg. | 698. 87 | 698. 87 | 6784 | 99. 01 | 0 | 709. 81 | 715. 20 | 37. 42 | 1. 04 | 1. 04 | -0. 75 |
| 10_2_1 | 513. 03 | 513. 03 | 40905 | 440. 25 | 0 | 513. 03 | 513. 03 | 40. 50 | 0 | 0 | 0 |
| 10_2_2 | 509. 58 | 509. 58 | 84062 | 189. 42 | 0 | 509. 58 | 509. 58 | 18. 58 | 0 | 0 | 0 |
| 10_2_3 | 743. 44 | 743. 44 | 1630 | 141. 34 | 0 | 743. 44 | 743. 44 | 42. 84 | 0 | 0 | 0 |
| 10_2_4 | 576. 69 | 576. 69 | 6107 | 198. 00 | 0 | 576. 69 | 620. 83 | 49. 42 | 0 | 0 | -7. 11 |
| 10_2_5 | 965. 13 | 965. 13 | 2212 | 70. 26 | 0 | 1013. 75 | 1037. 08 | 40. 44 | 5. 04 | 5. 04 | -2. 43 |
| Avg. | 661. 57 | 661. 57 | 26983 | 207. 85 | 0 | 673. 63 | 686. 79 | 38. 35 | 1. 01 | 1. 01 | -1. 84 |

**表 4-4　3 种商品类型的测试结果**

| 算例 | CPLEX ( $Model_{UV}$ ) | | | | | Tabu Search | | | Δ/% | | |
|---|---|---|---|---|---|---|---|---|---|---|---|
| | LB | UB | Node | Time/s | Gap/% | $TS_B$ | $TS_A$ | T1/s | Δ1 | Δ2 | Δ3 |
| 5_3_1 | 409. 64 | 409. 64 | 498 | 4. 62 | 0 | 409. 64 | 409. 64 | 29. 36 | 0 | 0 | 0 |
| 5_3_2 | 535. 40 | 535. 40 | 210 | 3. 25 | 0 | 535. 40 | 535. 40 | 22. 51 | 0 | 0 | 0 |
| 5_3_3 | 515. 04 | 515. 04 | 211 | 3. 57 | 0 | 515. 04 | 515. 04 | 42. 54 | 0 | 0 | 0 |
| 5_3_4 | 330. 94 | 330. 94 | 172 | 4. 16 | 0 | 330. 94 | 340. 16 | 45. 35 | 0 | 0 | -2. 71 |
| 5_3_5 | 336. 18 | 336. 18 | 0 | 2. 39 | 0 | 336. 18 | 336. 18 | 29. 13 | 0 | 0 | 0 |
| Avg. | 425. 44 | 425. 44 | 218 | 3. 60 | 0 | 425. 44 | 427. 28 | 33. 78 | 0 | 0 | -0. 43 |
| 6_3_1 | 593. 50 | 593. 50 | 282 | 9. 16 | 0 | 593. 50 | 593. 50 | 37. 71 | 0 | 0 | 0 |
| 6_3_2 | 583. 69 | 583. 69 | 567 | 13. 07 | 0 | 583. 69 | 583. 69 | 26. 47 | 0 | 0 | 0 |
| 6_3_3 | 817. 36 | 817. 36 | 1808 | 46. 27 | 0 | 817. 36 | 817. 36 | 42. 37 | 0 | 0 | 0 |
| 6_3_4 | 510. 19 | 510. 19 | 10 | 6. 26 | 0 | 510. 19 | 510. 19 | 35. 76 | 0 | 0 | 0 |
| 6_3_5 | 525. 22 | 525. 22 | 250 | 8. 15 | 0 | 525. 22 | 526. 34 | 36. 05 | 0 | 0 | -0. 21 |
| Avg. | 605. 99 | 605. 99 | 583 | 16. 58 | 0 | 605. 99 | 606. 22 | 35. 67 | 0 | 0 | -0. 04 |
| 7_3_1 | 703. 37 | 703. 37 | 1138 | 77. 78 | 0 | 703. 37 | 703. 37 | 37. 91 | 0 | 0 | 0 |
| 7_3_2 | 813. 37 | 813. 37 | 5812 | 155. 28 | 0 | 842. 91 | 842. 91 | 37. 25 | 3. 63 | 3. 63 | 0 |
| 7_3_3 | 1133. 96 | 1133. 96 | 23129 | 635. 26 | 0 | 1133. 96 | 1154. 72 | 62. 79 | 0 | 0 | -1. 8 |
| 7_3_4 | 896. 42 | 896. 42 | 23116 | 370. 59 | 0 | 896. 42 | 924. 59 | 89. 48 | 0 | 0 | -3. 05 |
| 7_3_5 | 509. 99 | 509. 99 | 17795 | 328. 62 | 0 | 509. 99 | 509. 99 | 25. 16 | 0 | 0 | 0 |
| Avg. | 811. 42 | 811. 42 | 14198 | 313. 51 | 0 | 817. 33 | 827. 12 | 50. 52 | 0. 73 | 0. 73 | -1. 18 |
| 8_3_1 | 973. 22 | 973. 22 | 5776 | 387. 99 | 0 | 973. 22 | 973. 22 | 48. 66 | 0 | 0 | 0 |

续表

| 算例 | CPLEX（$Model_{UV}$） | | | | | Tabu Search | | | Δ/% | | |
|---|---|---|---|---|---|---|---|---|---|---|---|
| | LB | UB | Node | Time/s | Gap/% | $TS_B$ | $TS_A$ | T1/s | Δ1 | Δ2 | Δ3 |
| 8_3_2 | 462.92 | 462.92 | 2470 | 101.31 | 0 | 462.92 | 462.92 | 39.30 | 0 | 0 | 0 |
| 8_3_3 | 1073.74 | 1073.74 | 6591 | 742.67 | 0 | 1073.74 | 1077.58 | 78.97 | 0 | 0 | -0.36 |
| 8_3_4 | 545.80 | 545.80 | 93951 | 1251.32 | 0 | 545.80 | 545.80 | 75.46 | 0 | 0 | 0 |
| 8_3_5 | 1049.36 | 1049.36 | 16942 | 786.64 | 0 | 1049.36 | 1049.36 | 45.91 | 0 | 0 | 0 |
| Avg. | 821.01 | 821.01 | 25146 | 653.99 | 0 | 821.01 | 821.78 | 57.66 | 0 | 0 | -0.09 |
| 9_3_1 | 1011.34 | 1011.34 | 22072 | 1707.94 | 0 | 1011.34 | 1070.71 | 73.07 | 0 | 0 | -5.54 |
| 9_3_2 | 1032.66 | 1032.66 | 101933 | 5595.66 | 0 | 1032.66 | 1036.87 | 46.24 | 0 | 0 | -0.41 |
| 9_3_3 | 597.42 | 597.42 | 66177 | 1807.91 | 0 | 597.42 | 598.27 | 55.96 | 0 | 0 | -0.14 |
| 9_3_4 | 838.33 | 838.33 | 665950 | 38135.64 | 0 | 838.33 | 843.34 | 90.62 | 0 | 0 | -0.59 |
| 9_3_5 | 699.51 | 699.51 | 335964 | 24475.04 | 0 | 702.37 | 708.82 | 90.78 | 0.41 | 0.41 | -0.91 |
| Avg. | 835.85 | 835.85 | 238419 | 14344.44 | 0 | 836.42 | 851.60 | 56.73 | 0.08 | 0.08 | -1.78 |
| 10_3_1 | 873.07 | 904.96 | 159017 | 43200.00 | 3.65 | 912.98 | 914.98 | 60.07 | 4.57 | 0.89 | -0.22 |
| 10_3_2 | 761.96 | 770.89 | 916123 | 43200.00 | 1.17 | 770.89 | 772.33 | 47.97 | 1.17 | 0 | -0.19 |
| 10_3_3 | 545.71 | 966.01 | 54795 | 43200.00 | 77.01 | 949.69 | 968.71 | 73.56 | 74.03 | -1.69 | -1.96 |
| 10_3_4 | 722.18 | 722.18 | 100804 | 28575.35 | 0 | 722.18 | 722.18 | 84.13 | 0 | 0 | 0 |
| 10_3_5 | 852.25 | 852.25 | 50608 | 38678.98 | 0 | 852.25 | 908.83 | 91.50 | 0 | 0 | -6.23 |
| Avg. | 751.03 | 843.26 | 256269 | 39370.87 | 16.37 | 841.60 | 857.41 | 59.44 | 15.95 | -0.16 | -1.72 |

表 4-5 4种商品类型的测试结果

| 算例 | CPLEX（$Model_{UV}$） | | | | | Tabu Search | | | Δ/% | | |
|---|---|---|---|---|---|---|---|---|---|---|---|
| | LB | UB | Node | Time/s | Gap/% | $TS_B$ | $TS_A$ | T1/s | Δ1 | Δ2 | Δ3 |
| 5_4_1 | 525. 21 | 525. 21 | 1624 | 12. 59 | 0 | 525. 21 | 525. 21 | 42. 14 | 0 | 0 | 0 |
| 5_4_2 | 475. 63 | 475. 63 | 442 | 25. 93 | 0 | 475. 63 | 500. 53 | 80. 50 | 0 | 0 | -4. 97 |
| 5_4_3 | 520. 89 | 520. 89 | 1008 | 39. 68 | 0 | 520. 89 | 520. 89 | 41. 01 | 0 | 0 | 0 |
| 5_4_4 | 313. 18 | 313. 18 | 297 | 13. 93 | 0 | 313. 18 | 313. 18 | 20. 84 | 0 | 0 | 0 |
| 5_4_5 | 385. 90 | 385. 90 | 2262 | 25. 10 | 0 | 385. 90 | 385. 90 | 32. 45 | 0 | 0 | 0 |
| Avg. | 444. 16 | 444. 16 | 1126 | 23. 45 | 0 | 444. 16 | 449. 14 | 43. 39 | 0 | 0 | -1. 11 |
| 6_4_1 | 508. 72 | 508. 72 | 3678 | 147. 65 | 0 | 508. 72 | 508. 72 | 59. 53 | 0 | 0 | 0 |
| 6_4_2 | 571. 69 | 571. 69 | 27955 | 2240. 36 | 0 | 571. 69 | 585. 17 | 63. 13 | 0 | 0 | -2. 3 |
| 6_4_3 | 774. 39 | 774. 39 | 19275 | 2277. 89 | 0 | 819. 12 | 823. 12 | 67. 32 | 5. 78 | 5. 78 | -0. 49 |
| 6_4_4 | 924. 90 | 924. 90 | 42897 | 4369. 99 | 0 | 924. 90 | 924. 90 | 42. 40 | 0 | 0 | 0 |
| 6_4_5 | 550. 92 | 550. 92 | 35799 | 1627. 75 | 0 | 550. 92 | 559. 37 | 59. 14 | 0 | 0 | -1. 51 |
| Avg. | 666. 12 | 666. 12 | 25920 | 2132. 73 | 0 | 675. 07 | 680. 26 | 58. 30 | 1. 16 | 1. 16 | -0. 76 |
| 7_4_1 | 577. 26 | 577. 26 | 5406 | 807. 29 | 0 | 577. 26 | 577. 26 | 85. 07 | 0 | 0 | 0 |
| 7_4_2 | 525. 05 | 525. 05 | 141346 | 4288. 59 | 0 | 525. 05 | 525. 05 | 84. 94 | 0 | 0 | 0 |
| 7_4_3 | 590. 39 | 590. 39 | 28264 | 8584. 96 | 0 | 590. 39 | 661. 11 | 91. 51 | 0 | 0 | -10. 70 |
| 7_4_4 | 836. 43 | 836. 43 | 21457 | 2971. 70 | 0 | 871. 93 | 958. 03 | 48. 95 | 4. 24 | 4. 24 | -8. 99 |
| 7_4_5 | 465. 97 | 465. 97 | 5938 | 2777. 49 | 0 | 465. 97 | 465. 97 | 35. 13 | 0 | 0 | 0 |
| Avg. | 599. 02 | 599. 02 | 40482 | 3886. 01 | 0 | 606. 12 | 637. 48 | 69. 12 | 0. 85 | 0. 85 | -4. 92 |
| 8_4_1 | 1131. 69 | 1131. 69 | 62079 | 4728. 76 | 0 | 1131. 69 | 1131. 69 | 57. 38 | 0 | 0 | 0 |

续表

| 算例 | CPLEX ( $Model_{UV}$ ) | | | | | Tabu Search | | | Δ/% | | |
|---|---|---|---|---|---|---|---|---|---|---|---|
| | LB | UB | Node | Time/s | Gap/% | $TS_B$ | $TS_A$ | T1/s | Δ1 | Δ2 | Δ3 |
| 8_4_2 | 659. 04 | 950. 12 | 46734 | 43200. 00 | 44. 17 | 881. 69 | 881. 69 | 67. 33 | 33. 78 | -7. 20 | 0 |
| 8_4_3 | 494. 56 | / | 10811 | 43200. 00 | / | 957. 09 | 977. 39 | 99. 20 | 93. 52 | / | -2. 08 |
| 8_4_4 | 501. 19 | 590. 46 | 62880 | 33614. 42 | 17. 81 | 590. 46 | 590. 89 | 61. 37 | 17. 81 | 0 | 0 |
| 8_4_5 | 409. 41 | 409. 41 | 23272 | 39578. 08 | 0 | 409. 41 | 414. 24 | 104. 02 | 0 | 0 | -1. 17 |
| Avg. | 639. 18 | 770. 42 | 41155 | 32864. 25 | / | 794. 07 | 799. 18 | 77. 86 | 29. 02 | / | -0. 64 |
| 9_4_1 | 897. 60 | 897. 60 | 46875 | 31418. 67 | 0 | 897. 60 | 902. 50 | 142. 70 | 0 | 0 | -0. 54 |
| 9_4_2 | 854. 66 | / | 8678 | 8725. 45 | / | 968. 39 | 1014. 68 | 124. 77 | 13. 31 | / | -4. 56 |
| 9_4_3 | 693. 25 | / | 4171 | 12921. 03 | / | 1314. 91 | 1335. 82 | 156. 59 | 89. 67 | / | -1. 57 |
| 9_4_4 | 492. 56 | 519. 45 | 42241 | 3841. 89 | 5. 44 | 519. 45 | 519. 45 | 69. 33 | 5. 46 | 0 | 0 |
| 9_4_5 | 605. 79 | 904. 19 | 110378 | 6235. 82 | 49. 26 | 751. 77 | 755. 57 | 77. 94 | 24. 10 | -16. 86 | -0. 50 |
| Avg. | 708. 77 | 773. 75 | 42468 | 12628. 57 | / | 890. 42 | 905. 61 | 114. 26 | 26. 51 | / | -1. 68 |
| 10_4_1 | 925. 51 | 1099. 67 | 6412 | 15497. 63 | 18. 82 | 1074. 85 | 1115. 23 | 159. 14 | 16. 14 | -2. 26 | -3. 62 |
| 10_4_2 | 524. 81 | 788. 32 | 27525 | 43200. 00 | 50. 21 | 782. 25 | 798. 84 | 151. 74 | 49. 05 | -0. 77 | -1. 61 |
| 10_4_3 | 530. 54 | / | 10276 | 7909. 52 | / | 786. 89 | 790. 22 | 172. 29 | 48. 32 | / | -0. 42 |
| 10_4_4 | 465. 88 | / | 33774 | 43200. 00 | / | 533. 44 | 561. 74 | 82. 73 | 14. 50 | / | -5. 04 |
| 10_4_5 | 434. 67 | 909. 09 | 184587 | 43200. 00 | 109. 14 | 764. 06 | 764. 06 | 48. 72 | 75. 78 | -15. 95 | 0 |
| Avg. | 576. 28 | 932. 36 | 52514 | 30601. 43 | / | 788. 30 | 806. 02 | 122. 92 | 40. 76 | / | -1. 82 |

**表 4-6　5 种商品类型的测试结果**

| 算例 | CPLEX ( $Model_{UV}$ ) | | | | | Tabu Search | | | Δ/% | | |
|---|---|---|---|---|---|---|---|---|---|---|---|
| | LB | UB | Node | Time/s | Gap/% | $TS_B$ | $TS_A$ | T1/s | Δ1 | Δ2 | Δ3 |
| 5_5_1 | 365.64 | 365.64 | 5567 | 64.58 | 0 | 365.64 | 366.07 | 57.66 | 0 | 0 | -0.12 |
| 5_5_2 | 579.41 | 579.41 | 980 | 126.25 | 0 | 579.41 | 579.41 | 55.54 | 0 | 0 | 0 |
| 5_5_3 | 552.39 | 552.39 | 480 | 45.18 | 0 | 552.39 | 552.39 | 55.65 | 0 | 0 | 0 |
| 5_5_4 | 526.18 | 526.18 | 2782 | 144.16 | 0 | 526.18 | 526.18 | 42.93 | 0 | 0 | 0 |
| 5_5_5 | 394.60 | 394.60 | 12943 | 735.40 | 0 | 394.60 | 394.60 | 36.91 | 0 | 0 | 0 |
| Avg. | 483.64 | 483.64 | 4550 | 223.11 | 0 | 483.64 | 483.73 | 49.74 | 0 | 0 | -0.02 |
| 6_5_1 | 530.50 | 530.50 | 3197 | 272.67 | 0 | 530.50 | 530.50 | 57.77 | 0 | 0 | 0 |
| 6_5_2 | 447.88 | 447.88 | 7237 | 613.58 | 0 | 447.88 | 447.88 | 71.36 | 0 | 0 | 0 |
| 6_5_3 | 386.41 | 386.41 | 9699 | 1473.92 | 0 | 386.41 | 402.38 | 46.65 | 0 | 0 | -3.97 |
| 6_5_4 | 1002.91 | 1002.91 | 11076 | 2703.86 | 0 | 1002.91 | 1002.91 | 53.73 | 0 | 0 | 0 |
| 6_5_5 | 491.03 | 491.03 | 2520 | 213.10 | 0 | 491.03 | 491.03 | 69.36 | 0 | 0 | 0 |
| Avg. | 571.75 | 571.75 | 6745 | 1055.43 | 0 | 571.75 | 574.94 | 59.77 | 0 | 0 | -0.56 |
| 7_5_1 | 432.75 | 432.75 | 13227 | 4860.08 | 0 | 432.75 | 432.75 | 88.39 | 0 | 0 | 0 |
| 7_5_2 | 472.26 | / | 12675 | 43200.00 | / | 864.72 | 871.24 | 108.27 | 83.10 | / | -0.75 |
| 7_5_3 | 912.17 | 1103.29 | 28845 | 43200.00 | 20.95 | 1083.44 | 1158.05 | 70.72 | 18.78 | -1.80 | -6.44 |
| 7_5_4 | 971.56 | 971.56 | 4128 | 6777.18 | 0 | 971.56 | 971.56 | 80.64 | 0 | 0 | 0 |
| 7_5_5 | 463.22 | 941.48 | 266789 | 43200.00 | 103.25 | 703.49 | 703.49 | 56.30 | 51.87 | -25.28 | 0 |
| Avg. | 650.39 | 862.27 | 65132 | 28247.45 | 31.05 | 811.19 | 827.42 | 80.86 | 30.75 | / | -1.96 |
| 8_5_1 | 1130.50 | 1130.50 | 21643 | 22457.26 | 0 | 1130.50 | 1131.25 | 76.36 | 0 | 0 | -0.07 |

续表

| 算例 | CPLEX（$Model_{UV}$） | | | | | Tabu Search | | | Δ/% | | |
|---|---|---|---|---|---|---|---|---|---|---|---|
| | LB | UB | Node | Time/s | Gap/% | $TS_B$ | $TS_A$ | T1/s | Δ1 | Δ2 | Δ3 |
| 8_5_2 | 552.19 | / | 10378 | 43200.00 | / | 829.23 | 837.44 | 110.56 | 50.17 | / | -0.98 |
| 8_5_3 | 581.33 | 1053.44 | 93682 | 43200.00 | 81.21 | 933.34 | 943.27 | 95.96 | 60.55 | -11.40 | -1.05 |
| 8_5_4 | 647.52 | / | 21151 | 43200.00 | / | 940.31 | 940.31 | 115.04 | 45.22 | / | 0 |
| 8_5_5 | 461.05 | 461.05 | 35631 | 16953.01 | 0 | 461.05 | 461.05 | 93.99 | 0 | 0 | 0 |
| Avg. | 674.52 | 881.66 | 36497 | 33802.05 | 27.07 | 858.89 | 862.66 | 98.38 | 31.19 | / | -0.44 |
| 9_5_1 | 980.38 | 1048.67 | 22642 | 43200.00 | 6.97 | 1048.67 | 1048.67 | 141.54 | 6.97 | 0 | 0 |
| 9_5_2 | 637.56 | / | 7654 | 14239.05 | / | 837.44 | 933.00 | 117.63 | 31.35 | / | -10.24 |
| 9_5_3 | 546.96 | / | 11376 | 12748.09 | / | 909.48 | 920.75 | 157.41 | 66.28 | / | -1.22 |
| 9_5_4 | 543.64 | 543.64 | 33265 | 29578.42 | 0 | 543.64 | 562.02 | 142.84 | 0 | 0 | -3.27 |
| 9_5_5 | 688.85 | / | 30119 | 43200.00 | / | 997.27 | 1010.92 | 96.53 | 44.77 | / | -1.35 |
| Avg. | 679.48 | 796.16 | 21011 | 28603.11 | 3.49 | 867.30 | 895.07 | 131.19 | 29.87 | / | -3.10 |
| 10_5_1 | 699.83 | 887.23 | 32042 | 43200.00 | 26.78 | 798.06 | 824.63 | 168.00 | 14.04 | -10.05 | -3.22 |
| 10_5_2 | 822.56 | / | 8325 | 25533.67 | / | 1034.91 | 1037.98 | 154.16 | 25.82 | / | -0.30 |
| 10_5_3 | 874.20 | / | 2352 | 30478.59 | / | 979.32 | 1010.33 | 174.10 | 12.02 | / | -3.07 |
| 10_5_4 | 882.23 | / | 3127 | 43200.00 | / | 1441.83 | 1470.74 | 143.16 | 63.43 | / | -1.97 |
| 10_5_5 | 583.35 | / | 28145 | 43200.00 | / | 874.48 | 898.63 | 113.62 | 49.91 | / | -2.69 |
| Avg. | 772.43 | 887.23 | 14798 | 37122.45 | 26.78 | 1025.72 | 1048.46 | 150.61 | 33.04 | / | -2.25 |

（2）针对 CPLEX 能够求出最优解的 90 个算例，启发式算法能够对其中的 81 个算例求出最优解。针对不能提供最优解的 9 个算例，启发式算法提供的解与 CPLEX 获得的最优解之间的百分比差距在 6%以内。针对 CPLEX 虽不能求出最优解但能获得上下界的 15 个算例，除了算例 10_3_1 外，启发式算法提供的解都比 CPLEX 获得的上界好。尽管针对算例 10_3_1，CPLEX 获得的上界虽比启发式获得的解好，但两者之间的百分比差距极小，均在 1%以内。针对 CPLEX 只能获得下界的 15 个算例，启发式算法提供的解与 CPLEX 获得的下界之间的百分比差距较大，这是因为问题复杂性的增加，CPLEX 只能获得质量较差的下界。因此，将进一步致力研究如何针对这些较大规模的算例求出最优解或更紧的下界。

（3）CPLEX 在 180 秒内只能够对一些小规模算例求出最优解，求解时间随着问题规模的增加呈指数增长。启发式算法在 180 秒内能够对所有算例求出高质量的解。从平均值来看，启发式算法用的时间远远小于 CPLEX 用的时间。

（4）从列"Δ3"来看，启发式算法测试每个算例 5 次获得的平均解和最优解的百分比差距较小，均在 5%以内，这表明启发式算法的鲁棒性较好。

总之，启发式算法针对小规模问题几乎都能够求出最优解，针对较大规模问题能够提供高质量的解。基于启发式算法的优良表现，我们相信它可被用于优化烟草行业中的原料调拨问题（现实中的大规模问题）。通过物流管控部门（物流中心），从烟草公司全局角度做出最优的原料供需匹配决策和车辆路径决策，从而获得一个运输成本较低、所需车辆较少的运输方案。

## 4.6 本章小结

基于本章研究问题的高度复杂性和第 3 章已取得的研究成果，为求解现实中较大规模的问题，本章推导出了一个高效的启发式算法。首先，在分析单元化模型特性的基础上，设计了贪婪式算法快速构建初始可行解。其次，从优化供需匹配决策和车辆路径决策的角度提出了 7 个高效的邻域结构，基于这些邻域结构设计了一个禁忌搜索算法来改善初始可行解的质量。为验证本章提出的启发式算法的效果，基于第 3 章提出的一系列有效不等式，借助 CPLEX 求解问题下界以便比较。最后，基于随机生成的算例做了一系列实验。实验结果表明，本章提出的禁忌搜索算法在短时间内对所研究的问题能够提供最优解或近似最优解。本章的研究成果不但能够在一定程度上为企业的日常调度提供理论上的支撑和实践上的指导，而且能够丰富文献中关于供需匹配、多批次及多次访问等条件下的取送货车辆路径问题的理论研究。

第5章

# 多次访问条件下供需未匹配多商品取送货车辆路径问题精确算法研究

## 5.1 引言

在供需匹配与取送货车辆路径问题相关领域，本书研究的问题与相关文献研究的具体差别如下。第一，本书松弛了取送货时间窗约束，从而通过考虑固被时间窗约束过滤掉的解，使问题的可行解空间变大（Chen et al.，2014），因此问题的求解难度变大。特别需要指出，不考虑取送货时间窗约束的现实原因在于：在企业的实际运营中生产计划通常提前下达（如烟草制造行业，生产计划提前十天下达），从而在出现缺货之前，每个卷烟厂都有足够的时间来完成调拨任务。第二，考虑了多商品运输网络，显然该运输网络比单商品运输网络更接近现实。如在服装连锁店中，不同款式、尺寸和颜色的衣服与鞋子需要转运（Chen et al.，2014）；另外，在原油运输行业中，炼油厂之间通常需要转运多种不同规格的原油（Hennig et al.，2012a，2012b；Agra et al.，2013，2014，2015）。第三，允许单车多次访问一个客户点，它虽使本研究问题中路径决策的复杂度呈指数型增长，但为节省更多的运输成本和运输资源提供了机遇（Salazar-Gonzalez and Santos-Hernández，2015）。由于本书首次同时考虑以上三个条件来研究供需匹配与取送货车辆路径问题，导致本章研究问题的复杂程度急剧增加。针对供需匹配与取送货车辆路径问题，即使只考虑以上三个条件中的任意一个条件，问题也会很复杂。因此，文献中针对此类问题的精确算法的研究极少（Hernández-Pérez and Salazar-Gonzalez，2004a，2007，2014；Salazar-Gonzalez and Santos-Hernández，2015）。为了更深入地研究此问题，基于第3、第4章的研究成果，本章提出了6类指数型有效不等式及相应的分离算法，进一步提高单元化模型的性能。基于讨论初始上界嵌入过程、预处理过程、分支策略、不等式添加策略及分离算法调用策略，提出一个分支切割(Branch and Cut)算法来求解本研究问题，希望能够精确求解现实中的中小规模问题。

## 5.2 数学模型

基于第3章的结论，单元化模型($\text{Model}_\text{U}$)优于传统模型($\text{Model}_\text{B}$)。另外，考虑到传统的MTZ-style子环路消除约束表现得较差，因此基于单元化网络，提出一个更简便的数学模型。

在给出具体的模型之前，先进行符号定义。以$G=(N^u, A^u)$表示一个有向图，其中$N^u=\{0, 1, \cdots, n^u, n^u+1\}$表示节点集合，$A=\{(i, j): i, j\in N, i\neq j\}$表示弧集合。以节点0和$n^u+1$分别表示起始车场和终止车场。每个弧$(i, j)$均有行驶成本$c_{ij}$(满足三角不等式)和行驶时间$t_{ij}$。以$K$表示车辆集合，每个车辆具有相同的车容量$Q$和最大工作时间$T$。以$M$表示商品集合，以$I_{im}$表示节点$i$针对商品$m$的供应和需求信息。以$S$和$D$分别表示供应和需求节点结合，以$w$表示装卸速度。以0~1变量$x_{ij}^k=1$表示车辆$k$从节点$i$直接行驶至节点$j$，否则$x_{ij}^k=0$。以整数变量$l_{ijm}^k$表示车辆$k$从节点$i$行驶至节点$j$装载商品$m$的数量。数学模型具体呈现如下：

$$\min \sum_{i\in N^u}\sum_{j\in N^u}\sum_{k\in K} c_{ij}x_{ij}^k \tag{5-1}$$

$$\sum_{j\in N^u} x_{0j}^k = 1,\ \forall k\in K \tag{5-2}$$

$$x_{j0}^k=0,\ \forall j\in N^u,\ k\in K \tag{5-3}$$

$$\sum_{j\in N^u} x_{j(n^u+1)}^k = 1,\ \forall k\in K \tag{5-4}$$

$$x_{(n^u+1)j}^k=0,\ \forall j\in N^u,\ k\in K \tag{5-5}$$

$$\sum_{k\in K}\sum_{i\in N^u} x_{ij}^k \leqslant 1,\ \forall j\in S \tag{5-6}$$

$$\sum_{k\in K}\sum_{i\in N^u} x_{ij}^k = 1,\ \forall j\in D \tag{5-7}$$

$$\sum_{i\in N^u} x_{ij}^k - \sum_{i\in N^u} x_{ji}^k = 0,\ \forall j\in N^u/\{0,\ n+1\} \tag{5-8}$$

$$l_{0jm}^k = 0,\ \forall j\in N^u,\ m\in M,\ k\in K \tag{5-9}$$

$$l_{j(n^u+1)m}^k = 0,\ \forall j\in N^u,\ m\in M,\ k\in K \tag{5-10}$$

$$\sum_{i\in N^u} l_{ijm}^k + I_{jm}\sum_{i\in N^u} x_{ij}^k = \sum_{i\in N^u} l_{jim}^k,\ \forall j\in N^u/\{0,\ n^u+1\},\ m\in M,\ k\in K \tag{5-11}$$

$$\sum_{m\in H} l_{ijm}^k \leqslant Qx_{ij}^k,\ \forall i\in N^u,\ j\in N^u,\ k\in K \tag{5-12}$$

$$\sum_{i\in N^u}\sum_{j\in N^u} x_{ij}^k t_{ij} \leqslant T,\ \forall k\in K \tag{5-13}$$

$$\sum_{k\in K}\sum_{i\in R}\sum_{j\in R} x_{ij}^k \leqslant |R| - 1,\ \forall R\subset N^u/\{0,\ n^u+1\} \tag{5-14}$$

$$x_{ij}^k \in \{0,\ 1\},\ \forall i\in N^u,\ j\in N^u,\ k\in K \tag{5-15}$$

$$l_{ijm}^k \geqslant 0,\ \forall i\in N^u,\ j\in N^u,\ m\in M,\ k\in K \tag{5-16}$$

目标函数(5-1)为最小化总运输成本。约束(5-2)~约束(5-5)保证每辆车从车场出发，完成运输任务后返回车场。约束(5-6)表示每个供应节点最多被访问一次。约束(5-7)表示每个需求节点有且仅被访问一次。约束(5-8)表示每辆车访问每个节点的路线流平衡约束。约束(5-9)和约束(5-10)保证每辆车空车出发、完成任务后空车返回。约束(5-11)保证每辆车在访问每个节点时针对每种商品的装卸流平衡约束。此外，约束(5-11)还暗示当车辆访问一个节点时，其取送货需求被满足。约束(5-12)和约束(5-13)分别界定了每辆车的最大装载能力和最大工作时间。约束(5-14)表示消除子环路约束。约束(5-15)和约束(5-16)表示决策变量的取值范围。

特别指出，MTZ-类型的消除子环路约束(Miller et al.，1960)通常产生较差的下界，因此我们采用 DFJ-类型的消除子环路约束(Dantzig et al.，1954)。

由于约束(5-14)包含指数数量级的有效不等式，本章首先松弛这个约束，然后设计相应的分离算法(见第5.3.1节)来寻找被破坏掉的不等式。

## 5.3 有效不等式

针对第5.2节提出的简化模型，本节提出了几类有效不等式来进一步加强此模型。为描述这些不等式，引入以下符号。给定一个节点集合 $R\subseteq N^u$，让 $|R|$ 表示集合 $R$ 的元素个数，让 $r(R)$ 表示服务集合 $R$ 的所有节点所需的最小车辆数。定义 $\delta(R)=\delta^+(R)\cup\delta^-(R)$，$\delta^+(R)=\{(i,j)\in A^u \mid i\in R, j\notin R\}$；$\delta^-(R)=\{(i,j)\in A^u \mid i\notin R, j\in R\}$。让 $X_{ij}$ 表示弧 $(i,j)$ 的大小，显然 $X_{ij}=\sum_{k\in K}x_{ij}^k$。定义 $X_{iR}=\sum_{j\in R}X_{ij}$，$X_{Ri}=\sum_{j\in R}X_{ji}$，$X(R)=\sum_{i\in R,j\in R}(X_{ij}+X_{ji})$，$X[\delta(R)]=\sum_{i\in R,j\notin R}(X_{ij}+X_{ji})$。让 $e_{ij}$ 表示边 $[i,j]$ 的大小，显然 $e_{ij}=X_{ij}+X_{ji}$。让 $\arg[i]$ 表示节点 $i$ 供应或需求的商品类型。另外，为证明这些不等式，需指出可行路线应该满足以下四个条件：①针对每种商品，总取货量等于总投货量；②每个需求节点的需求一次性满足，此条件对应第3.2.1节的假设(5)“网络中每个客户点的需求虽然可通过相同或不同车辆访问多次来分批次满足，但同种商品的需求不允许分批次满足”；③任意两节点之间的装载量非负，且不能超过车容量；④路线的行驶时间不能超过车辆的最大允许工作时间。

### 5.3.1 车辆使用不等式

众所周知，车辆数的使用对问题精确求解的影响较大，因此本节探究问题求解所需的车辆数。

不难发现，把单元化模型的目标函数(5-1)更改为 $\min\sum\limits_{k\in V}(1-x_{0(n^u+1)}^k)$，即可构造出以最少车辆数为目标的模型 Model*。虽然很难精确求解 Model*(NP-难题)，但通过求解 Model* 所对应的线性松弛规划可得到所需最少车辆数的下界 $v_{LB}$。显然以下不等式对原问题有效：

$$\sum_{k\in V}(1 - x_{0(n^u+1)}^k) \geq \lceil v_{LB} \rceil \tag{5-17}$$

命题 5.1：如果存在一个可行解只需 1 辆车完成运输任务，那么最优解所需的车辆数为 1。

首先需证明最优解所需的车辆数不能为 2。

证明：假设最优解所需的车辆数为 2 且存在一个可行解所需的车辆数为 1。不妨把这个可行解记作 $FS$，最优解记作 $F^*$ 且它所包含的两条路线分别如图 5-1 和图 5-2 所示。合并这两条路线，即可得到一个新的解 $F'$，如图 5-3 所示。明显地，路线 3 仍满足条件(1)、(2)和(3)。一方面，根据三角不等式 $c_{p_00}+c_{0i}>c_{p_0i}$ 可知 $F'$ 的总运输成本小于最优解 $F^*$ 的总运输成本，这意味着 $F'$ 的总运输成本也小于可行解 $FS$ 的总运输成本。另一方面，根据 $FS$ 的路线数为 1 及车速恒定，可知路线 3 仍满足条件(4)。因此，$F'$ 是可行解且优于 $F^*$，此结论与 $F^*$ 是最优解矛盾，故假设不成立。

按照以上类似过程，即可证明最优解所需的车辆数不能为 3，4，…，从而问题得证。

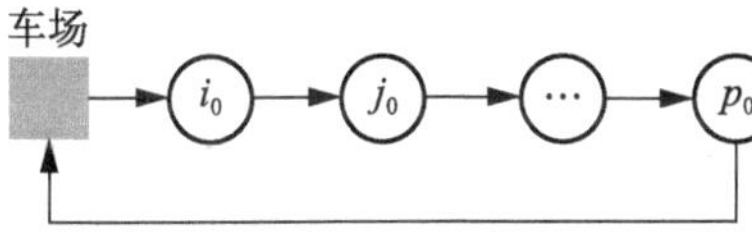


**图 5-1　路线 1**

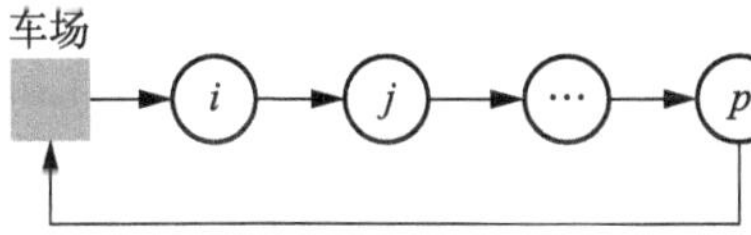


**图 5-2　路线 2**

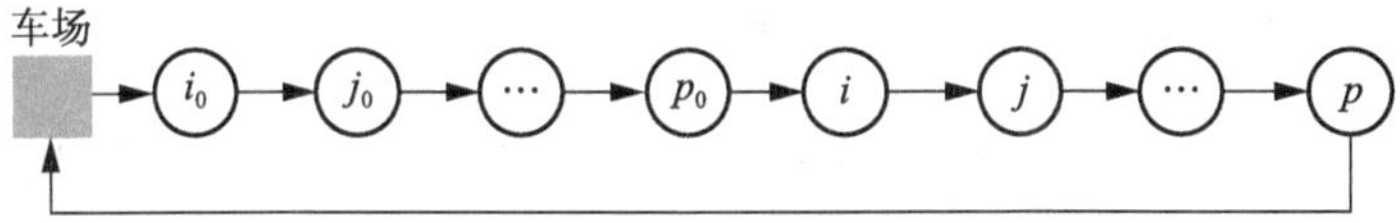


**图 5-3　路线 3**

令 $v_{UB}$ 表示某个可行解所用的车辆数，基于命题 5.1 可知，如果 $v_{UB}=1$，以下等式有效：

$$\sum_{k\in V}(1 - x_{0(n^u+1)}^k) = 1 \tag{5-18}$$

### 5.3.2 节点和弧不兼容不等式

命题5.2：针对任意3个顶点$v$，$v'$，$v''$；节点$i \in S^{v} \cup D^{v}$，$p \in S^{v'}$，$j \in S^{v''} \cup D^{v''}$，$p_1 \in S^{v}_{\arg[p]}$；以下不等式对最优解有效：

$$X_{ip} + X_{pj} \leqslant 1 + \sum_{p_0 \in N^u} X_{p_0 p_1} \tag{5-19}$$

证明：当$\sum_{p_0 \in N^u} X_{p_0 p_1} = 1$，不等式(5-19)恒成立。当$\sum_{p_0 \in N^u} X_{p_0 p_1} = 0$，表明节点$p_1$没有被最优解访问。假设不等式(5-19)左端等于2，此时最优解中存在子路线$i \to p \to j$。把最优解记作$F^*$，子路线$i \to p \to j$所在的路线记作路线$k$。在路线$k$中，让节点$p_1$替换节点$p$，可得到一条新路线$k'$。由于节点$p_1$和节点$p$供应的商品类型和数量相同，可知路线$k'$仍然满足条件(1)、(2)和(3)。另外，由于路线$k$的节点$i$，$p$和$j$均属于不同顶点且路线$k'$的节点$i$和$p_1$属于相同顶点，可知路线$k'$的运输成本小于路线$k$的运输成本。故路线$k'$是可行路线且优于路线$k$。让路线$k'$替换路线$k$，可得到更好的可行解$F'$，此结论与$F^*$是最优解矛盾，故假设不成立。

### 5.3.3 子循环消除不等式

本章研究的问题是经典VRP的一种复杂变种，VRP中常用的子循环消除不等式也适用于本书的单元化模型，即对任一节点集合$R \subset N^u$，不等式$X(R) \leqslant |R| - 1$有效。

### 5.3.4 加强子循环消除不等式

本书提出的单元化模型有一个特性，即一些节点的位置坐标相同，基于这一特性本节推导出几个命题。这些命题所对应的不等式可被看作加强子循环消除不等式。

命题5.3：针对属于相同顶点的供应节点$i$和供应节点$j$，如果集合$R = \{p_1, p_2, \cdots, p_l\}$中的节点属于其他顶点且不可能是供应节点$i$的需求节点，那么以下不等式对最优解有效：

$$X_{iR}+X(R)+X_{Rj}\leqslant l \tag{5-20}$$

证明：假设最优解中存在满足以上条件的供应节点 $i$，$j$ 及节点集合 $R$ 使不等式(5-20)左端的值等于 $l+1$，那么最优解中存在某条子路线把节点 $i$，集合 $R$ 中的节点及节点 $j$ 依次连接起来。不失一般性，假定该子路线为 $i\to p_1\to p_2\to\cdots\to p_l\to j$ 且它所在的路线为路线 $k$。不妨把最优解记作 $F^*$，节点 $i$ 在路线 $k$ 的直接前点记作 $i_0$，如图 5-4 所示。在路线 $k$ 中，先把节点 $i$ 移除，然后重新插入节点 $p_l$ 和节点 $j$ 之间，将得到新路线 $k'$，如图 5-5 所示。显然，路线 $k'$ 仍然满足条件(1)(2)和(3)。接下来将分以下两种情况讨论。

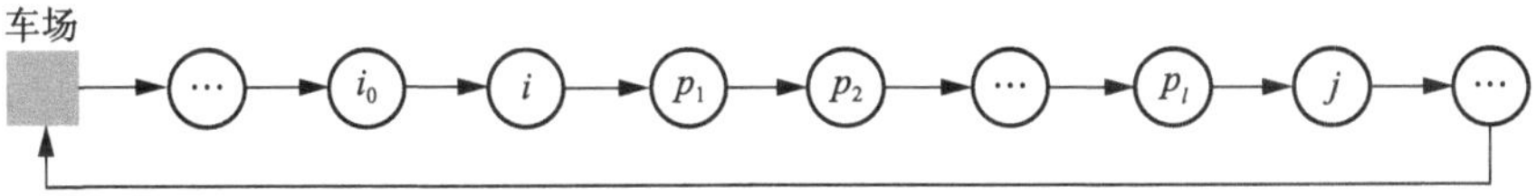


**图 5-4　路线 $k$**

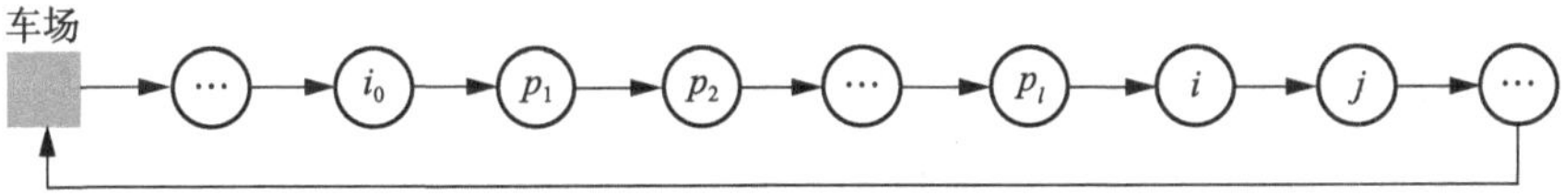


**图 5-5　路线 $k'$**

情况 1：节点 $i$ 和节点 $i_0$ 属于不同顶点。从图 5 - 4 和图 5 - 5 可以看出，除了子路线 $i_0\to i\to p_1\to p_2\to\cdots\to p_l\to j$ 和 $i_0\to p_1\to p_2\to\cdots\to p_l\to i\to j$ 以外，路线 $k$ 和路线 $k'$ 完全相同。路线 $k$ 和路线 $k'$ 相同部分的运输成本均记作 $c_0$。因此，路线 $k$ 的运输成本 $c^k=c_0+c_{i0j}^k$，其中 $c_{i0j}^k=c_{i0i}+c_{ip1}+\sum_{h=1}^{l-1}c_{p_hp_{h+1}}+c_{p_lj}$。类似地，路线 $k'$ 的运输成本 $c^{k'}=c_0+c_{i0j}^{k'}$，其中 $c_{i_0j}^{k'}=c_{i_0p_1}+\sum_{h=1}^{l-1}c_{p_hp_{h+1}}+c_{p_li}+c_{ij}$。由节点 $i$ 和节点 $j$ 均属于相同顶点可知，$c_{ij}=0$ 且 $c_{p_lj}=c_{p_li}$。再根据三角不等式 $c_{i_0i}+c_{ip_1}>c_{i_0p_1}$ 可知，$c_{i_0j}^k>c_{i_0j}^{k'}$，因此 $c^k>c^{k'}$。基于车速恒定可知，路线 $k'$ 也满足条件(4)。因此，路线 $k'$ 是可行路线且优于路线 $k$。显然，用路线 $k'$ 替换路线 $k$，易得到更优的解 $F'$。此结论与 $F^*$ 是最优解矛盾，因此假设不

成立。

情况 2：节点 $i$ 和节点 $i_0$ 均属于相同顶点。此情况下，$c_{i_0 i}=c_{ij}=0$，$c_{ip_1}=c_{i_0 p_1}$且 $c_{p_l j}=c_{p_l i}$。因此，$c^k=c^{k'}$，这表明路线 $k'$和路线 $k$ 的运输成本相同。接下来比较这两条路线的“LD”值。路线 $k'$与路线 $k$ 的唯一区别在于路线 $k'$比路线 $k$ 较晚访问供应节点 $i$，路线 $k'$中供应节点 $i$ 与它的需求节点的距离比路线 $k$ 中供应节点 $i$ 与它的需求节点的距离小，而这两路线的其他供应节点与它们的需求节点的距离完全相同。因此，路线 $k'$产生的“LD”值比路线 k 产生的“LD”值小。故路线 $k'$是可行路线且优于路线 $k$，让路线 $k'$替换路线 $k$，易得到更优的解 $F'$。此结论与 $F^*$ 是最优解矛盾，因此假设不成立。

命题 5.4：针对属于相同顶点的需求节点 $i$ 和需求节点 $j$，如果集合 $R=\{p_1, p_2, \cdots, p_l\}$ 中的节点属于其他顶点且不可能是需求节点 $j$ 的供应节点，那么以下不等式对最优解有效：

$$X_{iR}+X(R)+X_{Rj}\leqslant l \tag{5-21}$$

此命题的证明过程与命题 5.3 的证明过程类似，故省略。

命题 5.5：针对属于相同顶点的需求节点 $i$ 和供应节点 $j$，如果集合 $R=\{p_1, p_2, \cdots, p_l\}$ 中的节点属于其他顶点且为供应节点，那么以下不等式对最优解有效：

$$X_{iR}+X(R)+X_{Rj}\leqslant l \tag{5-22}$$

证明：假设最优解中存在满足以上条件的供应节点 $i$，$j$ 及集合 $R$ 使不等式(5-22)左端的值等于 $l+1$，那么最优解中存在某条子路线把节点 $i$，集合 $R$ 中的节点及节点 $j$ 依次连接起来。不失一般性，假定该子路线为 $i \to p_1 \to p_2 \to \cdots \to p_l \to j$，且它所在的路线为路线 $k$，把最优解记作 $F^*$。接下来可分以下两种情况讨论。

情况 1：节点 $j$ 和它的直接后点属于不同顶点，此情况的证明过程和命题 5.3 的情况 1 完全相同，故省略。

情况 2：节点 $j$ 和它的直接后点属于相同顶点，在路线 $k$ 中从节点 $j$ 开始向后搜索，易找到一个与节点 $j$ 属于不同顶点的节点并记作 $p_0$。把 $p_0$ 的直接前点记作 $j_0$，这表明节点从 $j$ 到 $j_0$ 属于相同顶点，节点 $p_0$ 属于其他顶点，相应的路线如图 5-6 所示。先把子路线 $p_1 \to p_2 \to \cdots \to p_l$ 从路线 $k$ 中移除，然后重新插入 $j_0$ 和 $p_0$ 之间，将得到新路线 $k'$，如图 5-7 所示。根据第 3 章的约束(3-44)可知，节点从 $j$ 到 $j_0$ 均为供应节点。另外，根据命题条件可知，$p_1$，$p_2$，$\cdots$，$p_l$ 均为供应节点。相对于路线 $k$，路线 $k'$ 只改变了相邻供应节点的访问顺序，故路线 $k'$ 仍然满足条件(1)(2)和(3)。由图 5-6 和图 5-7 可知，除了由节点 $i$ 到节点 $p_0$ 组成的子路线不同外，路线 $k$ 和路线 $k'$ 完全相同，且相同部分的运输成本记作 $c_0$。由于节点从 $j$ 到 $j_0$ 及节点 $i$ 属于相同顶点，而节点 $p_1$，$p_2$，$\cdots$，$p_l$ 和 $p_0$ 均属于其他顶点。因此，路线 $k$ 的运输成本 $c^k = c_0 + c^k_{ip_0}$，其中 $c^k_{ip_0} = c_{ip_1} + \sum_{h=1}^{l-1} c_{p_h p_{h+1}} + c_{p_l j} + c_{j_0 p_0}$。类似地，路线 $k'$ 的运输成本 $c^{k'} = c_0 + c^{k'}_{ip_0}$，其中 $c^{k'}_{ip_0} = c_{j_0 p_1} + \sum_{h=1}^{l-1} c_{p_h p_{h+1}} + c_{p_l p_0}$。根据 $c_{ip_1} = c_{j_0 p_1}$，$c_{p_l j} = c_{p_l j_0}$ 和 $c_{p_l j_0} + c_{j_0 p_0} > c_{p_l p_0}$，可得到 $c^k_{ip_0} > c^{k'}_{ip_0}$，这表明 $c^k > c^{k'}$ 且路线 $k'$ 满足条件(4)。因此，路线 $k'$ 是可行路线且优于路线 $k$。显然，用路线 $k'$ 替换路线 $k$，可得到更好的解 $F'$。此结论与 $F^*$ 是最优解矛盾，因此问题得证。

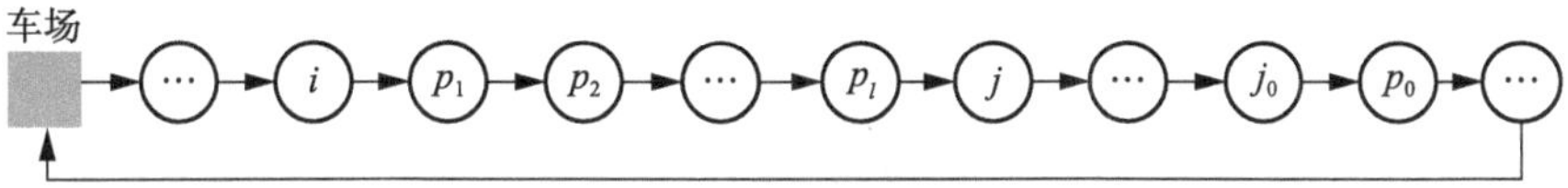


**图 5-6　路线 $k$**

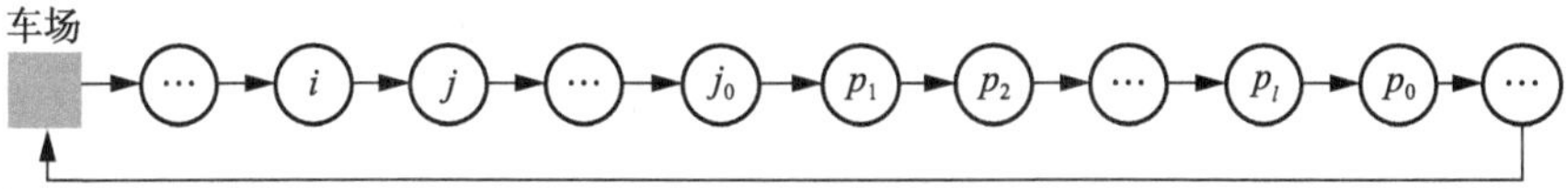


**图 5-7　路线 $k'$**

命题 5.6：针对属于相同顶点的需求节点 $i$ 和供应节点 $j$，如果集合 $R = \{p_1, p_2, \cdots, p_l\}$ 中的节点属于其他顶点且为需求节点，那么以下不等式对最优解有效：

$$X_{iR}+X(R)+X_{Rj}\leqslant l \tag{5-23}$$

此命题的证明过程与命题 5.5 的证明过程类似，故省略。

### 5.3.5 优先顺序不等式

本书研究的运输网络属于供需匹配关系事先未知的情况。车辆从起始车场出发在到达需求节点 $j$ 之前必须访问能够满足它所需求商品的供应节点，针对节点集合 $R$，如果满足 $0\in R$，$(n^u+1)\notin R$，则至少存在一个需求节点 $j\in R$ 且 $S_{\arg[j]}\cap R=\Phi$，那么不等式 $X(R)\leqslant |R|-2$ 有效。类似地，考虑到车辆从供应节点 $i$ 出发在到达终止车场之前必须访问能够接收它所供应商品的需求节点，针对节点集合 $R$，如果满足 $0\notin R$，$(n^u+1)\in R$，则至少存在一个供应节点 $i\in R$ 且 $D_{\arg[i]}\cap R=\Phi$，那么不等式 $X(R)\leqslant |R|-2$ 有效。

### 5.3.6 车容量不等式

针对本书研究的问题，允许每种商品的总供应大于总需求，即允许某些供应节点不被访问，这导致 CVRP（Lysgaard et al.，2004）和 1-PDTSP（Hernández-Pérez and Salazar-Gonzalez，2004a）中常用的车容量不等式 $X(\delta(R))\geqslant 2\left\lceil\dfrac{\sum_{i\in R}I_{i\arg[i]}}{Q}\right\rceil$，不能直接被应用于本书的单元化模型中。如给定的一个集合 $R$，如果包含不需被访问的供应节点，则以上不等式显然不成立。然而，基于恒等式 $X[\delta(R)]+2X(R)=2|R|$ 可推导出以下有效不等式：

$$X(R)\leqslant|R|-\left\lceil\frac{\left|\sum_{i\in R}I_i\arg[i]\right|}{Q}\right\rceil \tag{5-24}$$

另外，考虑到多种商品，令 $H'=\{m\in H:\ \sum_{i\in R}I_{im}>0\}$ 和 $H''=\{m\in H:\ \sum_{i\in R}I_{im}<0\}$，不等式(5-24)可以加强为：

$$X(R)\leqslant|R|-\max\left\{\left\lceil\frac{\left|\sum_{i\in R}\text{and}\arg[i]\in H'I_{i\arg[i]}\right|}{Q}\right\rceil,\right.$$

$$\left[\frac{\left|\sum_{i \in R} \text{andarg}[i] \in H'' I_{i\arg[i]}\right|}{Q}\right]\Bigg\} \tag{5-25}$$

### 5.3.7　非可行路径不等式

（1）从优先顺序限制和车容量限制相结合的角度考虑

针对有向路线 $\vec{\pi}=\{p_1, p_2, \cdots, p_l\}$，令 $L_{p_i}^m(\vec{\pi})=L_{p_{i-1}}^m(\vec{\pi})+I_{p_i m}$ 表示车辆沿路线 $\vec{\pi}$ 离开节点 $p_i$ 时所装商品 $m$ 的数量。Hernández－Pérez 和 Salazar－Gonzalez（2014）研究了 m－PDTSP，他们认为可行解通过路线 $\vec{\pi}$ 时商品 $m$ 的最小装载量为 $-\min_{i=1}^{i=l}\{L_{p_i}^m(\vec{\pi})\}$。因此，他们给出路线 $\vec{\pi}$ 非可行的判断条件为 $\max\limits_{i=1}^{l}\{\sum\limits_{m \in H} L_{p_i}^m(\vec{\pi})\} - \min\limits_{i=1}^{l}\{L_{p_i}^m(\vec{\pi})\} > Q$。类似 Hernández－Pérez 和 Salazar－Gonzalez（2014），可推导出适用于本书单元化模型的非可行路径的判断条件为：

$$\max_{i=1}^{l}\{\sum_{m \in H} L_{p_i}^m(\vec{\pi})\} + \sum_{m \in H}\max\{0, \ -\min_{i=1}^{l}\{L_{p_i}^m(\vec{\pi})\}\} > Q \tag{5-26}$$

另外可知，如果有向路线 $\vec{\pi}=\{p_1, p_2, \cdots, p_l\}$ 非可行，则以下不等式有效：

$$\sum_{h=1}^{l-1} X_{p_h p_{h+1}} \leqslant l-2 \tag{5-27}$$

（2）从车辆最大工作时间限制的角度考虑

针对有向路线 $\vec{\pi}=\{p_1, p_2, \cdots, p_l\}$，如果 $t_{0i}+t_{ip_1}+t_{p_1p_2}+\cdots+t_{p_{l-1}p_l}+t_{p_lj}+t_{j(n^u+1)}>T$，则以下不等式有效：

$$X_{ip_1} + \sum_{h=1}^{l-1} X_{p_h p_{h+1}} + X_{p_l j} \leqslant l \tag{5-28}$$

需要特别指出的是，如果根据已知条件，事先可以确定针对任意可行解，节点 $i$ 和节点 $j$ 必须为供需匹配关系，那么可得到更强的有效不等式 $X_{ip_1} + \sum\limits_{h=1}^{l-1} X_{p_h p_{h+1}} + X_{p_l j} \leqslant l-1$。

### 5.3.8 集群不等式

由于本章研究的问题是对 1-PDTSP 的扩展，因此 Hernández-Pérez 和 Salazar-Gonzalez(2007)提出的集群不等式对本书的单元化模型同样有效，即给定任意一个节点 $v$ 和一系列节点集合 $w_1$，$w_2$，…，$w_l$ 使得 $w_i \cap w_j = \{v\}$，$\forall 1 \leqslant i<j \leqslant l$；$r(w_i)=1$，$\forall 1 \leqslant i \leqslant l$；$r(w_i \cup w_j)>1$，$\forall 1 \leqslant i<j \leqslant l$，则以下不等式有效：

$$\sum_{i=1}^{l} X(w_i) \leqslant \sum_{i=1}^{l} |w_i| - 2l + 1 \tag{5-29}$$

## 5.4 分离算法

### 5.4.1 分离子循环消除不等式

本节采用一个近似精确算法来寻找被破坏的子循环消除不等式。接下来分别从精确分离 3 节点集合 $R$(由 3 个节点构成)、精确分离 4 节点集合 $R$ 及启发式分离 5 节点及多于 5 节点的集合 $R$ 来详细描述寻找过程。

(1) 精确分离 3 节点集合

从直观上看，任意选取一条边$[i, j]$和一个节点 $p$，可构成一个 3 节点集合 $R=\{i, j, p\}$。通过分析可知，构成的 3 节点集合 $R=\{i, j, p\}$ 有以下两个特性：

命题 5.7：如果集合 $R=\{i, j, p\}$ 满足 $X(R)>2$，那么节点 $i$，$j$，$p$ 构成的三条边中至少有一条边大于 2/3。此命题的证明较直接，故省略。

命题 5.8：对选定的边$[i, j]$，使得集合 $R=\{i, j, p\}$ 满足 $X(R)>2$ 的节点 $p$ 唯一；反之，对选定的节点 $p$，使得集合 $R=\{i, j, p\}$ 满足 $X(R)>2$ 的边$[i, j]$唯一。

证明：针对边$[i, j]$，假设除了节点 $p$ 外，存在节点 $q$ 使得集合 $R=\{i, j, q\}$ 满足 $X(R)>2$，即 $e_{ij}+e_{jq}+e_{qi}>2$。考虑到 $X[\delta(i)] \leqslant 2$ 和 $X[\delta(j)] \leqslant 2$，可得

到 $e_{pi} \leqslant 2-e_{ij}-e_{qi}$ 且 $e_{jp} \leqslant 2-e_{ij}-e_{jq}$。因此，$e_{ij}+e_{jp}+e_{pi} \leqslant e_{ij}+2-e_{ij}-e_{jq}+2-e_{ij}-e_{qi}=4-(e_{ij}+e_{jq}+e_{qi})<2$。此结论与集合 $R=\{i, j, p\}$ 满足 $X(R)>2$ 矛盾，故前半部分的结论已得证。按照以上过程，可证得后半部分的结论。

基于以上两个命题，采用以下过程来快速分离出所有被破坏的 3 节点集合。首先，筛选出大于 2/3 的边构成集合 $E$。其次，从集合 $E$ 的第一条边 $[i, j]$ 开始遍历，依次检查是否存在节点 $p$ 使得集合 $R=\{i, j, p\}$ 满足 $X(R)>2$。如果存在满足条件的节点 $p$，则说明已找到一个被破坏的不等式，并把边 $[i, j]$，$[j, p]$，$[p, i]$ 从集合 $E$ 中删除（如果它们存在于集合 $E$ 中）。

（2）精确分离 4 节点集合

从直观上看，任意两条不交叉的边 $[i, j]$ 和 $[p, q]$ 可构成一个 4 节点集合 $R=\{i, j, p, q\}$。通过分析可知，构成的 4 节点集合 $R=\{i, j, p, q\}$ 有以下两个特性：

命题 5.9：如果集合 $R=\{i, j, p, q\}$ 满足 $X(R)>3$，那么节点 $i$，$j$，$p$，$q$ 构成的 6 条边中最大的边应大于 0.5，其次的边应大于 0.4 且这两条边之和应大于 1。采用反证法即可证明此命题。

命题 5.10：对于选定的边 $[i, j]$，使得集合 $R=\{i, j, p, q\}$ 满足 $X(R)>3$ 的边 $[p, q]$ 唯一。此命题的证明过程与命题 5.8 的证明过程类似，故省略。

同样基于以上两个命题，采用以下过程快速分离出所有被破坏的 4 节点集合：首先，筛选出大于 0.4 的边构集合 $E$。其次，从集合 $E$ 中选取两条满足 $e_{ij}+e_{pq}>1$ 的边 $[i, j]$ 和 $[p, q]$，并检查集合 $R=\{i, j, p, q\}$ 是否满足 $X(R)>3$。如果是，则找到一个被破坏的不等式，并把边 $[i, j]$，$[p, q]$，$[i, p]$，$[i, q]$，$[j, p]$，$[j, q]$ 从集合 $E$ 中移除（如果它们存在于集合 $E$ 中）。重复以上过程直到集合 $E$ 中所有满足 $e_{ij}+e_{pq}>1$ 的边都已被检查。

（3）启发式分离 5 节点及多于 5 节点的集合

第一种启发式算法：通过全连通部分寻找被破坏的子循环消除不等式。

首先，针对每个节点 $i$，构建初始集合 $R=\{i\}$，如果存在满足 $X_{ij}=1$ 的节

点 $j$，那么集合 $R=\{i\}$ 扩充为集合 $R=\{i, j\}$。其次，基于集合 $R$ 中最新的节点，不断扩充集合 $R=\{i, j, \cdots\}$ 直到不再满足扩充条件为止。如果集合 $R$ 中的节点个数大于或等于 5，则检查不等式 $X(R)>|R|-1$ 是否成立。

第二种启发式算法：采用禁忌搜索算法寻找被破坏的子循环消除不等式。

随机选取一个节点集合 $R\subseteq N^u/\{0, n^u+1\}$，计算它的松弛度，即 $r=|R|-1-X(R)$ 的大小。当集合 $R$ 中的节点数小于 5 时，往集合 $R$ 中添加一个节点会使它的松弛度最小。当集合 $R$ 中的节点数大于 5 时，往集合 $R$ 中添加一个节点或从集合 $R$ 中移除一个节点会使它的松弛度最小。重复添加和移除操作，直到找不到松弛度更小的集合 $R$ 时停止。如果此时集合 $R$ 的松弛度小于 0，则找到被破坏的不等式。每一轮执行中，该启发式算法运行 20 次，针对添加和移除操作所设定的禁忌列表长度为 5。

### 5.4.2 分离加强子循环消除不等式

本节采用一个贪婪启发式算法寻找被破坏的加强子循环消除不等式。与命题 5.3~命题 5.6 相对应，以下将分别描述不等式(5-20)~不等式(5-21)的分离过程。

（1）分离加强子循环消除不等式(5-20)

首先，选取一个供应节点 $i$ 作为起始节点，令 $R'$ 表示属于其他顶点且不可能是供应节点 $i$ 的需求节点的节点集合，令 $R''$ 表示与节点 $i$ 属于相同顶点的供应节点集合。其次，从集合 $R'$ 中找出使 $X_{ip_1}$ 最大的节点 $p_1$。再次，从集合 $R'\cup R''$ 中找出使 $X_{p_kp_{k+1}}$ 最大的节点 $p_{k+1}$ 来不断扩充路线 $P_i=\{i, p_1, p_2, \cdots\}$。一旦扩充到某个节点 $j$ 属于集合 $R''$ 时就立即停止。针对最终的路线 $P_i=\{i, p_i, \cdots, p_2, p_1, f\}$，令集合 $R=\{p_1, p_2, \cdots, p_l\}$，检查不等式(5-20)是否被破坏。最后，选取新的供应节点作为起始节点重复以上过程。

（2）分离加强子循环消除不等式(5-21)

首先，选取一个需求节点 $j$ 作为起始节点，令 $R'$ 表示属于其他顶点且不可能是需求节点 $j$ 的供应节点的节点集合，令 $R''$ 表示与节点 $j$ 属于相同顶点的需求节点集合。其次，从集合 $R'$ 中找出使 $X_{p_1j}$ 最大的节点 $p_1$。再次，从集合 $R'\cup R''$ 中找出使 $X_{p_{k+1}p_k}$ 最大的节点 $p_{k+1}$ 来不断扩充路线 $P_j=\{\cdots,\ p_2,\ p_1,\ j\}$。一旦扩充到某个节点 $i$ 属于集合 $R''$ 时就立即停止。针对最终的路线 $P_j=\{i,\ p_l,\ \cdots,\ p_2,\ p_1,\ j\}$，令集合 $R=\{p_1,\ p_2,\ \cdots,\ p_l\}$，检查不等式(5-21)是否被破坏。最后，选取新的需求节点作为起始节点重复以上过程。

(3) 分离加强子循环消除不等式(5-22)

此不等式的分离过程和不等式(5-20)的分离过程类似，不同处在于选取供应节点 $i$ 作为构建路线的起始节点，且令 $R'$ 表示属于其他顶点的供应节点集合。

(4) 分离加强子循环消除不等式(5-23)

此不等式的分离过程和不等式(5-20)的分离过程类似，不同处在于选取供应节点 $i$ 作为构建路线的起始节点，且令 $R'$ 表示属于其他顶点的供应节点集合。

### 5.4.3　分离优先顺序不等式

本节采用构建式的启发式算法来寻找被破坏的优先顺序不等式。

构建初始集合 $R=\{0\}$，首先把集合 $R$ 扩充为集合 $R=\{0,\ i\}$，其中 $i$ 为 $\max\limits_{i_0\in N^u}\{e_{0i_0}>0\}$ 对应的节点。其次，以 $i$ 为起始点扩充集合 $R=\{0,\ i,\ \cdots\}$，重复以上过程直到集合 $R$ 不能继续被扩充为止。在此过程中，集合 $R$ 每被扩充一次，首先需检查集合 $R$ 是否满足 $X(R)>|R|-2$，然后检查集合 $R$ 中是否存在一个需求节点，它的需求不能由集合 $R$ 中的其他节点来满足。如果以上两个条件均被满足，即找到被破坏的不等式。

类似以上过程，构建初始集合 $R=\{n^u+1\}$，首先把集合 $R$ 扩充为集合 $R=\{n^u+1,\ i\}$，其中 $i$ 为 $\max\limits_{i_0\in N^u}\{e_{i_0(n^u+1)}>0\}$ 对应的节点。其次，以 $i$ 为起始节点扩充集合 $R=\{n^u+1,\ i,\ \cdots\}$，重复以上过程直到集合 $R$ 不能继续被扩充为止。在此过程中，集合 $R$ 每被扩充一次，首先需检查集合 $R$ 是否满足 $X(R)>|R|-2$，

然后检查集合 $R$ 中是否存在一个供应节点，它的供应节点不能投放给集合 $R$ 中的其他任何节点。如果以上两个条件均被满足，即找到被破坏的不等式。

### 5.4.4 分离非可行路径不等式

采用 Hernández-Pérez 和 Salazar-Gonzalez(2014)中第 4.3 节描述的第 2 个启发式算法来寻找被破坏的非可行路径不等式(5-27)。详细过程请参见 Hernández-Pérez 和 Salazar-Gonzalez(2014)。

类似 Cordeau(2006)，采用以下过程来寻找被破坏的非可行路径不等式(5-28)。针对每一个可能存在供需匹配关系的$\{i \in S, j \in D_{\arg[i]}\}$，从节点 $i$ 开始，通过把节点 $P_k$ 扩充到 $P_{k+1}$来不断扩充路径 $P_i = \{i, p_1, p_2, \cdots\}$，每次扩充所选取的节点 $p_{k+1}$使 $X_{p_k p_{k+1}}$最大。如果在扩充过程中得到一个回路或扩充到节点 $n^u+1$ 或节点 $j$ 时立即停止扩充。如果最终的路线停止在节点 $j$，则检查不等式(5-28)是否被破坏掉。

### 5.4.5 分离车容量不等式

采用 Cordeau(2006)提出的方法来分离车容量不等式，详细过程请参见 Cordeau(2006)的第 5.3.2 节。

### 5.4.6 分离集群不等式

采用 Hernández-Pérez 和 Salazar-Gonzalez(2007)提出的方法来分离此不等式，详细过程请参见 Hernández-Pérez 和 Salazar-Gonzalez(2007)的第 4.2 节。

## 5.5 分支切割算法

针对组合优化问题，分支切割算法一直是备受欢迎的精确求解方法，已经成功地应用于一些路径问题(Lysgaard et al.，2004；Cordeau，2006；

Archetti et al. , 2014）。本节将基于讨论初始上界选取过程、预处理过程、初始不等式添加策略、分支策略和分离算法调用策略，提出一个分支切割算法来求解多商品、允许多次访问的供需匹配与取送货车辆路径问题。

### 5.5.1　初始上界

众所周知，针对分支切割算法，嵌入一个初始上界可以通过消除一些可行解空间来加快问题求解速度。基于前面的研究成果，本章在设计分支切割算法时，由第 4 章提出的禁忌搜索算法来提供初始上界。

### 5.5.2　预处理及初始不等式

（1）预处理

预处理操作可以通过减少所需搜索的可行解空间或降低问题求解规模来加快问题求解速度。本节的预处理操作主要包括本书第 3.3 节的“对称破坏不等式”“弧消除不等式”“装载不等式”和“兼容不等式”。

（2）初始不等式集合

为了提高线性松弛规划的下界值，本节描述的不等式将添加到分支定界树的每个节点上。显然，这些不等式无论在求解过程中是否被破坏，都将在调用分离算法之前被添加到模型中。

①第 5.3.1 节描述的“车辆使用不等式”

②第 5.3.2 节描述的“节点和弧不兼容不等式”

③第 5.3.3 节描述的“子循环消除不等式”中的 4 种特殊不等式（即 $|R|=1$）

$$(X_{ip}+X_{pj})\leqslant 1,\ \ \forall v\in N,\ i\in S^v,\ j\in S^v,\ p\in (SUD)/(S^vUD^v)/D_{\arg[i]}$$

$$(X_{ip}+X_{pj})\leqslant 1,\ \ \forall v\in N,\ i\in D^v,\ j\in D^v,\ p\in (S\cup D)/(S^v\cup D^v)/S_{\arg[j]}$$

$$(X_{ip}+X_{pj})\leqslant 1,\ \ \forall v\in N,\ i\in D^v,\ j\in S^v,\ p\in S/S^v$$

$$(X_{ip}+X_{pj})\leqslant 1,\ \ \forall v\in N,\ i\in D^v,\ j\in S^v,\ p\in D/D^v$$

④第 5.3.5 节描述的“优先顺序不等式”中的 4 种特殊不等式

$X_{0i}+X_{ij}+X_{ji}\leqslant 1$ 及 $X_{ij}+X_{ji}+X_{j(n+1)}\leqslant 1$，$\forall i\in S$，$j\in D/D_{\arg[i]}$

$X_{0i}+X_{ip}+X_{pi}+X_{ij}+X_{ji}+X_{pj}+X_{jp}\leqslant 2$，$\forall i\in S$，$p\in D_{\arg[i]}$，$j\in D/D_{\arg[i]}$

$X_{ip}+X_{pi}X_{ij}+X_{ji}+X_{pj}+X_{jp}+X_{j(n+1)}\leqslant 2$，$\forall i\in S$，$p\in S/S_{\arg[i]}$，$j\in D_{\arg[i]}$

需要指出的是，以上选的不等式可以保证初始不等式集合保持在合理的大小，且在每个节点执行“添加操作”时所用的时间不会显著增加。

### 5.5.3 分支策略

众所周知，选择较好的分支策略能够帮助分支切割算法花费较少的努力来求解问题。事实上，本章尝试了 4 种常用的分支策略来求解研究的问题，即 CPLEX 默认的分支策略、强分支策略、最小整数非可行分支策略和最大整数非可行分支策略。初步测试结果表明，强分支策略优于其他 3 种分支策略。

类似 Desrosiers 等（1995）和 Andersson 等（2011），在分支过程中，通过引入 0~1 变量 $W_{ik}$ 和约束（5-30）来引导分支先执行“一个节点是否被访问”。其中，如果 $W_{ik}=1$ 则车辆 $k$ 访问节点 $i$；否则 $W_{ik}=0$。

$$W_{ik}-\sum_{j\in N^u/\{0\}}x_{ij}^k=0,\ \forall i\in N^u/\{0,\ n^u+1\},\ k\in V \tag{5-30}$$

### 5.5.4 分支切割算法的实施策略

针对第 5.3 节提出的几类不等式及第 5.4 节提出的一系列分离算法，本节首先做了一个实验来测试每类不等式对问题求解的影响，实验结果表明，调用车容量不等式和集群不等式对问题求解几乎没有影响，调用其他种类不等式则不同程度地加快了问题求解过程，加快程度从大到小依次为：优先顺序不等式、子循环消除不等式、加强子循环消除不等式、非可行路径不等式。因此本章的分支切割算法只考虑调用以上 4 类不等式。其次，测试了在分支界定树的每个节点都添加被破坏的不等式的效果。测试结果表明，虽然添加被破坏的不等式能够提高节点处的 LP 值，但由于分离过程耗时较大，导致算法耗时较大。因此，最终考虑只在分支定界树的部分节点添加被破坏的不等式。另外，由于分离算法的调用模式对算法的性能影响较大，因此本章将探索以下两种常用的调用模式。

模式 1：依次执行优先顺序不等式、子循环消除不等式、加强子循环消除不等式、非可行路径不等式所对应的分离算法。如果当前的分离算法找到被破坏的不等式，则该节点处的线性规划模型嵌入这些不等式并重新求解，然后继续执行当前的分离算法；否则执行下一个分离算法。当最后一个分离算法找不到被破坏的不等式时立即停止。

模式 2：同时执行优先顺序不等式、子循环消除不等式、加强子循环消除不等式、非可行路径不等式所对应的分离算法。如果找到被破坏的不等式，则该节点处的线性规划模型嵌入这些不等式并重新求解。重复以上过程直到找不到被破坏的不等式为止。

基于以上模式分析，考虑以下 4 种最具有代表性的方案来调用分离算法，下一节将通过实验来详细比较这 4 种方案的实施效果。

M1：在分支定界树中深度水平(Depth Level)小于 5 的节点上采用调用模式 1。

M2：在分支定界树中深度水平小于 10 的节点上采用调用模式 1。

M3：在分支定界树中深度水平小于 5 的节点上采用调用模式 2。

M4：在分支定界树中深度水平小于 10 的节点上采用调用模式 2。

## 5.6　算例测试及结果分析

本节的所有测试均在一个频率为 2.8 赫兹，运行内存为 2G 的个人计算机上进行。分支切割算法在 C++中编写代码，用 12.2 版本的 CPLEX 作为求解器。参照本书第 4.5 节的做法，在初步测试中，本章考虑了 144 组($n \in \{5, 6, \cdots, 20\}$，$m \in \{2, 3, \cdots, 10\}$)不同规模的算例，每组算例包含 5 个随机生成的算例。然而，用第 3 章提出的 $\text{Model}_{\text{UV}}$ 和本章提出的分支切割算法分别测试了$(n, m)=(12, 6)$，$(14, 7)$，$(16, 8)$，$(18, 9)$和$(20, 10)$的 5 组算例后(这些算例可以较好地反映较大规模的现实问题)，发现针对问题规模$(n, m)=(12, 6)$和$(14, 7)$的算例，$\text{Model}_{\text{UV}}$和分支切割算法均只能获得质量较差的下界，针对大于等于问题规模(n, m)=(18, 9)的算例，由于模型中的变量及约束太多，CPLEX 根本无法启动，且本章所研究的问题高度复杂，更大规模的算例不适合采用精确算法求解，因此在接下来的测试中，只考虑第 4.5 节采用的 120 个算例。

### 5.6.1 初始不等式效果测试

本章提出的“预处理”的良好效果在本书第 3.4.3 节已经得到验证。为测试本章提出的“初始不等式”的效果，本节借助优化软件 CPLEX，用“模型+预处理”和“模型+预处理+初始不等式”分别测试了 24 组算例中的第 1 个算例。“模型+预处理”表示将预处理的所有不等式都添加到模型中。“模型+预处理+初始不等式”表示将预处理和初始不等式中的所有不等式都添加到模型中。类似 Meisel 等(2013)，考虑到如果把初始不等式中的所有不等式添加到模型中可能导致模型变得冗余，更好的做法是在求解过程中只添加真正需要的不等式。故本节也用“模型+预处理+UserCut”做了测试。“模型+预处理+UserCut”表示将预处理的所有不等式和初始不等式中被破坏的不等式添加到模型中。“UserCut”是 CPLEX 自带的一个模块，通过把本章初始不等式中的所有不等式放入这个模块并调用 UserCut，CPLEX 在求解过程中会自动检查初始不等式中的每个不等式在分支定界树的每个节点处是否被破坏。如果是，则该节点处的线性规划模型会嵌入这些被破坏的不等式，然后重新求解(Meisel et al., 2013)。表 5-1 报告了 CPLEX 运行 12 小时得到的结果。第 1 列是算例名称(由客户点数和商品类型数组成)。“LB”表示获得的下界。“UB”表示获得的上界，其中“/”表示由于时间限制或超出内存问题而无法获得的上界值。“Node”和“Time”分别表示 CPLEX 需探索的节点数和花费的时间。“Gap”表示 LB 和 UB 之间的百分比差距，计算方式为 Gap=100×(UB-LB)/LB，其中“/”表示由于 UB 的缺失导致无法计算相应的“Gap”值。需要特别指出的是，针对每个算例，粗体标注的部分表示相应模型的测试结果优于其他两个模型的测试结果。例如算例 5_ 2_ 1，“模型+预处理+初始不等式”的测试结果优于“模型+预处理”和“模型+预处理+UserCut”的测试结果。

**表 5-1　初始不等式的效果**

| 算例 | 模型+预处理 | | | | | 模型+预处理+初始不等式 | | | | | 模型+预处理+UserCut | | | | |
|---|---|---|---|---|---|---|---|---|---|---|---|---|---|---|---|
| | LB | UB | Node | Time/s | Gap/% | LB | UB | Node | Time/s | Gap/% | LB | UB | Node | Time/s | Gap/% |
| 5_2_1 | 357.21 | 357.21 | 0 | 0.42 | 0 | **357.21** | **357.21** | **0** | **0.31** | **0** | 357.21 | 357.21 | 0 | 0.38 | 0 |
| 6_2_1 | 489.84 | 489.84 | 519 | 6.61 | 0 | **489.84** | **489.84** | **445** | **0.91** | **0** | 489.84 | 489.84 | 447 | 1.11 | 0 |
| 7_2_1 | 482.71 | 482.71 | 2127 | 18.92 | 0 | **482.71** | **482.71** | **1918** | **7.60** | **0** | 482.71 | 482.71 | 2544 | 12.72 | 0 |
| 8_2_1 | 818.80 | 818.80 | 31920 | 248.46 | 0 | **818.80** | **818.80** | **14568** | **143.72** | **0** | 818.80 | 818.80 | 14477 | 222.30 | 0 |
| 9_2_1 | 799.14 | 799.14 | 11557 | 83.24 | 0 | **799.14** | **799.14** | **2894** | **38.87** | **0** | 799.14 | 799.14 | 4844 | 52.18 | 0 |
| 10_2_1 | 513.03 | 513.03 | 138500 | 1192.69 | 0 | **513.03** | **513.03** | **5922** | **182.13** | **0** | 513.03 | 513.03 | 55571 | 327.38 | 0 |
| 5_3_1 | 409.64 | 409.64 | 719 | 8.05 | 0 | **409.64** | **409.64** | **546** | **5.19** | **0** | 409.64 | 409.64 | 614 | 5.41 | 0 |
| 6_3_1 | 593.50 | 593.50 | 152 | 5.74 | 0 | **593.50** | **593.50** | **107** | **4.90** | **0** | 593.50 | 593.50 | 165 | 5.21 | 0 |
| 7_3_1 | 703.37 | 703.37 | 624 | 67.85 | 0 | **703.37** | **703.37** | **512** | **64.13** | **0** | 703.37 | 703.37 | 564 | 74.54 | 0 |
| 8_3_1 | **977.22** | **977.22** | **5009** | **280.45** | **0** | 977.22 | 977.22 | 4832 | 450.79 | 0 | 977.22 | 977.22 | 7292 | 718.24 | 0 |
| 9_3_1 | 1011.34 | 1011.34 | 49879 | 5812.86 | 0 | 1011.34 | 1011.34 | 37910 | 4233.08 | 0 | **1011.34** | **1011.34** | **30998** | **3141.77** | **0** |
| 10_3_1 | 850.07 | 904.96 | 254590 | 43200.00 | 6.46 | **850.90** | **904.96** | **188055** | **43200.00** | 6.35 | 843.22 | 901.55 | 121100 | 28805.97 | 6.91 |
| 5_4_1 | 525.21 | 525.21 | 1223 | 36.71 | 0 | **525.21** | **525.21** | **769** | **11.00** | 0 | 525.21 | 525.21 | 3584 | 18.21 | 0 |
| 6_4_1 | 508.72 | 508.72 | 916 | 47.92 | 0 | 508.72 | 508.72 | 725 | 31.52 | 0 | **508.72** | **508.72** | **670** | **28.54** | **0** |
| 7_4_1 | 577.26 | 577.26 | 4496 | 607.89 | 0 | 577.26 | 577.26 | 570 | 48.95 | 0 | **577.26** | **577.26** | **531** | **26.86** | **0** |
| 8_4_1 | 1131.69 | 1131.69 | 80485 | 6788.39 | 0 | 1131.69 | 1131.69 | 108564 | 27165.59 | 0 | **1131.69** | **1131.69** | **7265** | **790.30** | **0** |
| 9_4_1 | 854.33 | \ | 136230 | 43200.00 | \ | 897.60 | 897.60 | 31655 | 21712.67 | 0 | **897.60** | **897.60** | **28359** | **6549.30** | **0** |
| 10_4_1 | 843.44 | | 46891 | 53200.00 | \ | 855.82 | 1114.44 | 13356 | 7428.31 | 30.21 | **857.30** | **1099.67** | **16168** | **43200.00** | **28.27** |
| 5_5_1 | 365.64 | 365.64 | 142.68 | 10443.00 | 0 | 365.64 | 365.64 | 1592 | 98.77 | 0 | **365.64** | **365.64** | **4228** | **87.73** | **0** |

续表

| 算例 | 模型+预处理 | | | | | 模型+预处理+初始不等式 | | | | | 模型+预处理+UserCut | | | | |
|---|---|---|---|---|---|---|---|---|---|---|---|---|---|---|---|
| | LB | UB | Node | Time/s | Gap/% | LB | UB | Node | Time/s | Gap/% | LB | UB | Node | Time/s | Gap/% |
| 6_5_1 | 530. 50 | 530. 50 | 10333 | 2491. 30 | 0 | 530. 50 | 530. 50 | 3106 | 384. 09 | 0 | **530. 50** | **530. 50** | **3975** | **239. 46** | **0** |
| 7_5_1 | 432. 75 | 432. 75 | 12612 | 3028. 14 | 0 | 432. 75 | 432. 75 | 1962 | 317. 01 | 0 | **432. 75** | **432. 75** | **1815** | **239. 10** | **0** |
| 8_5_1 | 1130. 50 | 1130. 50 | 41505 | 16992. 38 | 0 | 1130. 50 | 1130. 50 | 19809 | 24938. 31 | 0 | **1130. 50** | **1130. 50** | **8696** | **4639. 05** | **0** |
| 9_5_1 | 953. 57 | 1080. 30 | 17084 | 19624. 80 | 13. 29 | 949. 82 | 1048. 67 | 9825 | 43200. 00 | 10. 40 | **986. 76** | **1050. 28** | **24229** | **28810. 03** | **6. 43** |
| 10_5_1 | 696. 28 | 887. 23 | 32042 | 43200. 00 | 27. 40 | 709. 82 | 887. 74 | 22048 | 43200. 00 | 25. 06 | **716. 62** | **847. 89** | **19372** | **43200. 00** | **18. 31** |

从表5-1可以看出，基于预处理，无论采用哪种方式添加初始不等式中的不等式，都能进一步提高模型的性能。相对于“模型+预处理”而言，“模型+预处理+初始不等式”和“模型+预处理+UserCut”都能多求解1个算例(算例9_ 4_ 1)。针对这3个模型都能获得最优解的19个算例，从平均值来看，相对于“模型+预处理”而言，“模型+预处理+初始不等式”和“模型+预处理+UserCut”节省的节点数所占的百分比分别是47.35%和62.24%，节省的时间所占的百分比分别是-20.69%和77.93%。相对于“模型+预处理”而言，“模型+预处理+初始不等式”求解这些算例需花费更长的时间，这种现象可解释为针对较大规模的算例(4种商品和5种商品)，添加过多的不等式不但会使模型变得冗余而且需要花费较多时间来执行添加操作，从而导致求解更耗时。

另外，基于表格中的加粗部分可知，针对商品类型为2和3的算例，“模型+预处理+初始不等式”优于“模型+预处理+UserCut”，针对商品类型为4和5的算例，“模型+预处理+UserCut”优于“模型+预处理+初始不等式”。基于这个发现，本章考虑针对规模不同的算例，采用不同的策略来添加第5.4.2节提出的初始不等式，即针对商品类型数小于等于3的算例，在模型求解之前添加所有的初始不等式；针对商品类型数大于3的算例，在模型求解的过程中添加被破坏的初始不等式。

### 5.6.2　分支切割算法不同实施方案测试

为比较第5.5.4节针对分离算法提出的4个实施方案(M1，M2，M3，M4)的效果，本节用这4个实施方案分别测试了表5-1中的24个算例。每个算例的测试时间不超过2小时。测试所获得的下界、上界及耗时均呈现在表5-2中。同表5-1一样，粗体部分表示相应实施方案的测试结果均优于其他实施方案的测试结果。

从表5-2可以看出，实施方案M3的整体表现最好，故在下面的测试中，本节的分支切割算法采用实施方案M3来调用分离算法。另外，以上测试结果也表明，本章第5.3节提出的分离算法虽能够促进问题求解，但需要花费更多时间。因此，最好的选择是只在分支定界树中深度水平较低的节点上调用分离算法。

表 5-2　比较不同的实施方案

| 算例 | M1 | | | M2 | | | M3 | | | M4 | | |
|---|---|---|---|---|---|---|---|---|---|---|---|---|
| | LB | UB | Time/s | LB | UB | Time/s | LB | UB | Time/s | LB | UB | Time/s |
| 5_2_1 | 357. 22 | 357. 22 | 0. 31 | 357. 22 | 357. 22 | 0. 31 | **357. 22** | **357. 22** | **0. 26** | 357. 22 | 357. 22 | 0. 26 |
| 6_2_1 | **489. 84** | **489. 84** | **1. 65** | 489. 84 | 489. 84 | 1. 71 | 489. 84 | 489. 84 | 1. 69 | 489. 84 | 489. 84 | 1. 67 |
| 7_2_1 | 482. 71 | 482. 71 | 11. 43 | 482. 71 | 482. 71 | 16. 42 | **482. 71** | **482. 71** | **10. 75** | 482. 71 | 482. 71 | 11. 47 |
| 8_2_1 | 818. 80 | 818. 80 | 515. 85 | **818. 80** | **818. 80** | **507. 42** | 818. 80 | 818. 80 | 638. 84 | 818. 80 | 818. 80 | 551. 38 |
| 9_2_1 | 799. 14 | 799. 14 | 50. 68 | 799. 14 | 799. 14 | 63. 91 | **799. 14** | **799. 14** | **47. 81** | 799. 14 | 799. 14 | 64. 30 |
| 10_2_1 | **513. 05** | **513. 05** | **315. 56** | 513. 05 | 513. 05 | 345. 01 | 513. 05 | 513. 05 | 318. 43 | 513. 05 | 513. 05 | 371. 56 |
| 5_3_1 | 409. 64 | 409. 64 | 6. 66 | 409. 64 | 409. 64 | 4. 49 | **409. 64** | **409. 64** | **2. 84** | 409. 64 | 409. 64 | 5. 28 |
| 6_3_1 | 593. 50 | 593. 50 | 2. 59 | 593. 50 | 593. 50 | 2. 38 | **593. 50** | **593. 50** | **1. 95** | 593. 50 | 593. 50 | 2. 62 |
| 7_3_1 | 703. 37 | 703. 37 | 41. 53 | 703. 37 | 703. 37 | 62. 65 | **703. 37** | **703. 37** | **31. 70** | 703. 37 | 703. 37 | 65. 08 |
| 8_3_1 | **973. 22** | **973. 22** | **218. 89** | 973. 22 | 973. 22 | 272. 38 | 973. 22 | 973. 22 | 231. 27 | 973. 22 | 973. 22 | 333. 02 |
| 9_3_1 | **1011. 34** | **1011. 34** | **6100. 54** | 969. 26 | 1011. 33 | 7200. 00 | 999. 94 | 1011. 34 | 7200. 00 | 1011. 34 | 1011. 34 | 6640. 64 |
| 10_3_1 | 817. 77 | \ | 7200. 00 | 816. 98 | \ | 7200. 00 | 817. 34 | \ | 7200. 00 | **821. 12** | **** | **7200. 00** |
| 5_4_1 | 525. 21 | 525. 21 | 11. 05 | 525. 21 | 525. 21 | 25. 37 | **525. 21** | **525. 21** | **6. 14** | 525. 21 | 525. 21 | 10. 79 |
| 6_4_1 | 508. 72 | 508. 72 | 74. 01 | 508. 72 | 508. 72 | 79. 75 | **508. 72** | **508. 72** | **71. 94** | 508. 72 | 508. 72 | 95. 36 |
| 7_4_1 | 577. 26 | 577. 26 | 127. 56 | 577. 26 | 577. 26 | 194. 17 | **577. 26** | **577. 26** | **109. 33** | 577. 26 | 577. 26 | 149. 40 |
| 8_4_1 | 1045. 13 | 1131. 74 | 7200. 00 | 1039. 59 | \ | 7200. 00 | 1045. 69 | 1131. 24 | 7200. 00 | **1062. 06** | **1131. 74** | **7200. 00** |
| 9_4_1 | 843. 89 | \ | 7200. 00 | 849. 69 | \ | 7200. 00 | 838. 14 | \ | 7200. 00 | **857. 41** | **897. 60** | **7200. 00** |
| 10_4_1 | 826. 14 | \ | 7200. 00 | **849. 69** | **** | **7200. 00** | **829. 69** | \ | 7200. 00 | 840. 97 | \ | 7200. 00 |
| 5_5_1 | 365. 64 | 365. 64 | 32. 40 | 365. 64 | 365. 64 | 132. 20 | **365. 64** | **365. 64** | **20. 18** | 365. 64 | 365. 64 | 93. 60 |

续表

| 算例 | M1 | | | M2 | | | M3 | | | M4 | | |
|---|---|---|---|---|---|---|---|---|---|---|---|---|
| | LB | UB | Time/s | LB | UB | Time/s | LB | UB | Time/s | LB | UB | Time/s |
| 6_5_1 | 530.50 | 530.50 | 274.55 | 530.50 | 530.50 | 274.63 | **530.50** | **530.50** | **174.58** | 530.50 | 530.50 | 382.73 |
| 7_5_1 | 432.75 | 432.75 | 156.69 | 432.75 | 432.75 | 88.30 | **432.75** | **432.75** | **83.78** | 432.75 | 432.75 | 125.52 |
| 8_5_1 | 1021.34 | \ | 7200.00 | 1027.10 | \ | 7200.00 | **1051.75** | \ | **7200.00** | 1027.39 | \ | 7200.00 |
| 9_5_1 | 845.39 | \ | 7200.00 | 848.88 | \ | 7200.00 | **859.14** | \ | **7200.00** | 858.82 | \ | 7200.00 |
| 10_5_1 | 638.28 | \ | 7200.00 | 639.88 | \ | 7200.00 | **649.56** | \ | **7200.00** | 647.66 | \ | 7200.00 |

### 5.6.3 分支切割算法效果测试

用本章提出的分支切割算法和第 3 章提出的 CPLEX($Model_{UV}$)分别测试前面所描述的 120 个算例，每个算例的最大允许测试时间均为 12 小时，测试结果呈现在表 5-3～表 5-6 中。在这 3 个表格中，“CPLEX”和“Branch-and-Cut”分别表示第 3 章提出的 $Model_{UV}$测试结果和本章提出的分支切割算法的测试结果。其中，“LB”“UB”“Node”和“Time”分别表示获得的下界、上界，需探索的节点数及需花费的计算时间。另外，“Cuts”和“$UB_0$”分别表示“Branch-and-Cut”在整个求解过程中分离出的不等式数目和嵌入的初始上界。“Save_1”“Save_2”和“Improve”分别表示“Branch-and-Cut”相对于“CPLEX”节省的节点数、计算时间和提高的下界所占的百分比。“ * ”标注的部分表示算例的最优解。

从表 5-3～表 5-6 可观察到：本章所研究问题的复杂度随着问题规模(客户点数和商品类型数)的增加呈指数增长。与表 5-3 和表 5-4 中的算例相比，“Branch-and-Cut”求解表 5-5 和表 5-6 中的算例时能够分离出更多的不等式数目。造成这种现象的原因除了表 5-5 和表 5-6 中算例的规模较大之外，另一个重要原因是“Branch-and-Cut”在求解表 5-5 和表 5-6 中的算例时，只添加了被破坏的初始不等式。

针对以上 120 个算例，$Model_{UV}$能够对 90 个算例( * 标注)求出最优解，“Branch-and-Cut”不仅能够对这 90 个算例求出最优解，而且对其他 4 个算例(8_4_4、9_4_4、10_4_4 及 9_5_1)也能求出最优解。

针对 $Model_{UV}$和“Branch-and-Cut”都能求出最优解的 90 个算例，从需探索的节点来看，针对绝大多数算例(80/90)“Branch-and-Cut”优于 $Model_{UV}$；从需花费的时间来看，也可以得到类似的结论。从整体来看，$Model_{UV}$和“Branch-and-Cut”求解这些算例，平均需探索的节点数分别是 26487 和 12945，平均耗时分别是 3763.99 秒和 1803.57 秒。与 $Model_{UV}$相比，“Branch-and-Cut”把需探索的节点数节约了 51.13%，需花费的时间节约了 52.08%。

表 5-3　2 种商品类型的测试结果

| 算例 | CPLEX（$Model_{UV}$） | | | | Branch-and-Cut | | | | | | Gap/% | | |
|---|---|---|---|---|---|---|---|---|---|---|---|---|---|
| | LB | UB | Node | Time/s | LB | UB | Node | Time/s | Cuts | $UB_0$ | Save_1 | Save_2 | Improve |
| 5_2_1 | 357.22* | 357.22* | 0 | 0.36 | 357.21* | 357.21* | 0 | 0.28 | 0 | 357.22 | 0 | -22.22 | 0 |
| 5_2_2 | 551.72* | 551.72* | 0 | 0.80 | 551.73* | 551.73* | 0 | 0.66 | 6 | 551.73 | 0 | -17.50 | 0 |
| 5_2_3 | 426.67* | 426.67* | 543 | 1.13 | 426.67* | 426.67* | 56 | 2.80 | 17 | 426.67 | -89.69 | 147.79 | 0 |
| 5_2_4 | 246.27* | 246.27* | 29 | 1.05 | 246.26* | 246.26* | 0 | 0.41 | 0 | 246.27 | -100.00 | -60.95 | 0 |
| 5_2_5 | 321.83* | 321.83* | 0 | 0.31 | 321.83* | 321.83* | 0 | 0.42 | 0 | 321.83 | 0 | 35.48 | 0 |
| 6_2_1 | 489.84* | 489.84* | 618 | 2.11 | 489.84* | 489.84* | 26 | 2.34 | 21 | 489.84 | -95.79 | 10.90 | 0 |
| 6_2_2 | 438.10* | 438.10* | 1042 | 4.67 | 438.11* | 438.11* | 124 | 1.92 | 23 | 438.11 | -88.10 | -58.89 | 0 |
| 6_2_3 | 898.65* | 898.65* | 45 | 3.38 | 898.65* | 898.65* | 37 | 1.93 | 5 | 898.65 | -17.78 | -42.90 | 0 |
| 6_2_4 | 546.99* | 546.99* | 2416 | 6.78 | 546.99* | 546.99* | 1457 | 5.20 | 21 | 546.99 | -39.69 | -23.30 | 0 |
| 6_2_5 | 422.28* | 422.28* | 19 | 1.59 | 422.28* | 422.28* | 0 | 0.55 | 0 | 422.28 | -100.00 | -65.41 | 0 |
| 7_2_1 | 482.71* | 482.71* | 1221 | 14.03 | 482.71* | 482.71* | 1668 | 7.89 | 9 | 482.71 | 36.61 | -43.76 | 0 |
| 7_2_2 | 746.28* | 746.28* | 881 | 12.93 | 746.29* | 746.29* | 411 | 12.01 | 18 | 746.28 | -53.35 | -7.12 | 0 |
| 7_2_3 | 509.54* | 509.54* | 590 | 20.62 | 509.54* | 509.54* | 44 | 2.15 | 14 | 509.54 | -92.54 | -89.57 | 0 |
| 7_2_4 | 971.25* | 971.25* | 5610 | 43.37 | 971.25* | 971.25* | 1229 | 112.57 | 56 | 1000.18 | -78.09 | 159.56 | 0 |
| 7_2_5 | 509.99* | 509.99* | 5038 | 9.95 | 509.99* | 509.99* | 619 | 3.85 | 31 | 509.99 | -87.71 | -61.31 | 0 |
| 8_2_1 | 818.80* | 818.80* | 4139 | 72.88 | 818.80* | 818.80* | 25604 | 355.60 | 18 | 818.80 | 518.60 | 387.93 | 0 |

续表

| 算例 | CPLEX($Model_{UV}$) | | | | Branch-and-Cut | | | | | | Gap/% | | |
|---|---|---|---|---|---|---|---|---|---|---|---|---|---|
| | LB | UB | Node | Time/s | LB | UB | Node | Time/s | Cuts | $UB_0$ | Save_1 | Save_2 | Improve |
| 8_2_2 | 857.24* | 857.24* | 4968 | 45.08 | 857.25* | 857.25* | 408 | 53.43 | 56 | 859.01 | -91.79 | 18.52 | 0 |
| 8_2_3 | 516.15* | 516.15* | 296 | 20.12 | 516.15* | 516.15* | 0 | 0.72 | 0 | 516.15 | -100.00 | -96.42 | 0 |
| 8_2_4 | 908.99* | 908.99* | 6135 | 58.39 | 908.99* | 908.99* | 2699 | 87.25 | 25 | 908.99 | -56.01 | 49.43 | 0 |
| 8_2_5 | 1048.42* | 1048.42* | 2935 | 35.93 | 1048.42* | 1048.42* | 4557 | 163.91 | 40 | 1048.42 | 55.26 | 356.19 | 0 |
| 9_2_1 | 799.14* | 799.14* | 5287 | 109.65 | 799.18* | 799.18* | 3089 | 48.67 | 11 | 799.14 | -41.57 | -55.61 | 0 |
| 9_2_2 | 799.01* | 799.01* | 5729 | 86.92 | 799.06* | 799.06* | 1090 | 76.06 | 68 | 834.95 | -80.97 | -12.49 | 0 |
| 9_2_3 | 483.70* | 483.70* | 3944 | 66.74 | 483.70* | 483.70* | 65 | 3.12 | 24 | 483.70 | -98.35 | -95.33 | 0 |
| 9_2_4 | 761.24* | 761.24* | 14405 | 158.29 | 761.24* | 761.24* | 794 | 109.50 | 13 | 766.75 | -94.49 | -30.82 | 0 |
| 9_2_5 | 651.25* | 651.25* | 4557 | 73.46 | 651.25* | 651.25* | 748 | 70.74 | 25 | 651.25 | -83.59 | -3.70 | 0 |
| 10_2_1 | 513.03* | 513.03* | 40905 | 440.25 | 513.06* | 513.06* | 50885 | 442.36 | 28 | 513.03 | 24.40 | 0.48 | 0 |
| 10_2_2 | 509.58* | 509.58* | 84062 | 189.42 | 509.58* | 509.58* | 1240 | 3.84 | 25 | 509.58 | -98.52 | -97.97 | 0 |
| 10_2_3 | 743.44* | 743.44* | 1630 | 141.34 | 743.44* | 743.44* | 1370 | 27.60 | 14 | 743.44 | -15.95 | -80.47 | 0 |
| 10_2_4 | 576.69* | 576.69* | 6107 | 198.00 | 576.69* | 576.69* | 4239 | 90.46 | 23 | 576.69 | -30.59 | -54.31 | 0 |
| 10_2_5 | 965.13* | 965.13* | 2212 | 70.26 | 965.13* | 965.13* | 824 | 38.61 | 22 | 1013.75 | -62.75 | -45.05 | 0 |

**表 5-4　3 种商品类型的测试结果**

| 算例 | CPLEX($Model_{UV}$) | | | | Branch-and-Cut | | | | | | Gap/% | | |
|---|---|---|---|---|---|---|---|---|---|---|---|---|---|
| | LB | UB | Node | Time/s | LB | UB | Node | Time/s | Cuts | $UB_0$ | Save_1 | Save_2 | Improve |
| 5_3_1 | 409.64* | 409.64* | 498 | 4.62 | 409.64* | 409.64* | 95 | 3.29 | 25 | 409.64 | -80.92 | -28.79 | 0 |
| 5_3_2 | 535.40* | 535.40* | 210 | 3.25 | 535.40* | 535.40* | 0 | 1.47 | 12 | 535.40 | -100.00 | -54.77 | 0 |
| 5_3_3 | 515.04* | 515.04* | 211 | 3.57 | 515.04* | 515.04* | 0 | 1.95 | 5 | 515.04 | -100.00 | -45.38 | 0 |
| 5_3_4 | 330.94* | 330.94* | 172 | 4.16 | 330.94* | 330.94* | 0 | 2.85 | 8 | 330.94 | -100.00 | -31.49 | 0 |
| 5_3_5 | 336.18* | 336.18* | 0 | 2.39 | 336.18* | 336.18* | 0 | 1.40 | 1 | 336.18 | 0 | -41.42 | 0 |
| 6_3_1 | 593.50* | 593.50* | 282 | 9.16 | 593.50* | 593.50* | 8 | 2.23 | 11 | 593.50 | -97.16 | -75.66 | 0 |
| 6_3_2 | 583.69* | 583.69* | 567 | 13.07 | 583.69* | 583.69* | 97 | 4.60 | 17 | 583.69 | -82.89 | -64.80 | 0 |
| 6_3_3 | 817.36* | 817.36* | 1808 | 46.27 | 817.36* | 817.36* | 59 | 13.62 | 6 | 817.36 | -96.74 | -70.56 | 0 |
| 6_3_4 | 510.19* | 510.19* | 10 | 6.26 | 510.19* | 510.19* | 0 | 0.67 | 0 | 510.19 | -100.00 | -89.30 | 0 |
| 6_3_5 | 525.22* | 525.22* | 250 | 8.15 | 525.22* | 525.22* | 0 | 1.59 | 2 | 525.22 | -100.00 | -80.49 | 0 |
| 7_3_1 | 703.37* | 703.37* | 1138 | 77.78 | 703.37* | 703.37* | 110 | 27.49 | 10 | 703.37 | -90.33 | -64.66 | 0 |
| 7_3_2 | 813.37* | 813.37* | 5812 | 155.28 | 813.37* | 813.37* | 501 | 117.02 | 32 | 842.91 | -91.38 | -24.64 | 0 |
| 7_3_3 | 1133.96* | 1133.96* | 23129 | 635.26 | 1133.96* | 1133.96* | 4830 | 397.79 | 29 | 1133.96 | -79.12 | -37.38 | 0 |
| 7_3_4 | 896.42* | 896.42* | 23116 | 370.59 | 896.42* | 896.42* | 9654 | 208.08 | 54 | 896.42 | -58.24 | -43.85 | 0 |
| 7_3_5 | 509.99* | 509.99* | 17795 | 328.62 | 509.99* | 509.99* | 795 | 128.62 | 122 | 509.99 | -95.53 | -60.86 | 0 |
| 8_3_1 | 973.22* | 973.22* | 5776 | 387.99 | 973.22* | 973.22* | 1366 | 354.26 | 58 | 973.22 | -76.35 | -8.69 | 0 |

续表

| 算例 | CPLEX($Model_{UV}$) | | | | Branch-and-Cut | | | | | | Gap/% | | |
|---|---|---|---|---|---|---|---|---|---|---|---|---|---|
| | LB | UB | Node | Time/s | LB | UB | Node | Time/s | Cuts | $UB_0$ | Save_1 | Save_2 | Improve |
| 8_3_2 | 462.92* | 462.92* | 2470 | 101.31 | 462.92* | 362.92* | 1167 | 24.87 | 15 | 462.92 | -52.75 | -75.45 | 0 |
| 8_3_3 | 1073.74* | 1073.74* | 6591 | 742.67 | 1073.74* | 1073.74* | 1617 | 544.65 | 32 | 1073.74 | -75.47 | -26.66 | 0 |
| 8_3_4 | 545.80* | 545.80* | 93951 | 1251.32 | 545.80* | 545.80* | 3181 | 343.89 | 209 | 545.80 | -96.61 | -72.52 | 0 |
| 8_3_5 | 1049.36* | 1049.36* | 16942 | 786.64 | 1049.36* | 1049.36* | 15120 | 1901.98 | 46 | 1049.36 | -10.75 | 141.79 | 0 |
| 9_3_1 | 1011.34* | 1011.34* | 22072 | 1707.94 | 1011.34* | 1011.34* | 68498 | 8498.36 | 22 | 1011.34 | 210.34 | 397.58 | 0 |
| 9_3_2 | 1032.66* | 1032.66* | 101933 | 5595.66 | 1032.66* | 1032.66* | 134714 | 1913.60 | 48 | 1032.66 | 32.16 | -65.80 | 0 |
| 9_3_3 | 597.42* | 597.42* | 66177 | 1807.91 | 597.42* | 597.42* | 28918 | 691.08 | 42 | 597.42 | -56.30 | -61.77 | 0 |
| 9_3_4 | 838.33* | 838.33* | 665950 | 38135.64 | 838.33* | 838.33* | 212377 | 27092.87 | 55 | 838.33 | -68.11 | -28.96 | 0 |
| 9_3_5 | 699.51* | 699.51* | 335964 | 24475.04 | 699.51* | 699.51* | 203198 | 15439.64 | 79 | 702.37 | -39.52 | -36.92 | 0 |
| 10_3_1 | 873.07 | 904.96 | 159017 | 43200.00 | 860.75 | 901.73 | 150109 | 43200.00 | 28 | 912.98 | -5.60 | 0 | -1.41 |
| 10_3_2 | 661.96 | 770.89 | 916123 | 43200.00 | 709.55 | / | 254418 | 43200.00 | 21 | 770.89 | -72.23 | 0 | 2.17 |
| 10_3_3 | 545.71 | 966.01 | 54795 | 43200.00 | 595.69 | / | 72507 | 43200.00 | 33 | 949.69 | 32.32 | 0 | 7.19 |
| 10_3_4 | 722.18* | 722.18* | 100804 | 28575.35 | 722.18* | 722.18* | 45091 | 2201.36 | 33 | 722.18 | -55.27 | -92.30 | 0 |
| 10_3_5 | 852.25* | 852.25* | 50608 | 38678.98 | 852.25* | 852.25* | 9600 | 1064.91 | 14 | 852.25 | -81.03 | -97.25 | 0 |

**表 5-5　4 种商品类型的测试结果**

| 算例 | CPLEX( $Model_{UV}$ ) | | | | Branch-and-Cut | | | | | | Gap/% | | |
|---|---|---|---|---|---|---|---|---|---|---|---|---|---|
| | LB | UB | Node | Time/s | LB | UB | Node | Time/s | Cuts | $UB_0$ | Save_1 | Save_2 | Improve |
| 5_4_1 | 525.21* | 525.21* | 1624 | 12.59 | 525.21* | 525.21* | 31 | 8.58 | 34 | 525.21 | -98.09 | -31.85 | 0 |
| 5_4_2 | 475.63* | 475.63* | 442 | 25.93 | 475.63* | 475.63* | 14 | 8.81 | 40 | 475.63 | -96.83 | -66.02 | 0 |
| 5_4_3 | 520.89* | 520.89* | 1008 | 39.68 | 520.87* | 520.87* | 69 | 21.67 | 78 | 520.89 | -93.15 | -45.39 | 0 |
| 5_4_4 | 313.18* | 313.18* | 297 | 13.93 | 313.18* | 313.18* | 0 | 2.14 | 30 | 313.18 | -100.00 | -84.64 | 0 |
| 5_4_5 | 385.90* | 385.90* | 2262 | 25.10 | 385.90* | 395.90* | 105 | 24.17 | 43 | 385.90 | -95.36 | -3.71 | 0 |
| 6_4_1 | 508.72* | 508.72* | 3678 | 147.65 | 508.72* | 508.72* | 126 | 56.42 | 47 | 508.72 | -96.57 | -61.79 | 0 |
| 6_4_2 | 571.69* | 571.69* | 27955 | 2240.36 | 571.69* | 571.69* | 43419 | 1688.72 | 125 | 571.69 | 55.32 | -24.62 | 0 |
| 6_4_3 | 774.39* | 774.39* | 19275 | 2277.89 | 774.39* | 774.39* | 6167 | 1501.90 | 82 | 819.12 | -68.01 | -34.07 | 0 |
| 6_4_4 | 924.90* | 924.90* | 42897 | 4369.99 | 924.90* | 924.90* | 21015 | 1448.36 | 60 | 924.90 | -51.01 | -66.86 | 0 |
| 6_4_5 | 550.92* | 550.92* | 35799 | 1627.75 | 550.92* | 550.92* | 14829 | 1233.70 | 42 | 550.92 | -58.58 | -24.21 | 0 |
| 7_4_1 | 577.26* | 577.26* | 5406 | 807.29 | 577.26* | 577.26* | 313 | 734.20 | 28 | 577.26 | -94.21 | -9.05 | 0 |
| 7_4_2 | 525.05* | 525.05* | 141346 | 4288.59 | 525.05* | 525.05* | 40844 | 1411.29 | 328 | 525.05 | -71.10 | -67.09 | 0 |
| 7_4_3 | 590.39* | 590.39* | 28264 | 8584.96 | 590.39* | 590.39* | 5731 | 1997.82 | 67 | 590.39 | -79.72 | -76.73 | 0 |
| 7_4_4 | 836.43* | 836.43* | 21457 | 2971.70 | 836.43* | 836.43* | 402 | 265.97 | 8 | 871.93 | -98.13 | -91.05 | 0 |
| 7_4_5 | 465.97* | 465.97* | 5938 | 2777.49 | 465.97* | 465.97* | 747 | 187.79 | 68 | 465.97 | -87.42 | -93.24 | 0 |
| 8_4_1 | 1131.69* | 1131.69* | 62079 | 4728.76 | 1131.69* | 1131.69* | 64678 | 10337.50 | 152 | 1131.69 | 4.19 | 118.61 | 0 |

续表

| 算例 | CPLEX(Model$_{UV}$) | | | | Branch-and-Cut | | | | | | Gap/% | | |
|---|---|---|---|---|---|---|---|---|---|---|---|---|---|
| | LB | UB | Node | Time/s | LB | UB | Node | Time/s | Cuts | UB$_0$ | Save_1 | Save_2 | Improve |
| 8_4_2 | 659. 04 | 950. 12 | 46734 | 43200. 00 | 729. 88 | / | 29376 | 43200. 00 | 165 | 881. 69 | -37. 14 | 0 | 10. 75 |
| 8_4_3 | 494. 56 | / | 10811 | 43200. 00 | 639. 44 | / | 9837 | 43200. 00 | 128 | 957. 09 | -9. 01 | 0 | 29. 29 |
| 8_4_4 | 501. 19 | 590. 46 | 62880 | 33614. 42 | 590. 46* | 590. 46* | 328976 | 39864. 09 | 436 | 590. 46 | 423. 18 | 18. 59 | 17. 81 |
| 8_4_5 | 409. 41* | 409. 41* | 23272 | 39578. 08 | 409. 41* | 409. 41* | 11474 | 29012. 04 | 256 | 409. 41 | -50. 70 | -26. 70 | 0 |
| 9_4_1 | 897. 60* | 897. 60* | 46875 | 31418. 67 | 897. 60* | 897. 60* | 42704 | 27895. 60 | 324 | 897. 60 | -8. 90 | -11. 21 | 0 |
| 9_4_2 | 854. 66 | / | 8678 | 8725. 45 | 896. 21 | / | 27639 | 43200. 00 | 54 | 968. 38 | 218. 50 | 395. 10 | 4. 86 |
| 9_4_3 | 693. 25 | / | 4171 | 12921. 03 | 874. 98 | / | 7483 | 43200. 00 | 152 | 1314. 91 | 79. 41 | 234. 34 | 26. 21 |
| 9_4_4 | 492. 56 | 519. 45 | 42241 | 3841. 89 | 519. 45* | 519. 45* | 193487 | 40094. 34 | 43 | 519. 45 | 358. 05 | 943. 61 | 5. 46 |
| 9_4_5 | 605. 79 | 904. 19 | 110378 | 6235. 82 | 659. 83 | / | 694326 | 43200. 00 | 97 | 751. 77 | 529. 04 | 592. 77 | 8. 92 |
| 10_4_1 | 925. 51 | 1099. 67 | 6412 | 15497. 63 | 951. 01 | / | 11362 | 43200. 00 | 41 | 1074. 85 | 77. 20 | 178. 75 | 2. 76 |
| 10_4_2 | 524. 81 | 788. 32 | 27525 | 43200. 00 | 612. 22 | / | 20842 | 43200. 00 | 82 | 782. 25 | -24. 28 | 0 | 16. 66 |
| 10_4_3 | 530. 54 | / | 10276 | 7909. 52 | 609. 45 | / | 21894 | 43200. 00 | 36 | 786. 89 | 113. 06 | 446. 18 | 14. 87 |
| 10_4_4 | 465. 88 | / | 33774 | 43200. 00 | 533. 44* | 533. 44* | 43652 | 410074. 55 | 65 | 533. 44 | 29. 25 | 849. 25 | 14. 50 |
| 10_4_5 | 434. 67 | 909. 09 | 184587 | 43200. 00 | 557. 61 | / | 72683 | 43200. 00 | 78 | 764. 06 | -60. 62 | 0 | 28. 28 |

表 5-6 5 种商品类型的测试结果

| 算例 | CPLEX($Model_{UV}$) | | | | Branch-and-Cut | | | | | | Gap/% | | |
|---|---|---|---|---|---|---|---|---|---|---|---|---|---|
| | LB | UB | Node | Time/s | LB | UB | Node | Times/s | Cuts | $UB_0$ | Save_1 | Save_2 | Improve |
| 5_5_1 | 365.64* | 365.64* | 5567 | 64.58 | 365.64* | 365.64* | 2292 | 23.07 | 32 | 365.64 | 0 | -58.83 | -64.28 |
| 5_5_2 | 579.41* | 579.41* | 980 | 126.25 | 579.41* | 579.41* | 99 | 6.76 | 55 | 579.41 | 0 | -89.90 | -94.65 |
| 5_5_3 | 552.39* | 552.39* | 480 | 45.18 | 551.90* | 551.90* | 111 | 13.96 | 24 | 552.39 | -0.09 | -76.88 | -69.10 |
| 5_5_4 | 526.18* | 526.18* | 2782 | 144.16 | 526.18* | 526.18* | 204 | 14.68 | 77 | 526.18 | 0 | -92.67 | -89.82 |
| 5_5_5 | 394.60* | 394.60* | 12943 | 735.40 | 394.61* | 394.61* | 999 | 43.57 | 94 | 394.60 | 0 | -92.28 | -94.08 |
| 6_5_1 | 530.50* | 530.50* | 3197 | 272.67 | 530.51* | 530.51* | 828 | 201.85 | 67 | 530.50 | 0 | -74.10 | -25.97 |
| 6_5_2 | 447.88* | 447.88* | 7237 | 613.58 | 447.88* | 447.88* | 2734 | 396.10 | 127 | 447.88 | 0 | -62.22 | -35.44 |
| 6_5_3 | 386.41* | 386.41* | 9699 | 1473.92 | 386.41* | 386.41* | 33881 | 7292.72 | 80 | 386.41 | 0 | 249.32 | 394.78 |
| 6_5_4 | 1002.91* | 1002.91* | 11076 | 2703.86 | 1002.91* | 1002.91* | 2409 | 737.43 | 28 | 1002.91 | 0 | -78.25 | -72.73 |
| 6_5_5 | 491.03* | 491.03* | 2520 | 213.10 | 491.01* | 491.01* | 1867 | 263.16 | 26 | 491.03 | 0 | -25.91 | 23.49 |
| 7_5_1 | 432.75* | 432.75* | 13227 | 4860.08 | 432.75* | 432.75* | 228 | 96.21 | 56 | 432.75 | 0 | -98.28 | -98.02 |
| 7_5_2 | 472.26 | / | 12675 | 43200.00 | 523.47 | / | 7326 | 43200.00 | 47 | 864.72 | 10.84 | -42.20 | 0 |
| 7_5_3 | 912.17 | 1103.29 | 28845 | 43200.00 | 976.83 | 1083.44 | 16647 | 43200.00 | 57 | 1083.44 | 7.09 | -42.29 | 0 |
| 7_5_4 | 971.56* | 971.56* | 4128 | 6777.18 | 971.56* | 971.56* | 10526 | 2346.38 | 163 | 971.56 | 0 | 154.99 | -65.38 |
| 7_5_5 | 463.22 | 941.48 | 266789 | 43200.00 | 532.12 | / | 14296 | 43200.00 | 68 | 703.49 | 14.87 | -94.64 | 0 |
| 8_5_1 | 1130.50* | 1130.50* | 21643 | 22457.26 | 1130.50* | 1130.50* | 7968 | 8954.69 | 186 | 1130.50 | 0 | -63.18 | -60.13 |

续表

| 算例 | CPLEX( $Model_{UV}$ ) | | | | Branch-and-Cut | | | | | | Gap/% | | |
|---|---|---|---|---|---|---|---|---|---|---|---|---|---|
| | LB | UB | Node | Time/s | LB | UB | Node | Times/s | Cuts | $UB_0$ | Save_1 | Save_2 | Improve |
| 8_5_2 | 552.19 | / | 10378 | 43200.00 | 604.95 | / | 53717 | 43200.00 | 93 | 829.23 | 9.55 | 417.60 | 0 |
| 8_5_3 | 581.33 | 1053.44 | 93682 | 43200.00 | 653.86 | / | 69794 | 43200.00 | 86 | 933.34 | 12.48 | -25.50 | 0 |
| 8_5_4 | 647.52 | / | 21151 | 43200.00 | 712.69 | / | 20478 | 43200.00 | 106 | 940.31 | 10.06 | -3.18 | 0 |
| 8_5_5 | 461.05* | 461.05* | 35631 | 16953.01 | 461.05* | 461.05* | 2981 | 395.60 | 256 | 461.05 | 0 | -91.63 | -97.67 |
| 9_5_1 | 980.38 | 1048.67 | 22642 | 43200.00 | 1048.67* | 1048.67* | 19378 | 43200.00 | 58 | 1048.67 | 6.97 | -14.42 | 0 |
| 9_5_2 | 637.56 | / | 7654 | 14289.05 | 692.89 | / | 13855 | 43200.00 | 66 | 837.44 | 8.68 | 81.02 | 202.33 |
| 9_5_3 | 546.96 | / | 11376 | 12748.09 | 600.37 | / | 33468 | 43200.00 | 71 | 909.48 | 9.76 | 194.20 | 238.87 |
| 9_5_4 | 543.64* | 543.64* | 33265 | 29578.42 | 543.64* | 543.64* | 1037 | 987.65 | 124 | 543.64 | 0 | -96.88 | -96.66 |
| 9_5_5 | 688.85 | / | 30119 | 43200.00 | 758.44 | / | 19308 | 43200.00 | 118 | 997.27 | 10.10 | -35.89 | 0 |
| 10_5_1 | 699.83 | 887.23 | 32042 | 43200.00 | 706.28 | 798.06 | 23578 | 43200.00 | 58 | 798.06 | 0.92 | -26.42 | 0 |
| 10_5_2 | 822.56 | / | 8325 | 25533.67 | 873.76 | / | 10726 | 43200.00 | 84 | 1034.91 | 6.22 | 28.84 | 69.19 |
| 10_5_3 | 874.20 | / | 2352 | 30478.59 | 882.37 | / | 21904 | 43200.00 | 162 | 979.32 | 0.93 | 831.29 | 41.74 |
| 10_5_4 | 882.23 | / | 3127 | 43200.00 | 948.39 | / | 1564 | 43200.00 | 368 | 1441.83 | 7.50 | -49.98 | 0 |
| 10_5_5 | 583.35 | / | 28145 | 43200.00 | 634.29 | / | 15368 | 43200.00 | 102 | 874.48 | 8.73 | -45.40 | 0 |

针对 $Model_{UV}$ 和"Branch-and-Cut"都不能求出最优解的 26 个算例，除算例 10_ 3_ 1 之外，"Branch-and-Cut"获得更紧的下界。从平均值来看，$Model_{UV}$ 和"Branch-and-Cut"获得的下界分别为 660.30 和 722.97。与 $Model_{UV}$ 相比，"Branch-and-Cut"把下界平均值提高了 9.49%。

以上结果表明分离出的不等式数目显著地提高了模型的性能，且本章提出的分支切割算法明显优于第 3 章提出的精确算法 CPLEX( $Model_{UV}$ )。

## 5.7 本章小结

本章考虑了多车、多商品、多次访问条件下的供需未匹配的取送货车辆路径问题，该问题普遍存在于电商企业、连锁店和共享单车系统中。为了精确求解该问题，首先，建立一个新颖的整数规划模型。其次，提出了一系列多项式型和指数型的有效不等式以加强模型，并基于预处理、初始不等式、针对指数型有效不等式的分离算法和实施策略，设计了一个定制的分支切割算法。最后，分别基于企业实例和文献中的算例进行数值实验。实验结果表明，所提出的有效不等式以及相应的分离算法能够加快求解进程，从求解算例规模、计算时间和获得的上下界值来看，本章提出的分支切割算法均优于文献中已有的求解方法。

# 第6章

# 单次访问条件下供需未匹配多商品取送货车辆路径问题模型构建与问题特性分析

## 6.1 引言

企业调研发现，某烟草公司每年的生产原料调拨费高达几千万元，调拨成本长期居高不下使该公司面临困境。其下属 8 家卷烟厂分别位于不同城市，出于历史规划原因，该公司还未设立原料中心仓库，因此原料采购后就近存放在各卷烟厂，即每家卷烟厂都持有一定数量的生产原料库存。该公司生产的卷烟品牌有十几个，每个品牌均由几十种原料混合加工而成。因此，分散式生产及仓储导致原料在各卷烟厂间频繁调拨。该公司制订的生产计划以旬为周期，并和技术配方提前十天下达。每家卷烟厂根据生产计划、技术配方和库存信息，计算完成生产任务需要从其他卷烟厂调拨的原料种类及数量。为快速响应生产，每家卷烟厂都提前自行制订原料调拨方案。目前采用的调拨方式：当卷烟厂 1 需要一定数量的原料 $m$ 时，先把需求信息发送给最近卷烟厂 2，然后卷烟厂 2 派车把原料运送到烟厂 1 后空车返回。如果卷烟厂 2 不能满足卷烟厂 1 的需求，则依次寻找其他就近卷烟厂送货，直到满足卷烟厂 1 的需求。在此模式下，原料调拨决策权分散给各卷烟厂，各卷烟厂站在自身角度进行局部最优供需匹配决策和路径决策，缺乏对其他卷烟厂需求的考量，未形成整体视角下全局最优供需匹配决策和路径决策。此外，两点间就近送货制导致空车返回率较高，运输资源浪费严重，当多家卷烟厂有多种需求时，易出现车辆紧缺现象。总之，该公司没有部门统一负责原料调拨，导致调拨效率较低而成本较高。为解决此问题，该公司希望成立一个物流管控部门，在资源整合基础上通过全局最优原料联合调拨方案(考虑全局最优供需匹配决策和路径决策)，提高调拨效率和降低调拨成本。类似调拨问题存在于连锁零售行业(Hernández-Pérez and Salazar-Gonzalez，2014)、国际原油运输行业(Agra et al.，2014)和共享单车系统(Dell'Amico et al.，2014)中。

基于以上分析，一方面，可通过寻找全局最优供需匹配决策来解决公司面临的调拨难题；另一方面，可通过优化路径决策帮助公司解决调拨难题。本书将基于公司实际运营特征，结合以上两个方面深度优化调拨系统，即探讨全局最优供需匹配决策和路径决策。此问题可定义为供需匹配与多批次取送货车辆路径问题。相对于传统需求可拆取送货车辆路径问题(侯立文等，2007；符卓等，2017)，本书研究的客户点间供需匹配关系事先未知，在做客户访问路径决策时需做客户间供需匹配决策，且这两个决策相互影响(给定一个供需匹配决策，存在唯一相应的最优路径决策；反之亦然)，使该问题求解更加复杂，属于NP-难题。

近年来，一些学者研究了供需匹配关系未知的取送货车辆路径问题，其中单车运输情况被称作“取送货旅行商问题”。Hernández-Pérez和Salazar-Gonzalez(2004a)以银行系统各支行间现金存量重新分配为背景，探讨单商品取送货旅行商问题。在此问题中，每个有取货需求的客户点均可向任何有送货需求的客户点提供任何数量商品。目标是设计一个成本最低的现金调运方案，在满足车容量和单次访问(每个客户点被访问1次)等约束前提下，使所有客户需求得到满足。针对单商品取送货旅行商问题，Hernández-Pérez和Salazar-Gonzalez(2004b)提出分支切割算法，Hernández-Pérez等(2009)提出随机改进搜索进程的混合启发式算法，Zhao等(2009)提出遗传算法，Mladenović等(2012)提出变邻域搜索算法，Salazar-Gonzalez等(2015)通过允许客户点被访问2次或3次，进一步对此问题进行了研究。Hernández-Pérez和Salazar-Gonzalez(2014b)引进多商品取送货旅行商问题，并提出分支切割算法。紧接着，Hernández-Pérez等(2016)针对此问题提出了一个三阶段混合启发式算法。多车运输的情况被称作“取送货车辆路径问题”，相对单车情况下取送货旅行商问题，此类问题的复杂度呈指数增加。Raviv 等(2013)以共享单车系统中单车在各站点间转运为背景，研究单商品取送货车辆路径问题，从此该问题得到广泛关注(Dell'Amico et al.，2014；Formal et al.，2015)。Chen 等(2014)以烟草制造业中生产原料在各烟厂间转运为背景，引进多商品取送货车辆路径问题，并提出线性规划模型有效不等式和变邻域搜索算法。实验结果表明提出的算法能对所研究问题提供高质量的解。由于此类问题高度复杂，当前同时考虑多车和多商品的研究较少。因此本书在 Chen 等(2014)研究基础上，对提出的模型、有效不等式和启发式算法进行改进，研究成果不仅可以丰富取送货车辆路径问题的理论研究，而且可以为企业的实际运营决策提供更有价值的指导。

## 6.2　模型构建

### 6.2.1　问题描述及假设

基于烟草生产的原料调拨系统，本书研究的问题可描述为配送网络中有多个客户点和多种商品，在满足车辆最大装载量和最长允许工作时间等约束下，如何设计一个总运输成本最低的商品调运方案，使所有客户点的需求都得到满足。与 Chen 等(2014)一样，为方便建模，假设如下：

(1) 所有车辆具有相同最大装载量、行驶速度和最长允许工作时间。

(2) 每辆车最多访问每个客户点一次，多余车辆停在车场。

(3) 在每个客户点的装卸时间忽略不计。

(4) 每个客户点每种商品的需求允许分批次满足。

(5) 每个客户点每种商品的库存为无穷大或零。该假设基于如下现实：在烟草制造业中，生产原料(烟叶)作为农副商品季节性很强，一年收获一次、经历一次采购，存储在烟厂的数量能够满足几个月的生产需求。相对于一个旬的生产需求，库存可被看作无限大。

### 6.2.2 数学模型

本书建立的线性规划模型与 Chen 等(2014)提出的数学模型的主要区别是采用更简便的方式来表示“服务次序约束”和“装卸约束”。模型所用符号及变量定义如表 6-1 所示：

**表 6-1 参数与变量**

| | |
|---|---|
| $N$ | 顶点集合，$N=\{0, 1, \cdots, n+1\}$，0 和 $n+1$ 分别表示车辆起始车场和终止车场，其他顶点表示客户点 |
| $H$ | 商品类型集合，$H=\{0, 1, \cdots, M\}$ |
| $V$ | 车辆集合，$V=\{0, 1, \cdots, K\}$ |
| $I_{jm}$ | 顶点 $j$ 持有商品 $m$ 的库存量 |
| $D_{jm}$ | 顶点 $j$ 对商品 $m$ 的需求量 |
| $f_{jm}$ | 辅助参数，等于 1 代表顶点 $j$ 供应商品 $m$，等于−1 代表顶点 $j$ 需求商品 $m$，等于 0 代表顶点 $j$ 对商品 $m$ 既不供应也不需求 |
| $c_{ij}$ | 从顶点 $i$ 直接到顶点 $j$ 的运输成本，等于两点间的运输距离 |
| $t_{ij}$ | 从顶点 $i$ 直接到顶点 $j$ 的行驶时间，等于 $c_{ij}$ 与车速的比值 |
| $T$ | 车辆最长工作时间 |
| $Q$ | 车辆最大装载量 |
| $x_{ij}^k$ | 0-1 变量，如果车辆 $k$ 从顶点 $i$ 直接行驶到顶点 $j$ 为 1，否则为 0 |
| $q_{im}^k$ | 整数变量，表示车辆 $k$ 在顶点 $i$ 取走或投放商品 $m$ 的数量 |
| $L_{ijm}^k$ | 整数变量，表示车辆 $k$ 从顶点 $i$ 直接行驶到顶点 $j$ 装载商品 $m$ 的数量 |
| $y_i^k$ | 非负实数变量，表示车辆 $k$ 访问顶点 $i$ 的次序 |

#### 6.2.2.1 目标函数

式(6-1)表示模型目标为总运输成本最小化。

$$\min \sum_{i \in N} \sum_{j \in N} \sum_{k \in V} x_{ij}^k c_{ij} \tag{6-1}$$

#### 6.2.2.2　车辆起始和终止位置约束

式(6-2)~式(6-5)表示所有车辆执行运输任务时从车场出发，完成任务后返回车场。

$$\sum_{j\in N} x_{oj}^{k} = 1,\ \forall k \in V \tag{6-2}$$

$$\sum_{j\in N} x_{jo}^{k} = 0,\ \forall k \in V \tag{6-3}$$

$$\sum_{j\in N} x_{j(n+1)}^{k} = 1,\ \forall k \in V \tag{6-4}$$

$$\sum_{j\in N} x_{(n+1)j}^{k} = 0,\ \forall k \in V \tag{6-5}$$

#### 6.2.2.3　单次访问约束

式(6-6)表示每辆车最多访问每个客户点一次。式(6-7)表示车辆进出平衡约束，即车辆 $k$ 进入客户点 $j$ 的路径流等于离开客户点 $j$ 的路径流。

$$\sum_{j\in N} x_{ij}^{k} \leqslant 1,\ \forall j \in N/\{0,\ n+1\},\ k \in K \tag{6-6}$$

$$\sum_{j\in N} x_{ij}^{k} - \sum_{j\in N} x_{ji}^{k} = 0,\ \forall j \in N/\{0,\ n+1\},\ k \in V \tag{6-7}$$

#### 6.2.2.4　服务次序约束

类似 Bektas(2006)，式(6-8)用于消除了循环路径。

$$y_j^k > y_i^k - (n+2)(1 - x_{ij}^k),\ \forall i \in N,\ j \in N,\ k \in V \tag{6-8}$$

#### 6.2.2.5　装卸约束

式(6-9)和式(6-10)表示车辆 $k$ 到达客户点 $j$ 所装商品 $m$ 的数量，加上在客户点 $j$ 取货量或减去在客户点 $j$ 投货量，等于车辆 $k$ 离开客户点 $j$ 时所装商品 $m$ 的数量。式(6-11)表示每个客户点的需求得到充分满足。式(6-12)表示如果车辆 $k$ 没有访问客户点 $j$，那么车辆 $k$ 在客户点 $j$ 的取货量和投货量均为 0。式(6-13)表示如果车辆 $k$ 没有访问弧$(i,\ j)$，那么 $\sum_{m\in H} L_{ijm}^{k}$ 应为 0。

$$\sum_{i\in N/\{n+1\}} L_{ijm}^{k} + q_{jm}^{k} f_{jm} - \sum_{i\in N/\{0\}} L_{jim}^{k} - Q \sum_{i\in N} x_{ij}^{k} \geqslant -Q,$$

$$\forall j \in N/\{0,\ n+1\},\ m \in H,\ k \in V \tag{6-9}$$

$$\sum_{i \in N/\{n+1\}} L_{ijm}^k + q_{jm}^k f_{jm} + \sum_{i \in N/\{0\}} L_{jim}^k + Q\sum_{i \in N} x_{ij}^k \leqslant Q,$$
$$\forall j \in N/\{0,\ n+1\},\ m \in H,\ k \in V \tag{6-10}$$

$$\sum_{k \in V} q_{jm}^k = D_{jm},\ \forall j \in N/\{0,\ n+1\},\ m \in H \tag{6-11}$$

$$q_{jm}^k \leqslant Q\sum_{i \in N} x_{ij}^k,\ \forall j \in N/\{0,\ n+1\},\ m \in H,\ k \in V \tag{6-12}$$

$$\sum_{m \in H} L_{ijm}^k \leqslant Q x_{ij}^k,\ \forall i \in N,\ j \in N,\ k \in V \tag{6-13}$$

#### 6.2.2.6 车辆工作时间约束

式(6-14)表示车辆行驶时间不超过最长允许工作时间。

$$\sum_{i \in N}\sum_{j \in N} x_{ij}^k t_{ij} \leqslant T,\ \forall k \in V \tag{6-14}$$

#### 6.2.2.7 变量关系约束

式(6-15)表示如果车辆$k$在客户点$j$没有取货或投货操作，那么车辆$k$不访问客户点$j$。

$$\sum_{i \in N} x_{ij}^k \leqslant \sum_{m \in H} q_{jm}^k,\ \forall j \in N/\{0,\ n+1\},\ k \in V \tag{6-15}$$

#### 6.2.2.8 变量类型约束

$$x_{ij}^k \in \{0,\ 1\},\ \forall i \in N,\ j \in N,\ k \in V \tag{6-16}$$

$$y_i^k \in [0,\ n+2],\ \forall i \in N,\ k \in V \tag{6-17}$$

$$q_{im}^k \geqslant 0,\ \forall i \in N,\ m \in H,\ k \in V \tag{6-18}$$

$$L_{ijm}^k \geqslant 0,\ \forall i \in N,\ j \in N,\ m \in H,\ k \in V \tag{6-19}$$

$$L_{0jm}^k = 0,\ \forall j \in N,\ m \in H,\ k \in V \tag{6-20}$$

$$L_{j(n+1)m}^k = 0,\ \forall j \in N,\ m \in H,\ k \in V \tag{6-21}$$

## 6.3 有效不等式

由于本研究问题的高度复杂性，实验表明，即使改进的模型对客户点数$n=7$

和商品类型数 $m=4$ 的算例也不能获得最优解或更紧的下界(见表6-3)。因此，本部分将提出一系列有效不等式来加强模型，即通过缩减搜索空间使模型在规定时间内获得最优解或更紧的下界，进而把模型获得的最优解或更紧的下界与本书的启发式算法获得的上界做比较，验证启发式算法求解效果。

### 6.3.1　最少访问次数不等式

借鉴 Chen 等(2014)，根据车辆最大装载量及客户需求量，式(6-22)界定每个客户至少被访问的次数。

$$\sum_{k \in V} \sum_{i \in N} x_{ij}^k \geq \left\lceil \frac{\sum_{m \in H} D_{jm}}{Q} \right\rceil, \ \forall j \in N/\{0, n+1\} \tag{6-22}$$

### 6.3.2　弧消除不等式

基于 CPLEX 求解整数线性规划采用分支切割原理(Agarwal and Aneja, 2012)，不等式(6-23)~不等式(6-25)主要通过消除一些小数解来提高问题下界值，这些小数解是整数规划(IP)所对应线性松弛规划(LP)的可行解。如不等式(6-23)可消除包含 $x_{12}^k=0.8$ 和 $x_{0(n+1)}^k=0.8$ 的解，即不等式(6-23)~不等式(6-25)旨在通过缩减松弛问题(LP)可行解空间来提高原问题下界值。

$$x_{ij}^k \leq (1-x_{0(n+1)}^k), \ \forall i, j \in N/\{0, n+1\}, k \in V \tag{6-23}$$

$$x_{0i}^k \leq (1-x_{0(n+1)}^k), \ \forall i \in N/\{0, n+1\}, k \in V \tag{6-24}$$

$$x_{i(n+1)}^k \leq (1-x_{0(n+1)}^k), \ \forall i \in N/\{0, n+1\}, k \in V \tag{6-25}$$

### 6.3.3　兼容不等式

不等式(6-26)保证弧 $i \to j$ 和 $j \to i$ 不兼容。

$$\sum_{k \in V} (x_{ij}^k + x_{ji}^k) \leq 1, \ \forall i, j \in N/\{0, n+1\} \tag{6-26}$$

### 6.3.4　车辆对称破坏不等式

基于 $x_{0(n+1)}^k=1$ 表示车辆 $k$ 未使用停在车场，不等式(6-27)保证标号小的车辆优先使用。

$$x^k_{0(n+1)} \leqslant x^{k+1}_{0(n+1)}, \quad \forall k \in V/\{K\} \tag{6-27}$$

### 6.3.5 车辆使用不等式

经分析，车辆的使用数对本研究问题求解难度的影响较大。把模型的目标函数(6-1)替换为 $\min \sum_{k \in V}(1-x^k_{0(n+1)})$，可构造出以使用车辆数最少化为目标的模型 Model$^*$。虽然求解 Model$^*$ 的难度较大(NP-难题)，但通过求解 Model$^*$ 所对应的线性松弛规划，易得到求解本研究问题最少需要使用车辆数的下界 $v_{lb}$。从而以下不等式对本书的模型有效。

$$\sum_{k \in V}(1 - x^k_{0(n+1)}) \geqslant \lceil v_{lb} \rceil \tag{6-28}$$

### 6.3.6 解筛选处理

求解过程中虽然不同的供需匹配决策可能导致取送货方案不同，但运输成本相同，因此可能存在多个目标值相同的解。如在图 6-1 和图 6-2 中，方案 1 中 $h$ 的需求由 $j$ 满足，方案 2 中 $h$ 的需求由 $p$ 满足，但这两个方案走的路线相同。故可知，针对需求点 $h$ 的两个不同供需匹配决策虽导致以上两个取送货方案不同，但这两个方案的运输成本相同。

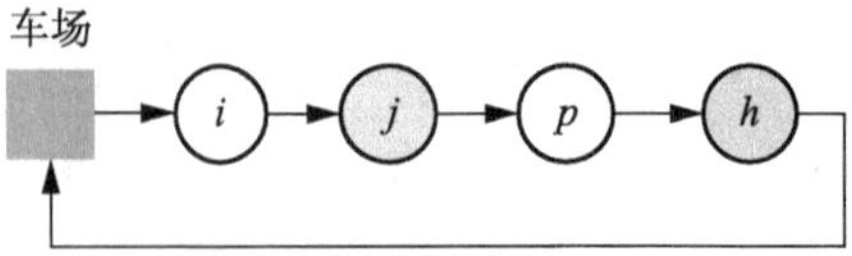


**图 6-1　取送货方案 1**

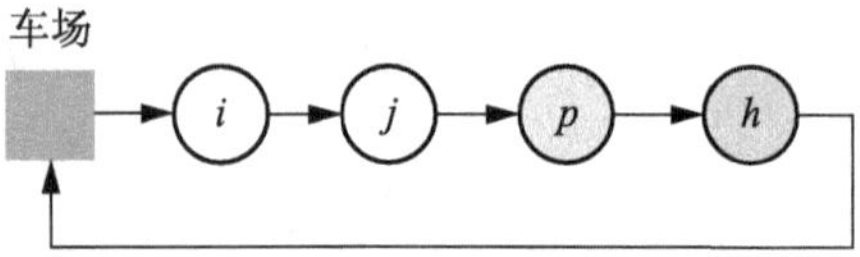


**图 6-2　取送货方案 2**

在实际运输中为减少油料消耗，装载量×运输距离(以下简称“吨公里”)越少，取送货方案越好。因此，可在目标函数(6-1)中引入 $c_{ij}L^k_{ijm}$ 对目标值相同的解进行筛选。故目标函数(6-1)更新为函数(6-29)

$$\min \sum_{i \in N} \sum_{j \in N} \sum_{k \in V} c_{ij} x^k_{ij} + P \sum_{i \in N} \sum_{j \in N} \sum_{k \in V} \sum_{m \in H} c_{ij} L^k_{ijm} \tag{6-29}$$

在数值实验中，设定辅助参数 $P$ 为$\dfrac{1}{100\times K\times Q\max\limits_{0\leqslant i,j\leqslant n^u}\{c_{ij}\}}$，目的是保证函数(6-29)中第二项小于0.01。因此，函数(6-29)不仅能保证较好解的运输成本较低，而且能通过优先选择“吨公里”较少的解对目标值相同的解作进一步筛选。

## 6.4　算例测试及结果分析

本节首先对Chen等(2014)提出的模型和本书的模型做比较，其次对本书提出的有效不等式加强模型的效果进行测试，最后对本书改进的变邻域搜索算法求解效果进行测试。为了方便表示，把Chen等(2014)提出的模型看作原始模型并记作 $\text{Model}_0$，本书改进的模型记作 $\text{Model}_A$，本书改进的模型和提出的有效不等式的结合记作 $\text{Model}_{AV}$。为了公平比较，与Chen等(2014)一样，所有测试在一个频率为2.8赫兹，运行内存为2G的个人计算机上进行。采用12.2版本的优化软件CPLEX作为模型求解器。

### 6.4.1　测试算例

为验证提出的模型、有效不等式及变邻域搜索算法的效果，采用Chen等(2014)中18组($n$=5，6，7，8，9，10；$m$=2，4，6)不同规模的算例进行测试，每组由5个相同规模随机生成的算例组成。生成算例的参数如表6-2所示。

表6-2　算例生成所用参数

| 参数 | | 数值 |
|---|---|---|
| $n$ | 客户点数目 | 5，6，7，8，9，10 |
| $m$ | 商品种类数目 | 2，4，6 |
| $T$ | 车辆最长工作时间 | 10 |
| $Q$ | 车辆最大装载量 | 10 |

续表

| 参数 | | 数值 |
|---|---|---|
| *speed* | 车速 | 60 |
| $(a_i, b_i)$ | 客户点 $i$ 的坐标 | $a_i$，$b_i$ ~ $U[0, T\times speed/sqt(8)]$ |
| $c_{ij}$ | 客户点 $i$ 和 $j$ 之间的运输成本 | $\sqrt{(a_i-a_j)^2+(b_i-b_j)^2}$ |
| $t_{ij}$ | 客户点 $i$ 和 $j$ 之间的行驶时间 | $c_{ij}/speed$ |
| $I_{im}$ | 客户点 $i$ 第 $m$ 种商品的库存量 | 40%的概率下为 0，否则为 100000 |
| $D_{im}$ | 客户点 $i$ 第 $m$ 种商品的需求量 | 10%的概率为 0，70%的概率服从 $U[0, 10]$分布，20%的概率服从 $U[0, 20]$分布 |

### 6.4.2 改进模型效果测试

为验证本书改进模型的效果，借助 CPLEX 软件，用本书改进模型 $Model_A$ 测试 18 组算例中的第 1 个算例，并把测试结果与 Chen 等(2014)模型 $Model_0$ 的测试结果做比较。与 Chen 等(2014)一样，每个算例的最长允许测试时间为 48 小时，测试结果见表 6-3。在表 6-3 中，第 1 列表示算例(由客户点数和商品类型数构成)。第 2~7 列表示 $Model_0$ 的测试结果，第 8~13 列表示 $Model_A$ 的测试结果。"LB"表示获得的下界，"UB"表示获得的上界，"Time"表示运行时间。"Gap"表示上、下界之间的百分比差异，计算公式为 Gap = 100×(UB−LB)/LB。"Vars"和"Cons"分别表示模型中决策变量总数和约束总数。"Δ1"表示 $Model_0$ 与 $Model_A$ 获得下界之间的百分比差异，"Δ2"表示 $Model_0$ 和 $Model_A$ 中决策变量总数之间的百分比差异，"Δ3"表示 $Model_0$ 和 $Model_A$ 中约束总数之间的百分比差异。

由表 6-3 可知，在规定时间内，$Model_A$ 比 $Model_0$ 多求解 3 个算例。针对 $Model_A$ 和 $Model_0$ 都能获得最优解的 7 个算例，$Model_0$ 和 $Model_A$ 平均耗时分别为 4644.79 秒和 1322.61 秒，$Model_A$ 相对 $Model_0$ 时间平均节约了 71.31%。针对 $Model_A$ 和 $Model_0$ 在规定时间内都不能求得最优解的 8 个算例，$Model_A$

表 6-3　比较 $Model_O$ 和 $Model_A$

| 算例 | $Model_O$ | | | | | | $Model_A$ | | | | | | Δ/% | | |
|---|---|---|---|---|---|---|---|---|---|---|---|---|---|---|---|
| | LB | UB | Time/s | Gap/% | Vars | Cons | LB | UB | Time/s | Gap/% | Vars | Cons | Δ1 | Δ2 | Δ3 |
| 5N2M_1 | 391. 46 | 391. 46 | 1. 93 | 0 | 889 | 2683 | 391. 46 | 391. 46 | 2. 95 | 0 | 473 | 1072 | 0 | -46. 79 | -60. 04 |
| 6N2M_1 | 957. 66 | 957. 66 | 104. 98 | 0 | 2689 | 8621 | 957. 66 | 957. 66 | 20. 35 | 0 | 1265 | 2808 | 0 | -52. 96 | -67. 43 |
| 7N2M_1 | 977. 80 | 977. 80 | 1877. 45 | 0 | 7809 | 26118 | 977. 80 | 977. 80 | 447. 69 | 0 | 3265 | 7148 | 0 | -58. 19 | -72. 63 |
| 8N2M_1 | 817. 20 | 817. 20 | 1256. 43 | 0 | 5473 | 18878 | 817. 20 | 817. 20 | 229. 57 | 0 | 2048 | 4464 | 0 | -62. 58 | -76. 35 |
| 9N2M_1 | 921. 19 | 921. 19 | 24518. 28 | 0 | 13951 | 49237 | 921. 19 | 921. 19 | 8592. 77 | 0 | 4711 | 10161 | 0 | -66. 23 | -79. 36 |
| 10N2M_1 | 757. 85 | 829. 47 | 11480. 23 | 9. 45 | 18481 | 66383 | 829. 47 | 829. 47 | 2865. 35 | 0 | 5671 | 12160 | 9. 45 | -69. 31 | -81. 68 |
| 5N4M_1 | 940. 54 | 940. 54 | 579. 86 | 0 | 993 | 3321 | 940. 54 | 940. 54 | 24. 64 | 0 | 721 | 1764 | 0 | -27. 39 | -46. 88 |
| 6N4M_1 | 1055. 69 | 1055. 69 | 4174. 60 | 0 | 1465 | 5166 | 1055. 69 | 1055. 69 | 10. 29 | 0 | 977 | 2336 | 0 | -33. 31 | -54. 78 |
| 7N4M_1 | 844. 87 | 1574. 95 | 3124. 12 | 86. 41 | 5221 | 19072 | 1160. 98 | 1481. 13 | 4035. 85 | 27. 58 | 3181 | 7386 | 37. 42 | -39. 07 | -61. 27 |
| 8N4M_1 | 1076. 62 | 2115. 84 | 2731. 50 | 96. 53 | 5055 | 18934 | 1622. 67 | 1828. 34 | 7357. 81 | 12. 67 | 2815 | 6462 | 50. 72 | -44. 31 | -65. 87 |
| 9N4M_1 | 869. 17 | 1484. 41 | 4845. 33 | 70. 78 | 5833 | 22240 | 1161. 22 | 1161. 22 | 2428. 42 | 0 | 2977 | 6762 | 33. 60 | -48. 96 | -69. 60 |
| 10N4M_1 | 581. 11 | 1371. 72 | 3229. 69 | 136. 05 | 10225 | 39477 | 802. 44 | 1207. 63 | 2824. 02 | 50. 49 | 4801 | 10768 | 38. 09 | -53. 05 | -72. 72 |
| 5N6M_1 | 1746. 87 | 1888. 21 | 11378. 76 | 8. 09 | 5207 | 18745 | 1792. 03 | 1792. 03 | 263. 50 | 0 | 4599 | 11441 | 2. 59 | -11. 68 | -38. 97 |
| 6N6M_1 | 1607. 49 | 2097. 38 | 26819. 56 | 30. 48 | 14257 | 54050 | 1776. 65 | 1979. 76 | 4198. 39 | 11. 43 | 11881 | 28728 | 10. 52 | -16. 67 | -46. 85 |
| 7N6M_1 | 1424. 77 | 1737. 88 | 15915. 46 | 21. 98 | 16681 | 65414 | 1299. 75 | 1631. 09 | 2594. 42 | 25. 49 | 12961 | 30714 | 8. 77 | -22. 3 | -53. 05 |
| 8N6M_1 | 1383. 11 | 1682. 29 | 18342. 62 | 21. 63 | 21281 | 85334 | 1051. 18 | 1578. 32 | 5211. 12 | 50. 15 | 15345 | 35768 | -24. 00 | -27. 89 | -58. 08 |
| 9N6M_1 | 1495. 85 | 2794. 12 | 36248. 29 | 86. 79 | 5071 | 20653 | 1544. 66 | 2563. 19 | 521. 95 | 65. 94 | 4069 | 9438 | 3. 26 | -19. 76 | -54. 30 |
| 10N6M_1 | 1128. 19 | 2017. 60 | 15601. 49 | 78. 84 | 46341 | 190453 | 1162. 03 | 1467. 33 | 2492. 60 | 26. 27 | 4111 | 9440 | 3. 00 | -91. 13 | -95. 04 |
| Avg. | 1054. 30 | | | | 1038456 | | 1125. 81 | | | | 4770 | | 8. 66 | -54. 06 | -64. 16 |

相对 $Model_0$ 的下界值平均提高了 13.78%，最大可提高 50.72%。从列“Δ2”和“Δ3”可知，与 $Model_0$ 相比，$Model_A$ 的决策变量数平均节约了 54.06%，约束数平均节约了 64.16%。这是 $Model_A$ 优于 $Model_0$ 的直接原因。结果表明，本书改进的模型更简洁有效，求解能力更强，进而为此类复杂问题的理论研究奠定了良好基础。

### 6.4.3 有效不等式效果测试

为测试本书提出的有效不等式加强改进模型的效果，借助 CPLEX 软件用 $Model_{AV}$ 测试 18 组算例中的第 1 个算例，并把测试结果与 $Model_A$ 的测试结果做比较。同样，每个算例的最大允许测试时间为 48 小时，测试结果如表 6-4 所示。表中“LB”“UB”和“Time”代表的含义与表 6-3 的一样。“Node”表示获得相应结果需探索分支定界树中的节点数。“Δ1”表示 $Model_A$ 与 $Model_{AV}$ 获得下界之间的百分比差异，“Δ2”表示 $Model_A$ 与 $Model_{AV}$ 平均耗时之间的百分比差异，“Δ3”表示 $Model_A$ 与 $Model_{AV}$ 需探索节点数之间的百分比差异。

由表 6-4 可知，$Model_{AV}$ 针对绝大多数算法都能获得最优解。与 $Model_A$ 相比，$Model_{AV}$ 多求解 6 个算例。针对 $Model_A$ 和 $Model_{AV}$ 都能求得最优解的 10 个算例，从平均值看，$Model_{AV}$ 相对 $Model_A$ 所需花费时间和所需探索节点数分别节约了 97.87%和 95.99%。另外，针对每个算例，$Model_{AV}$ 都能获得更紧的下界，下界值平均提高了 13.17%，最大可提高 50.35%。结果表明，本书提出的有效不等式可显著地帮助模型获得最优解或更紧的下界，进而可为此问题的特性及算法研究奠定良好基础。

**表 6-4　比较 $Model_A$ 和 $Model_{AV}$**

| 算例 | $Model_A$ | | | | | $Model_{AV}$ | | | | | Δ/% | | |
|---|---|---|---|---|---|---|---|---|---|---|---|---|---|
| | LB | UB | Time/s | Node | Gap/% | LB | UB | Time/s | Node | Gap/% | Δ1 | Δ2 | Δ3 |
| 5N2M_1 | 391.46 | 391.46 | 2.95 | 140 | 0 | 391.46 | 391.46 | 2.13 | 0 | 0 | 0 | -27.80 | -100.00 |
| 6N2M_1 | 957.66 | 957.66 | 20.35 | 20641 | 0 | 957.66 | 957.66 | 2.92 | 326 | 0 | 0 | -85.65 | -98.42 |
| 7N2M_1 | 977.80 | 977.80 | 447.69 | 286436 | 0 | 977.80 | 977.80 | 13.55 | 1678 | 0 | 0 | -96.97 | -99.41 |
| 8N2M_1 | 817.20 | 817.20 | 229.57 | 199828 | 0 | 817.20 | 817.20 | 24.16 | 2095 | 0 | 0 | -89.48 | -98.95 |
| 9N2M_1 | 921.19 | 921.19 | 8592.77 | 1687283 | 0 | 921.19 | 921.19 | 99.40 | 49107 | 0 | 0 | -98.84 | -97.09 |
| 10N2M_1 | 829.47 | 829.47 | 2865.35 | 796037 | 0 | 829.47 | 829.47 | 23.91 | 11564 | 0 | 0 | -99.17 | -98.55 |
| 5N4M_1 | 940.54 | 940.54 | 24.64 | 53528 | 0 | 940.54 | 940.54 | 1.49 | 1696 | 0 | 0 | -93.95 | -96.83 |
| 6N4M_1 | 1055.69 | 1055.69 | 10.29 | 10308 | 0 | 1055.69 | 1055.69 | 13.40 | 8913 | 0 | 0 | 30.22 | -13.53 |
| 7N4M_1 | 1160.98 | 1481.13 | 4035.85 | 642076 | 27.58 | 1481.13 | 1481.13 | 162.36 | 83520 | 0 | 27.58 | -95.98 | -86.99 |
| 8N4M_1 | 1622.67 | 1828.34 | 7357.81 | 1107352 | 12.67 | 1818.53 | 1818.53 | 1072.46 | 400238 | 0 | 12.07 | -85.42 | -63.86 |
| 9N4M_1 | 1161.22 | 1161.22 | 2428.42 | 248489 | 0 | 1161.22 | 1161.22 | 121.83 | 36760 | 0 | 0 | -94.98 | -85.21 |
| 10N4M_1 | 802.44 | 1207.63 | 2824.02 | 814153 | 50.49 | 1206.49 | 1206.49 | 628.25 | 702619 | 0 | 50.35 | -77.75 | -13.70 |
| 5N6M_1 | 1792.03 | 1792.03 | 263.50 | 213322 | 0 | 1792.03 | 1792.03 | 14.75 | 28877 | 0 | 0 | -94.40 | -86.46 |
| 6N6M_1 | 1776.65 | 1979.76 | 4198.39 | 481578 | 11.43 | 1979.48 | 1979.48 | 236.60 | 31843 | 0 | 11.42 | -94.36 | -93.39 |
| 7N6M_1 | 1299.75 | 1631.09 | 2594.42 | 368912 | 25.49 | 1599.09 | 1599.09 | 169.07 | 41076 | 0 | 23.03 | -93.48 | -88.87 |
| 8N6M_1 | 1051.18 | 1578.32 | 5211.12 | 317560 | 50.15 | 1520.18 | 1520.18 | 139.44 | 64072 | 0 | 44.62 | -97.32 | -79.82 |
| 9N6M_1 | 1544.66 | 2563.19 | 521.95 | 58175 | 65.94 | 2087.01 | 2261.45 | 436.75 | 20536 | 8.77 | 35.76 | -16.32 | -64.70 |
| 10N6M_1 | 1162.03 | 1467.33 | 2492.60 | 39942[illegible] | 26.27 | 1386.42 | 1466.91 | 5324.66 | 143095 | 11.01 | 19.31 | 113.62 | -64.17 |
| Avg. | 1125.81 | | | | | 1274.03 | | | | | 13.17 | -66.56 | -79.44 |

## 6.5 本章小结

本书基于多点生产系统中原料调拨优化，对多商品供需匹配与多批次取送货车辆路径问题进行了研究。首先，通过引入更简便有效的“服务次序约束”和“装卸约束”，建立了更紧凑的数学规划模型。其次，基于对问题特性的分析，提出了一系列有效不等式来加强模型。实验部分借助文献中已有算例，通过与已有模型做比较，对本书改进的模型及有效不等式的效果进行测试。结果表明：本书改进的模型更加简便、提出的有效不等式能够帮助模型获得最优解或更紧的下界，为复杂取送货车辆路径问题的理论研究奠定了基础。

第7章

# 单次访问条件下供需未匹配多商品取送货车辆路径问题启发式算法设计

## 7.1 引言

由于本书研究的问题高度复杂，第 6 章提出的模型只能求解客户点数不超过 9 且商品类型不超过 4 的问题。因此，它不能被用于求解一些大规模的现实问题，如烟草制造行业中参与调拨的原料种类(商品类型数)可能有上百种，零售行业中参与转运的商店数(客户点数)可能有几十家。为了快速地对现实中较大规模问题求得最优解或近似最优解，显然需要设计高效的启发式算法。基于第 3 章的研究成果，本章设计高效的启发式算法对该问题求解。

变邻域搜索算法是由 Mladenović 和 Hansen(1997)提出的元启发式算法，对大规模取送货车辆路径问题有良好的求解效果(Mladenović et al.，2012；Chen et al.，2014；王旭坪等，2019)。Chen 等(2014)针对本书研究的问题提出了一个变邻域搜索算法。基于 Chen 等(2014)的研究成果，本章通过采用多个初始可行解，探索更高效的邻域结构及搜索流程来设计更高效的变邻域搜索算法。

## 7.2 初始解构建

鉴于研究目标是寻找距离最短的运输方案使所有客户需求得到满足，因此网络中需运输商品的总量事先已知（等于所有客户需求总量之和）。假定 $\delta$ 表示运输方案中商品运输总量与运输距离的比值，显然运输效率 $\delta$ 越大运输方案越好。因此，Chen 等（2014）提出了基于运输效率的启发式算法（Heuristic Transportation Efficiency Based Algorithm，HTEBA）来构建初始可行解。鉴于 HTEBA 简捷高效，本章也采用此算法来获得初始可行解，其核心思想：首先，选择两个客户点 $i$ 和 $j$ 组成起始路线 $0 \to i \to j \to (n+1)$；其次，通过从前点向后点匹配商品运输数量，不断选择使 $\delta$ 最大的新客户点插入当前路线，直到不能插入为止；最后，重复以上过程直到所有客户点都已插入。有关 HTEBA 详细流程参见 Chen 等（2014）。注意执行 HTEBA 时，选择不同的客户点 $i$ 和 $j$ 来构建起始路线，可产生不同初始可行解。为获得更多可行解，本章采用不同的 $0 \to i \to j \to (n+1)$ 作为起始路线，执行该算法 $n \times (n-1)$ 次，并把获得的初始可行解按目标值从小到大进行排列，组成初始可行解序列。

## 7.3 邻域结构

问题求解需同时做出供需匹配决策和路径决策，改变供需匹配决策，相应的最优路径决策也会发生改变，随之会进一步导致相应最优供需匹配决策发生改变；反之亦然。因此，可通过交叉扰动当前解的这两个决策来生成邻域解。本章采用的邻域扰动策略：首先，在当前解 $F_C$ 中删除一些供需匹配来产生非可行解 $F_C'$；其次，利用局部搜索把需求未满足的客户点重新插入 $F_C'$中，进行供需匹配满足来获得可行解 $F_C''$，即通过同时扰动供需匹配决策和路径决策来生成邻域解。

### 7.3.1 邻域扰动

基于对 Chen 等（2014）提出的 6 个邻域扰动操作进行整合改进，本章采用以下 4 个邻域扰动操作。

（1）随机删除一些供需匹配。从当前解的 $\lambda$ 个供需匹配中，随机删除 $\eta$ 个供需匹配，$\eta$ 的产生方式为 $U[1, \min(3, \lambda)]$。

（2）在某条路线中删除与某些商品相关的供需匹配。首先，从当前解中随机选取某条路线 $r$。其次，从路线 $r$ 运输的 $M_r$ 种商品中随机选择 $M'$ 种商品，$M'$ 的产生方式是 $U[1, \min(3, M_r)]$。最后，在路线 $r$ 中删除所有与 $M'$ 种商品相关的供需匹配。

（3）在某些路线中删除与某种商品相关的供需匹配。首先，从当前解中随机选取 $R$ 条路线，$R$ 的产生方式为 $U[1, \min(3, R_c)]$，其中 $R_c$ 表示当前解的路线总数。其次，在 $R$ 条路线运输的商品中随机选择某种商品 $m$。最后，在选取的 $R$ 条路线中删除所有与商品 $m$ 相关的供需匹配。

（4）删除与某个客户点有关的供需匹配。首先，随机选取一个客户点 $i$。其次，从 $\xi$ 个与 $i$ 相关的供需匹配中随机删除 $\lambda$ 个供需匹配，$\lambda$ 的产生方式为 $U[1, \min(3, \xi)]$。

### 7.3.2　局部搜索

邻域扰动之后，Chen 等(2014)采用局部搜索把需求未满足的客户点重新插入当前解中进行匹配满足，进而获得局部最优可行解。其主要思想：针对每个需求未满足客户点，首先，在当期解的每条路线上寻找所有可能插入位置、相应增加成本及商品匹配数量[见 Chen 等(2014)中的 Fig. 4]；其次，通过分支定界树来寻找最优插入位置组合进行匹配满足[见 Chen 等(2014)中的 Fig. 5]。本章采用类似方法获得局部最优可行解，不同之处在于对 Fig. 4(a)中寻找可能插入位置的搜索过程(见图 7-1)进行了改进，改进后的搜索过程如图 7-2 所示，图中阴影节点表示能为需求客户点 $j$ 提供商品供应的客户点。总之，相对于 Chen 等(2014)，本书通过在当前路线中插入新供应客户点来扩大可行插入搜索空间，进而获得更好的可行邻域解。

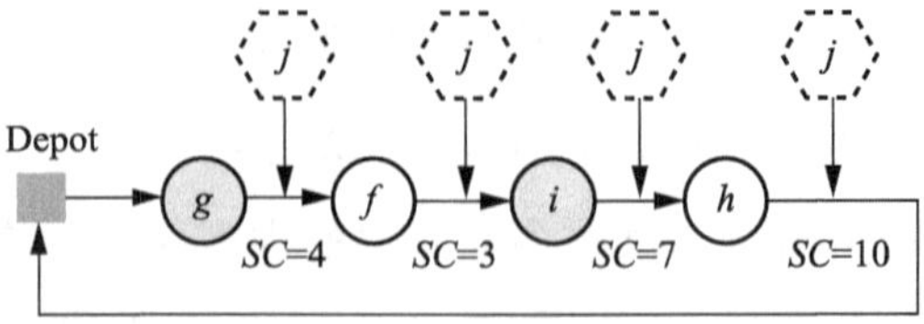


图 7-1　*j* 不在路线 1 中(改进前)

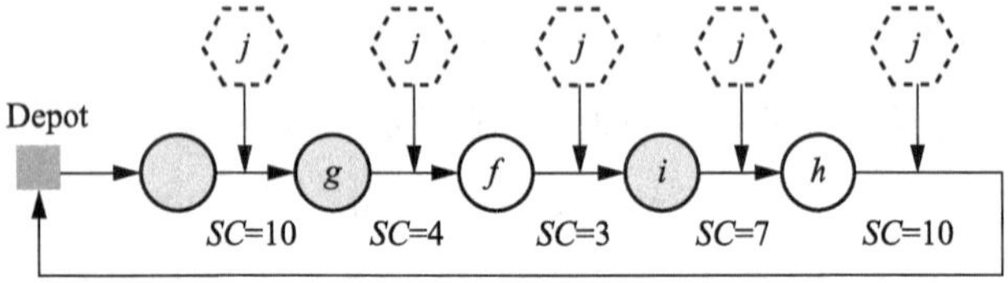


图 7-2　*j* 不在路线 1 中(改进后)

## 7.4　算法流程

考虑到采用单个初始解易使搜索陷入局部最优，且以固定顺序执行邻域结构易导致搜索机制不灵活，进而导致算法效率较低。本章在 Chen 等(2014)的基础上，对算法流程设计做如下改进：①如果所有邻域结构都已执行 3 次，当前最优解还未更新，则随机选择一个邻域结构继续执行；②如果连续迭代 100 次，当前最优解还未更新，从初始可行解序列中选择一个新的可行解作为当前解来重新开始搜索。改进的变邻域搜索算法具体流程如图 7-3 所示。

## 7.5　算例测试及结果分析

为了公平比较，与 Chen 等(2014)一样，所有测试都在一个频率为 2. 8 赫兹，运行内存为 2G 的个人计算机上进行。采用 12. 2 版本的优化软件 CPLEX 作为模型求解器，启发式算法采用 C++编码，在 Visual Studio 2008 平台上实现。

设定 $F_C$ 表示当前解，$F_B$ 表示当前所搜索到的最好的解，邻域结构总个数 $\beta_{\max}=4$
设定最大允许迭代次数 $\alpha_{\max}=1000$，最大允许使用初始解个数 $\gamma_{\max}=6$
从初始解序列中选取第一个初始解 $F$
初始化：$F_C=F$，$F_B=F$，$\alpha=0$，$\gamma=0$，$\beta=1$，$\theta=0$
While（$\alpha<1000$ 且 $\gamma<\gamma_{\max}$）do
　　//邻域扰动
　　对 $F_C$ 执行邻域扰动 $N_\beta$（$F_C$）来获得 $F_C'$
　　//局部搜索
　　对 $F_C'$ 执行局部搜索来获得局部最优可行邻域解 $F_C''$
　　If（$F_C''$优于$F_C$）then
　　　　更新 $F_C$：$=F_C''$，$\beta$：$=1$；//从第一个邻域开始重新搜索
　　Else
　　　　更新 $\beta$：$=\beta\%\beta_{\max}+1$；//从第一个邻域开始重新搜索
　　If（$F_C''$优于$F_B$）then
　　　　更新 $F_B$：$=F_C''$，$\theta$：$=0$，$\beta$：$=1$；//从下一个邻域开始重新搜索
　　Else
　　　　更新 $\theta$：$=\theta+1$
　　　　If（$\theta\%$（$3\beta_{\max}$））$=0$）then//所有邻域执行3次后当前最好解没有更新
　　　　　　更新$\beta$：$=$rand（1，$\beta_{\max}$）；//随机选择一个邻域结构继续执行
　　　　If（$\theta=100$）then
　　　　　　从初始解序列中选择一个新的解作为 $F_C$（diversification）
　　　　　　更新$\gamma$：$=\gamma+1$，$\theta$：$=0$
　　$\alpha=\alpha+1$
返回所搜索的最好解 $F_B$

**图 7-3　改进的变邻域搜索算法流程**

### 7.5.1　测试算例

为验证本书提出的模型、有效不等式及变邻域搜索算法的效果，采用 Chen 等(2014)中 18 组($n$=5，6，7，8，9，10；$m$=2，4，6)不同规模的算例进行测试，每组由 5 个随机产生的相同规模算例组成，生成算例的参数如表 7-1 所示。

**表 7-1　算例生成所用参数**

| 参数 | | 数值 |
|---|---|---|
| $n$ | 客户点数目 | 5，6，7，8，9，10 |
| $m$ | 商品种类数目 | 2，4，6 |
| $T$ | 车辆最长工作时间 | 10 |

续表

| 参数 | | 数值 |
|---|---|---|
| $Q$ | 车辆最大装载量 | 10 |
| $speed$ | 车速 | 60 |
| $(a_i, b_i)$ | 客户点 $i$ 的坐标 | $a_i, b_i \sim U[0, T\times speed/sqt(8)]$ |
| $c_{ij}$ | 客户点 $i$ 和 $j$ 之间的运输成本 | $\sqrt{(a_i-a_j)^2+(b_i-b_j)^2}$ |
| $t_{ij}$ | 客户点 $i$ 和 $j$ 之间的行驶时间 | $c_{ij}/speed$ |
| $I_{im}$ | 客户点 $i$ 第 $m$ 种商品的库存量 | 40%的概率下，为 0，否则为 100000 |
| $D_{im}$ | 客户点 $i$ 第 $m$ 种商品的需求量 | 10%的概率为 0，70%的概率服从 $U[0, 10]$分布，20%的概率服从 $U[0, 20]$分布 |

### 7.5.2 改进变邻域搜索算法效果测试

为测试本章改进的变邻域搜索算法的求解效果，用该算法测试第 7.1 节生成的 90 个算例，并将测试结果分别与 Chen 等(2014)提出的变邻域搜索算法和本书 $Model_{AV}$ 的测试结果做比较。在表 7-2 中，“VNS”表示 Chen 等(2014)中变邻域搜索算法的测试结果，“AVNS”表示本章改进变邻域搜索算法的测试结果，“CPLEX”表示本书 $Model_{AV}$ 的测试结果。“$VNS_B$”“$VNS_A$”和“$T_1$”分别表示 VNS 测试每个算例 5 次获得的最好解、平均解和获得最好解所用时间。“$AVNS_B$”“$AVNS_A$”和“$T_2$”分别表示 AVNS 测试每个算例 5 次获得的最好解、平均解和获得最好解所用的时间。“LB”“UB”和“Time”分别表示 $Model_{AV}$ 求解结束获得的下界、上界和花费时间。“Δ1”“Δ2”“Δ3”和“Δ4”分别表示 $AVNS_B$ 与 LB 之间的百分比差异、$AVNS_B$ 与 $VNS_B$ 之间的百分比差异、$T_2$ 与 $T_1$ 之间的百分比差异和 $AVNS_B$ 与 $AVNS_A$ 之间的百分比差异。另外，算例前面的“ * ”号表示针对此算例，本章改进变邻域搜索算法能获得最优解，而 Chen 等(2014)中变邻域搜索算法不能获得最优解；算例前面的“+”号表示针对此算例，虽然本章改进变邻域搜索算法不能获得最优解，但所获得的解优于 Chen 等(2014)中变邻域搜索算法获得的解；算例前面的“-”表示针对此算例，本章改进变邻域搜索算法获得的解劣于 Chen 等(2014)中变邻域搜索算法获得的解。

表 7-2　2 种商品的测试结果

| 算例 | VNS | | | AVNS | | | CPLEX($Model_{AV}$) | | | Δ/% | | | |
|---|---|---|---|---|---|---|---|---|---|---|---|---|---|
| | $VNS_B$ | $VNS_A$ | $T_1$/s | $AVNS_B$ | $AVNS_A$ | $T_2$/s | LB | UB | Time/s | Δ1 | Δ2 | Δ3 | Δ4 |
| 5N2M_1 | 391.46 | 391.46 | 96.31 | 391.46 | 391.46 | 14.73 | 391.46 | 391.46 | 2.13 | 0 | 0 | -84.71 | 0 |
| 5N2M_2 | 965.79 | 965.79 | 196.66 | 965.79 | 965.79 | 21.70 | 965.79 | 965.79 | 2.50 | 0 | 0 | -88.97 | 0 |
| (*)5N2M_3 | 854.60 | 854.60 | 208.72 | 819.40 | 819.40 | 23.19 | 819.40 | 819.40 | 3.25 | 0 | -4.12 | -88.89 | 0 |
| 5N2M_4 | 264.33 | 264.33 | 67.19 | 264.33 | 264.33 | 3.09 | 264.33 | 264.33 | 2.08 | 0 | 0 | -95.40 | 0 |
| 5N2M_5 | 1217.84 | 1217.84 | 216.88 | 1217.84 | 1217.84 | 19.66 | 1217.84 | 1217.84 | 4.98 | 0 | 0 | -90.94 | 0 |
| Avg. | 738.80 | 738.80 | 157.15 | 731.76 | 731.76 | 16.47 | 731.76 | 731.76 | 2.99 | 0 | -0.82 | -89.78 | 0 |
| 6N2M_1 | 957.66 | 957.66 | 156.30 | 957.66 | 957.66 | 25.58 | 957.66 | 957.66 | 2.92 | 0 | 0 | -83.63 | 0 |
| 6N2M_2 | 1045.22 | 1045.22 | 153.94 | 1045.22 | 1045.22 | 18.88 | 1045.22 | 1045.22 | 3.15 | 0 | 0 | -87.74 | 0 |
| 6N2M_3 | 443.83 | 443.83 | 86.91 | 443.83 | 443.83 | 15.19 | 443.83 | 443.83 | 2.83 | 0 | 0 | -82.52 | 0 |
| (*)6N2M_4 | 746.28 | 746.28 | 128.94 | 743.62 | 743.62 | 23.75 | 743.62 | 743.62 | 3.48 | 0 | -0.36 | -81.58 | 0 |
| 6N2M_5 | 204.49 | 204.49 | 50.77 | 204.49 | 204.49 | 10.22 | 204.49 | 204.49 | 1.97 | 0 | 0 | -79.87 | 0 |
| Avg. | 679.50 | 679.50 | 115.37 | 678.96 | 678.96 | 18.72 | 678.96 | 678.96 | 2.87 | 0 | -0.07 | -83.07 | 0 |
| 7N2M_1 | 977.80 | 977.80 | 291.62 | 977.80 | 977.80 | 33.72 | 977.80 | 977.80 | 13.85 | 0 | 0 | -88.44 | 0 |
| 7N2M_2 | 701.91 | 701.91 | 190.56 | 701.91 | 701.91 | 28.78 | 701.91 | 701.91 | 2.14 | 0 | 0 | -84.90 | 0 |
| (*)7N2M_3 | 1202.87 | 1202.87 | 416.45 | 1139.35 | 1139.35 | 35.36 | 1139.35 | 1139.35 | 4.50 | 0 | -5.28 | -91.51 | 0 |
| (+)7N2M_4 | 910.87 | 910.87 | 281.17 | 856.28 | 867.79 | 26.61 | 838.05 | 838.05 | 3.05 | 2.18 | -5.99 | -90.54 | -1.34 |
| 7N2M_5 | 716.15 | 716.15 | 161.08 | 716.15 | 716.15 | 21.86 | 716.15 | 716.15 | 3.02 | 0 | 0 | -86.43 | 0 |
| Avg. | 901.92 | 901.92 | 268.18 | 878.30 | 880.60 | 29.27 | 874.65 | 874.65 | 5.31 | 0.44 | -2.25 | -88.36 | -0.27 |
| 8N2M_1 | 817.20 | 817.20 | 222.91 | 817.20 | 817.20 | 31.13 | 817.20 | 817.20 | 24.16 | 0 | 0 | -86.03 | 0 |

续表

| 算例 | VNS | | | AVNS | | | CPLEX($Model_{AV}$) | | | Δ/% | | | |
|---|---|---|---|---|---|---|---|---|---|---|---|---|---|
| | $VNS_B$ | $VNS_A$ | $T_1$/s | $AVNS_B$ | $AVNS_A$ | $T_2$/s | LB | UB | Time/s | Δ1 | Δ2 | Δ3 | Δ4 |
| (+)8N2M_2 | 956.11 | 957.69 | 259.17 | 955.07 | 955.90 | 36.97 | 940.56 | 940.56 | 6.05 | 1.54 | -0.11 | -85.74 | -0.09 |
| 8N2M_3 | 739.58 | 758.11 | 242.13 | 739.58 | 741.38 | 35.31 | 739.58 | 739.58 | 3.28 | 0 | 0 | -85.42 | -0.24 |
| 8N2M_4 | 756.79 | 756.79 | 181.03 | 756.79 | 756.79 | 32.39 | 756.79 | 756.79 | 3.05 | 0 | 0 | -82.11 | 0 |
| 8N2M_5 | 803.36 | 803.36 | 149.72 | 803.36 | 803.36 | 17.70 | 803.36 | 803.36 | 4.68 | 0 | 0 | -88.18 | 0 |
| Avg. | 814.61 | 818.63 | 210.99 | 814.40 | 814.93 | 30.70 | 811.50 | 811.50 | 8.24 | 0.31 | -0.02 | -85.50 | -0.07 |
| (*)9N2M_1 | 970.49 | 993.35 | 272.69 | 921.19 | 938.01 | 37.11 | 921.19 | 921.19 | 99.40 | 0 | -5.08 | -86.39 | -1.83 |
| (*)9N2M_2 | 897.08 | 900.15 | 328.69 | 879.37 | 891.70 | 44.53 | 879.37 | 879.37 | 66.65 | 0 | -1.97 | -86.45 | -1.40 |
| (*)9N2M_3 | 808.32 | 831.79 | 1707.05 | 805.82 | 807.32 | 41.92 | 805.82 | 805.82 | 44.37 | 0 | -0.31 | -97.54 | -0.19 |
| 9N2M_4 | 716.55 | 716.55 | 196.75 | 716.55 | 716.55 | 17.41 | 716.55 | 716.55 | 3.61 | 0 | 0 | -91.15 | 0 |
| 9N2M_5 | 425.33 | 425.33 | 179.39 | 425.33 | 425.33 | 29.33 | 425.33 | 425.33 | 3.40 | 0 | 0 | -83.65 | 0 |
| Avg. | 763.55 | 773.43 | 536.91 | 749.65 | 755.78 | 34.06 | 749.65 | 749.65 | 43.49 | 0 | -1.47 | -89.04 | -0.68 |
| (*)10N2M_1 | 849.07 | 873.55 | 365.14 | 829.47 | 829.47 | 42.13 | 829.47 | 829.47 | 23.91 | 0 | -2.31 | -88.46 | 0 |
| 10N2M_2 | 426.01 | 429.19 | 172.53 | 426.01 | 426.01 | 26.36 | 426.01 | 426.01 | 13.08 | 0 | 0 | -84.72 | 0 |
| 10N2M_3 | 1715.81 | 1715.81 | 291.56 | 1715.81 | 1715.81 | 24.92 | 1715.81 | 1715.81 | 19027.92 | 0 | 0 | -91.45 | 0 |
| (+)10N2M_4 | 747.45 | 747.45 | 225.63 | 743.06 | 743.06 | 28.94 | 742.24 | 742.24 | 104.29 | 0.11 | -0.59 | -87.17 | 0 |
| 10N2M_5 | 1774.84 | 1774.84 | 965.92 | 1774.84 | 1774.84 | 34.52 | 1774.84 | 1774.84 | 2481.39 | 0 | 0 | -96.43 | 0 |
| Avg. | 1102.64 | 1108.17 | 404.16 | 1097.84 | 1097.84 | 31.37 | 1097.67 | 1097.67 | 4330.12 | 0.02 | -0.58 | -89.65 | 0 |

表 7-3　4 种商品的测试结果

| 算例 | VNS | | | AVNS | | | CPLEX(Model$_{AV}$) | | | Δ/% | | | |
|---|---|---|---|---|---|---|---|---|---|---|---|---|---|
| | VNS$_B$ | VNS$_A$ | $T_1$/s | AVNS$_B$ | AVNS$_A$ | $T_2$/s | LB | UB | Time/s | Δ1 | Δ2 | Δ3 | Δ4 |
| 5N4M_1 | 940.54 | 947.79 | 917.19 | 940.54 | 940.54 | 50.19 | 940.54 | 940.54 | 4.49 | 0 | 0 | -94.53 | 0 |
| 5N4M_2 | 721.21 | 721.21 | 176.73 | 721.21 | 721.21 | 31.22 | 721.21 | 721.21 | 2.98 | 0 | 0 | -82.33 | 0 |
| (*)5N4M_3 | 879.91 | 882.55 | 458.61 | 870.55 | 870.56 | 37.49 | 870.56 | 870.56 | 4.19 | 0 | -1.06 | -91.83 | 0 |
| 5N4M_4 | 1192.61 | 1192.61 | 198.72 | 1192.61 | 1192.61 | 18.20 | 1192.61 | 1192.61 | 3.57 | 0 | 0 | -90.84 | 0 |
| (*)5N4M_5 | 1694.97 | 1697.52 | 468.95 | 1681.73 | 1688.39 | 34.34 | 1681.73 | 1681.73 | 7.47 | 0 | -0.78 | -92.68 | -0.40 |
| Avg. | 1085.85 | 1088.34 | 444.04 | 1081.33 | 1082.56 | 34.29 | 1081.33 | 1081.33 | 4.54 | 0 | -0.37 | -90.44 | -0.08 |
| 6N4M_1 | 1055.69 | 1055.69 | 318.26 | 1055.69 | 1055.69 | 43.94 | 1055.69 | 1055.69 | 13.40 | 0 | 0 | -86.19 | 0 |
| (*)6N4M_2 | 1202.44 | 1278.73 | 1631.59 | 1147.30 | 1150.07 | 46.81 | 1147.30 | 1147.30 | 5.44 | 0 | -4.59 | -97.13 | -0.24 |
| 6N4M_3 | 717.97 | 717.97 | 231.78 | 717.97 | 717.97 | 22.25 | 717.97 | 717.97 | 3.90 | 0 | 0 | -90.40 | 0 |
| 6N4M_4 | 2117.46 | 2119.76 | 668.19 | 2117.46 | 2117.46 | 39.50 | 2117.46 | 2117.46 | 73.21 | 0 | 0 | -94.09 | 0 |
| 6N4M_5 | 906.73 | 906.73 | 247.92 | 906.73 | 906.73 | 22.61 | 906.73 | 906.73 | 4.67 | 0 | 0 | -90.88 | 0 |
| Avg. | 1200.06 | 1215.78 | 619.55 | 1189.03 | 1189.58 | 35.02 | 1189.03 | 1189.03 | 20.12 | 0 | -0.92 | -91.74 | -0.05 |
| 7N4M_1 | 1481.13 | 1490.29 | 507.09 | 1481.13 | 1481.13 | 42.49 | 1481.13 | 1481.13 | 162.38 | 0 | 0 | -91.62 | 0 |
| (*)7N4M_2 | 1598.66 | 1598.66 | 842.45 | 1583.67 | 1586.75 | 54.03 | 1583.67 | 1583.67 | 8.03 | 0 | -0.94 | -93.59 | -0.19 |
| (*)7N4M_3 | 1261.30 | 1279.51 | 498.70 | 1257.68 | 1257.68 | 34.27 | 1257.68 | 1257.68 | 9.88 | 0 | -0.29 | -93.13 | 0 |
| (*)7N4M_4 | 1010.84 | 1024.93 | 689.65 | 999.28 | 1004.56 | 41.00 | 999.28 | 999.28 | 14.57 | 0 | -1.14 | -94.05 | -0.57 |
| (+)7N4M_5 | 1356.00 | 1446.24 | 1254.27 | 1319.11 | 1344.29 | 61.77 | 1303.91 | 1303.91 | 195.47 | 1.17 | -2.72 | -95.08 | -1.91 |
| Avg. | 1341.59 | 1367.93 | 758.43 | 1328.17 | 1334.96 | 46.71 | 1325.13 | 1325.13 | 78.07 | 0.23 | -1.02 | -93.49 | -0.53 |
| (+)8N4M_1 | 1990.14 | 1990.14 | 629.41 | 1829.02 | 1834.56 | 46.89 | 1818.53 | 1818.53 | 1072.46 | 0.58 | -8.10 | -92.55 | -0.30 |

续表

| 算例 | VNS | | | AVNS | | | CPLEX(Model$_{AV}$) | | | Δ/% | | | |
|---|---|---|---|---|---|---|---|---|---|---|---|---|---|
| | $VNS_B$ | $VNS_A$ | $T_1$/s | $AVNS_B$ | $AVNS_A$ | $T_2$/s | LB | UB | Time/s | Δ1 | Δ2 | Δ3 | Δ4 |
| (-)8N4M_2 | 1487.84 | 1492.72 | 886.50 | 1493.44 | 1493.66 | 52.23 | 1449.90 | 1449.90 | 924.83 | 3.00 | 0.38 | -94.11 | -0.01 |
| 8N4M_3 | 866.00 | 866.00 | 295.70 | 866.00 | 866.00 | 24.14 | 866.00 | 866.00 | 3.96 | 0 | 0 | -91.84 | 0 |
| (+)8N4M_4 | 1540.76 | 1615.56 | 454.13 | 1501.36 | 1501.86 | 62.70 | 1417.18 | 1417.18 | 168.52 | 5.94 | -2.56 | -86.19 | -0.03 |
| 8N4M_5 | 1482.52 | 1510.44 | 1800.00 | 1482.52 | 1487.80 | 48.27 | 1474.48 | 1474.48 | 8.84 | 0.55 | 0 | -97.32 | -0.36 |
| Avg. | 1473.45 | 1494.97 | 813.15 | 1434.47 | 1436.78 | 46.85 | 1405.22 | 1405.22 | 435.72 | 2.01 | -2.06 | -92.40 | -0.14 |
| (*)9N4M_1 | 1174.41 | 1232.57 | 995.83 | 1161.22 | 1201.91 | 54.27 | 1161.22 | 1161.22 | 121.83 | 0 | -1.12 | -94.55 | -3.50 |
| 9N4M_2 | 876.26 | 876.26 | 261.39 | 876.26 | 876.26 | 44.39 | 876.26 | 876.26 | 17.61 | 0 | 0 | -83.02 | 0 |
| 9N4M_3 | 1466.36 | 1466.36 | 332.48 | 1466.36 | 1466.36 | 40.00 | 1466.10 | 1466.10 | 28.79 | 0.02 | 0 | -87.97 | 0 |
| 9N4M_4 | 876.23 | 876.42 | 443.66 | 876.23 | 876.23 | 43.14 | 876.23 | 876.23 | 44.23 | 0 | 0 | -90.28 | 0 |
| 9N4M_5 | 942.56 | 942.56 | 300.89 | 942.56 | 942.56 | 34.05 | 942.56 | 942.56 | 25.76 | 0 | 0 | -88.68 | 0 |
| Avg. | 1067.16 | 1078.83 | 466.85 | 1064.53 | 1072.66 | 43.17 | 1064.47 | 1064.47 | 47.64 | 0 | -0.22 | -88.90 | -0.70 |
| 10N4M_1 | 1218.42 | 1227.53 | 1095.94 | 1218.42 | 1220.42 | 66.28 | 1206.49 | 1206.49 | 628.25 | 0.99 | 0 | -93.95 | -0.16 |
| (-)10N4M_2 | 1098.39 | 1119.78 | 505.90 | 1110.79 | 1118.04 | 54.89 | 1094.28 | 1094.28 | 9.38 | 1.51 | 1.13 | -89.15 | -0.65 |
| (+)10N4M_3 | 1534.85 | 1561.61 | 1472.17 | 1488.95 | 1488.95 | 49.70 | 1450.38 | 1450.38 | 30.15 | 2.66 | -2.99 | -96.62 | 0 |
| (-)10N4M_4 | 1291.41 | 1326.59 | 1123.61 | 1338.66 | 1348.68 | 70.23 | 1256.17 | 1256.17 | 1326.54 | 6.57 | 3.66 | -93.75 | -0.75 |
| (+)10N4M_5 | 1183.94 | 1243.35 | 916.27 | 1173.40 | 1173.40 | 77.00 | 1126.16 | 1126.16 | 768.13 | 4.19 | -0.89 | -91.60 | 0 |
| Avg. | 1265.40 | 1295.77 | 1022.78 | 1266.04 | 1269.90 | 63.62 | 1226.70 | 1226.70 | 552.49 | 3.18 | 0.18 | -93.01 | -0.31 |

表 7-4　6 种商品的测试结果

| 算例 | VNS | | | AVNS | | | CPLEX($Model_{AV}$) | | | Δ/% | | | |
|---|---|---|---|---|---|---|---|---|---|---|---|---|---|
| | $VNS_B$ | $VNS_A$ | $T_1$/s | $AVNS_B$ | $AVNS_A$ | $T_2$/s | LB | UB | Time/s | Δ1 | Δ2 | Δ3 | Δ4 |
| (+)5N6M_1 | 1863. 63 | 1863. 63 | 258. 75 | 1806. 59 | 1825. 86 | 23. 31 | 1792. 03 | 1792. 03 | 14. 75 | 0 | -3. 06 | -90. 99 | -1. 07 |
| 5N6M_2 | 1833. 76 | 1842. 63 | 1800. 00 | 1833. 76 | 1833. 76 | 46. 19 | 1820. 74 | 1820. 74 | 92. 80 | 0. 72 | 0 | -97. 43 | 0 |
| 5N6M_3 | 854. 98 | 854. 98 | 179. 88 | 854. 98 | 854. 98 | 15. 70 | 854. 98 | 854. 98 | 2. 82 | 0 | 0 | -91. 27 | 0 |
| (+)5N6M_4 | 2515. 81 | 2572. 87 | 1168. 95 | 2488. 2 | 2516. 40 | 26. 87 | 2478. 48 | 2478. 48 | 86. 67 | 0. 39 | -1. 10 | -97. 70 | -1. 13 |
| (*)5N6M_5 | 696. 94 | 696. 94 | 147. 50 | 673. 93 | 673. 93 | 15. 84 | 673. 93 | 673. 93 | 2. 98 | 0 | -3. 30 | -89. 26 | 0 |
| Avg. | 1553. 02 | 1566. 21 | 711. 02 | 1531. 49 | 1540. 99 | 25. 58 | 1524. 03 | 1524. 03 | 40. 00 | 0. 22 | -1. 49 | -93. 33 | -0. 44 |
| (-)6N6M_1 | 2050. 72 | 2154. 84 | 690. 70 | 2058. 42 | 2074. 83 | 57. 60 | 1979. 48 | 1979. 48 | 236. 60 | 3. 99 | 0. 38 | -91. 66 | -0. 80 |
| (+)6N6M_2 | 1594. 37 | 1594. 37 | 331. 11 | 1589. 72 | 1589. 72 | 49. 08 | 1529. 90 | 1529. 90 | 6. 00 | 3. 91 | -0. 29 | -85. 18 | 0 |
| (+)6N6M_3 | 1609. 80 | 1616. 55 | 837. 59 | 1591. 12 | 1593. 97 | 56. 39 | 1588. 52 | 1588. 52 | 43. 21 | 0. 16 | -1. 16 | -93. 27 | -0. 18 |
| 6N6M_4 | 1929. 87 | 2019. 70 | 595. 39 | 1929. 87 | 1935. 36 | 62. 10 | 1894. 48 | 1894. 48 | 7. 36 | 1. 87 | 0 | -89. 57 | -0. 28 |
| 6N6M_5 | 1624. 59 | 1691. 72 | 489. 61 | 1624. 59 | 1662. 96 | 50. 44 | 1624. 59 | 1624. 59 | 4. 89 | 0 | 0 | -89. 70 | -2. 36 |
| Avg. | 1761. 87 | 1815. 44 | 588. 88 | 1758. 74 | 1771. 37 | 55. 12 | 1723. 39 | 1723. 39 | 59. 61 | 1. 99 | -0. 21 | -89. 88 | -0. 72 |
| (-)7N6M_1 | 1646. 10 | 1746. 59 | 690. 56 | 1665. 63 | 1698. 56 | 48. 88 | 1599. 09 | 1599. 09 | 169. 07 | 4. 16 | 1. 19 | -92. 92 | -1. 98 |
| (+)7N6M_2 | 1338. 40 | 1372. 48 | 698. 94 | 1323. 16 | 1331. 76 | 60. 73 | 1301. 67 | 1301. 67 | 8. 56 | 1. 65 | -1. 14 | -91. 31 | -0. 65 |
| 7N6M_3 | 932. 02 | 937. 43 | 393. 19 | 932. 02 | 932. 02 | 45. 53 | 932. 02 | 932. 02 | 6. 06 | 0 | 0 | -88. 42 | 0 |
| 7N6M_4 | 2029. 51 | 2079. 58 | 440. 28 | 2029. 51 | 2029. 51 | 43. 86 | 2014. 07 | 2014. 07 | 4. 35 | 0. 77 | 0 | -90. 04 | 0 |
| (+)7N6M_5 | 2362. 40 | 2492. 81 | 1800. 00 | 2297. 64 | 2306. 00 | 73. 02 | 2271. 88 | 2271. 88 | 199. 48 | 1. 13 | -2. 74 | -95. 94 | -0. 36 |
| Avg. | 1661. 69 | 1725. 78 | 804. 59 | 1649. 59 | 1659. 57 | 54. 40 | 1623. 75 | 1623. 75 | 77. 50 | 1. 54 | -0. 05 | -91. 73 | -0. 60 |
| (+)8N6M_1 | 1611. 23 | 1611. 23 | 407. 92 | 1562. 74 | 1571. 33 | 67. 03 | 1520. 18 | 1520. 18 | 139. 44 | 2. 80 | -3. 01 | -83. 57 | -0. 55 |

续表

| 算例 | VNS | | | AVNS | | | CPLEX($Model_{AV}$) | | | Δ/% | | | |
|---|---|---|---|---|---|---|---|---|---|---|---|---|---|
| | $VNS_B$ | $VNS_A$ | $T_1$/s | $AVNS_B$ | $AVNS_A$ | $T_2$/s | LB | UB | Time/s | Δ1 | Δ2 | Δ3 | Δ4 |
| (+)8N6M_2 | 1567. 85 | 1727. 15 | 879. 34 | 1545. 96 | 1590. 64 | 80. 31 | 1543. 03 | 1543. 03 | 416. 47 | 0. 19 | -1. 40 | -90. 87 | -2. 89 |
| (+)8N6M_3 | 1698. 45 | 1702. 49 | 1342. 33 | 1658. 74 | 1678. 59 | 66. 66 | 1623. 46 | 1623. 46 | 396. 64 | 2. 17 | -2. 34 | -95. 03 | -1. 20 |
| (+)8N6M_4 | 1715. 87 | 1728. 14 | 518. 77 | 1691. 47 | 1705. 45 | 67. 16 | 1656. 40 | 1656. 40 | 89. 36 | 2. 12 | -1. 42 | -87. 05 | -0. 83 |
| (+)8N6M_5 | 2229. 51 | 2229. 51 | 656. 28 | 2228. 22 | 2228. 74 | 66. 83 | 2143. 94 | 2143. 94 | 226. 74 | 3. 93 | -0. 06 | -89. 82 | -0. 02 |
| Avg. | 1764. 58 | 1799. 70 | 760. 93 | 1737. 43 | 1754. 95 | 69. 60 | 1697. 40 | 1697. 40 | 253. 73 | 2. 24 | -1. 65 | -89. 27 | -1. 10 |
| (*)9N6M_1 | 2092. 35 | 2209. 89 | 1451. 13 | 2087. 01 | 2103. 24 | 73. 97 | 2087. 01 | 2261. 45 | 436. 75 | 0 | -0. 26 | -94. 90 | -0. 78 |
| 9N6M_2 | 1829. 52 | 1893. 52 | 702. 86 | 1829. 52 | 1883. 52 | 65. 94 | 1825. 72 | 1825. 72 | 536. 73 | 0. 21 | 0 | -90. 62 | -2. 95 |
| 9N6M_3 | 841. 62 | 841. 62 | 246. 03 | 841. 62 | 841. 62 | 34. 94 | 841. 62 | 841. 62 | 3. 61 | 0 | 0 | -85. 80 | 0 |
| 9N6M_4 | 2794. 65 | 2837. 10 | 687. 27 | 2794. 65 | 2813. 43 | 49. 65 | 2794. 65 | 2794. 65 | 3268. 22 | 0 | 0 | -92. 78 | -0. 67 |
| 9N6M_5 | 1219. 95 | 1219. 95 | 434. 36 | 1219. 95 | 1219. 95 | 48. 59 | 1219. 95 | 1219. 95 | 26. 10 | 0 | 0 | -88. 81 | 0 |
| Avg. | 1755. 62 | 1800. 42 | 704. 33 | 1754. 55 | 1772. 35 | 54. 62 | 1753. 79 | 1788. 68 | 854. 28 | 0. 04 | -0. 05 | -90. 58 | -0. 88 |
| (+)10N6M_1 | 1514. 72 | 1612. 11 | 1800. 00 | 1495. 72 | 1504. 77 | 97. 73 | 1386. 42 | 1466. 91 | 5324. 66 | 7. 88 | -1. 25 | -94. 57 | -0. 61 |
| (+)10N6M_2 | 2120. 34 | 2333. 15 | 1666. 61 | 2096. 14 | 2260. 68 | 63. 28 | 2008. 59 | 2008. 59 | 716. 29 | 4. 36 | -1. 14 | -96. 20 | -7. 85 |
| 10N6M_3 | 970. 06 | 973. 61 | 585. 55 | 970. 06 | 971. 84 | 98. 45 | 970. 06 | 970. 06 | 328. 49 | 0 | 0 | -83. 19 | -0. 18 |
| (*)10N6M_4 | 2332. 01 | 2332. 01 | 755. 53 | 2123. 40 | 2152. 83 | 67. 91 | 2123. 40 | 2123. 40 | 640. 84 | 0 | -8. 95 | -91. 01 | -1. 39 |
| (+)10N6M_5 | 2030. 91 | 2114. 20 | 626. 72 | 1997. 88 | 2038. 77 | 59. 72 | 1915. 44 | 1915. 44 | 1792. 54 | 4. 30 | -1. 63 | -90. 47 | -2. 05 |
| Avg. | 1793. 61 | 1873. 02 | 1086. 88 | 1736. 64 | 1785. 78 | 77. 42 | 1680. 78 | 1696. 88 | 1760. 56 | 3. 31 | -2. 59 | -91. 09 | -2. 42 |

从以上 3 个表可知，CPLEX($Model_{AV}$)在 48 小时内能对绝大多数算例(88/90)获得最优解。AVNS 在 100 秒内能够对 57 个算例(表 7-2 中 27 个算例，表 7-3 中 19 个算例，表 7-4 中 11 个算例)获得最优解。针对其他 33 个算例，即使 AVNS 不能获得最优解，从列“Δ1”也可知，所获得解与 CPLEX 获得下界之间的百分比差异均小于 8%。另外，随着问题规模的增加，CPELX 求解能力迅速下降，但 AVNS 求解能力受此影响较小。故 AVNS 在较短时间内能够对本章研究的问题提供最优解或近似最优解。

针对测试的 90 个算例，VNS 在 1800 秒对其中 39 个算例求出最优解，而 AVNS 在 100 秒内不仅能够对这 39 个算例求出最优解，而且对其他 17 个算例(“ * ”标注)也能求出最优解。另外，针对 AVNS 和 VNS 都不能获得最优解的 33 个算例，AVNS 相对 VNS 能够对其中 22 个算例获得更好的解，6 个算例获得同质量的解。

从列“Δ2”可知，与 VNS 相比，AVNS 把解的质量最大可提高 8.95%，平均可提高 1.84%。从列“Δ3”可知，AVNS 相对 VNS 求解时间平均节约了 90.69%。从列“Δ4”可知，$AVNS_B$ 与 $AVNS_A$ 之间的百分比差异均在 4%以内，表明 AVNS 具有较好的稳定性。综上，本章改进的变邻域搜索算法在较短时间内能够对本章研究的问题提供高质量的解，且在求解质量、求解时间和鲁棒性上都明显优于 Chen 等(2014)中的变邻域搜索算法。使该算法表现良好的主要原因在于采用多个初始解策略、更高效的邻域结构和更灵活的搜索机制。因此，本章改进的算法能够为企业的实际运营决策者提供更有价值的指导建议。

本章研究成果可提供的管理启示如下：①在实际运营中，运输方案根据经验由人工制订。由于人工的局限性，导致原料资源及车辆利用低下，运营成本浪费严重。本章基于资源整合在全局视角下制订的运输方案能够显著地帮助企业节省运输路径、人工和车辆等资源，降低运营成本。②本章提出的方法自动化程度高、计算速度快，能够代替一些人工操作，从而提高运营效率。③本章提出的方法需要依赖整合资源，建立物流集中管控部门。目前很多企业的物流集中管控还处于落后水平，本章的研究可以帮助企业推进物流集中管控部门的建设，从全局指导所有物流操作来提高整体运营效率，提高企业竞争力。

## 7.6 本章小结

本章通过嵌入多个初始可行解、整合高效邻域结构和探索更灵活的搜索机制，提出了改进的变邻域搜索算法来快速获得高质量的可行解。实验部分借助文献中已有算例，通过与已有模型和算法做比较，对本章改进的启发式算法的效果进行测试。结果表明：本章提出的算法能够快速获得高质量的解，且在求解质量、时间和稳定性上均明显优于文献中已有算法，更有利于帮助企业提高运营效率、降低运营成本，进而为企业的实际生产运营提供更有价值的指导建议。

本章只是研究一般情况下(提前期内)生产原料调拨系统优化，在未来的研究中，一方面可针对生产计划调整等突发情况，考虑时间窗约束进一步研究多商品取送货车辆路径问题；另一方面可以考虑到在每个客户点的装卸时间深入研究此问题。

第8章

# 单次访问条件下供需未匹配多商品取送货车辆路径问题精确算法设计

## 8.1 引言

车辆路径问题广泛应用于物流配送领域(侯立文等, 2007; 符卓等, 2017)。特别是随着环保意识的增强和客户退换货服务需求的增长, 食品、服装、电子和汽车等行业通过整合正向和逆向物流以实现物流的降本增效。在此背景下, 取送货车辆路径问题(Vehicle Routing Problem with Pickup and Delivery, VRPPD)研究得到了普遍重视和快速发展。在客户均具有送货和取货双层需求的设定下, 该问题研究车辆从中心仓库出发, 通过依次访问的方式将中心仓库的货物配送给客户并收集客户处货物, 最终返回到中心仓库的路径规划问题。

传统 VRPPD 探讨客户取送货需求均由中心仓库满足的情况, 每个客户的送货量及货物来源地(中心仓库)、取货量及货物目的地(中心仓库)事先确定, 属于一对多(正向配送)或多对一(逆向回收)的供需已匹配(Paired Supply-Demand)取送货模式。而在多点生产、销售系统实际运营中, 不同种类货物存放于各个客户(代表分厂或分店), 每个客户的需求均由其他客户满足, 但它们之间的具体供需匹配关系及相应匹配数量未知, 属于多对多供需未匹配(Unpaired Supply-Demand)的取送货模式(Battara et al., 2014)。如多点生产的石油炼化企业在石油精炼中需要多种等级的原油作为原材料, 而每家炼油厂根据所在地生产的油品通常只能提供一种或几种等级的原油, 因此进行石油精炼时其既可向其他炼油厂运送原油, 又需从其他炼油厂调用不同等级的原油，需在各炼油厂之间频繁调拨原油以满足所有炼油厂需求。另外，在以衣服、鞋为代表的连锁零售企业中，各分店每种商品的销售、库存及补货需求情况差异较大，需要分店间相互补货以减少缺货损失。基于此，一些学者（Chen et al.，2014；Xu et al.，2017）研究供需未匹配的可拆分取送货车辆路径问题（Unpaired Supply-Demand and Split Pickup and Delivery Vehicle Routing Problem，USDSPDVRP）。该问题可描述为配送网络中每个客户既是某些商品的供应者又是其他种类商品的需求者，每种商品的供应客户可向其需求客户多批次提供商品，研究如何以较低的运输成本在客户间取送货来满足所有客户需求。

USDSPDVRP 除了具有传统 VRPPD（多车、多商品、同时取送货等）复杂性外，还具有如下特性：①从客户角度，每个客户可供应、需求不同种类商品，且其商品需求可由其他客户（非中心仓库）来满足。②从商品角度，每种商品同时存在多个供应和需求客户，每个供应客户可与多个需求客户进行供需匹配，但匹配关系未知；反之亦然。③每个客户的商品供应量和需求量往往大于车辆最大装载能力，需对每个客户进行分批次取送货以满足其需求。因此，求解此类问题需分析每个客户的每种商品需求应由哪些其他客户来供应及相应的数量（供需匹配关系），如何制订运输成本较低的客户访问路径来完成相应取送货任务（路径规划）。相对传统 VRPPD，USDSPDVRP 不仅需进行更复杂的客户间访问路径决策（分批次取送货），还需进行客户间供需匹配决策，属于更难求解的 NP-难题。

近年，VRPPD 获得了越来越多的关注（陈希琼等，2018），相关研究集中在供需已匹配（传统）的 VRPPD 领域，已有需求可拆分 VRPPD（Nagy et al.，2015）、带时间窗 VRPPD（王超等，2018；Wang et al.，2015）、多目标 VRPPD（Wang et al.，2009）、多车型 VRPPD（王旭坪等，2018；Avci and Topaloglu，2016）、配送车辆实时 VRPPD（吴腾宇等，2018）、路线不对称 VRPPD（Agarwal and Venkateshan，2016）等变化形态。相比以上传统的 VRPPD，US-

DSPDVRP 松弛了客户间供需匹配关系已知的假设，使得决策更灵活，能够给企业带来更大的降本增效空间，因此逐渐引起学者的关注。Salazar-Gonzalez 和 Santos-Hernández(2004a)首先探讨了单商品、单车运输情况下的 USDSPD-VRP，随后一些文献设计了此类问题的精确求解算法(Hernández-Pérez and Salazar-Gonzalez，2007；Salazar-Gonzalez and Santos-Hernández，2015)和启发式求解算法(Salazar-Gonzalez and Santos-Hernández，2004b；Hernández-Pérez et al.，2009；Zhao et al.，2009；Mladenović et al.，2012；Hernández-Pérez et al.，2016)。以 Forma 等(2015)，Alvarez-Valdes 等(2016)和 Bulhões(2018)为代表的学者研究了单商品、多车情况下的 USDSPDVRP。多商品运输网络是对单商品运输网络的拓展，更具有应用价值(Cui et al.，2014)，其问题复杂度急剧增加。Hernández-Pérez 和 Salazar-Gonzalez(2014)研究了多商品、单车运输情况下的 USDSPDVRP，提出的分支切割算法最大可求解 30 个客户、3 种商品的算例。随后，Hernández-Pérez 等(2016)提出了一个三阶段混合启发式算法以求解更大规模的问题。Chen 等(2014)以生产企业分厂间原料调拨为背景，假设“库存无限”，首次探讨了多商品、多车情况下的 USDSPDVRP，提出了变邻域搜索算法。Xu 等(2017)通过考虑更贴近现实的“库存有限”情况对此问题做了进一步扩展研究，并提出了禁忌搜索算法，数值实验选取的最大算例为 10 个客户、5 种商品。

综上所述，现有文献多以基于远距离的车辆路径成本为优化目标，从商品数、车辆数、库存量、求解算法等视角对 USDSPDVRP 进行了探讨，而综合考虑多商品、多车辆、供需未匹配、精确算法的研究相对缺失。

## 8.2　模型构建

基于前面的结论，本章做一个更简便的数学模型。在给出具体的模型之前，先进行符号定义。让 $G=(N, A)$ 表示一个有向图，其中 $N=\{0, 1, \cdots, n, n+$

$1\}$表示顶点集合，$A=\{(i,\ j):\ i,\ j\in N,\ i\neq j\}$表示弧集合。顶点0和$n+1$分别表示起始车场和终止车场。每个弧$(i,\ j)$均有一个行驶成本$c_{ij}$(满足三角不等式)和行驶时间$t_{ij}$。令$K$表示车辆集合，每辆车都具有相同的车容量$Q$和最长工作时间$T$。令$H$表示商品种类集合，$I_{im}$和$D_{im}$分别表示顶点$i$针对商品$m$的供应和需求信息。令$f_{im}$表示辅助参数，$f_{im}=1$代表顶点$i$供应商品$m$，$f_{im}=-1$代表顶点$i$需求商品$m$，$f_{im}=0$代表顶点$i$既不供应也不需求商品$m$。令0-1变量$x_{ij}^{k}=1$表示车辆$k$从顶点$i$直接行驶至顶点$j$，否则$x_{ij}^{k}=0$。令整数变量$q_{im}^{k}$表示车辆$k$在顶点$i$取走或投放商品$m$的数量。令整数变量$l_{ijm}^{k}$表示车辆$k$从顶点$i$行驶至顶点$j$装载商品的数量。数学模型具体呈现如下：

$$\min \sum_{i\in N}\sum_{j\in N}\sum_{k\in V} x_{ij}^{k} c_{ij} \tag{8-1}$$

$$\sum_{j\in N} x_{oj}^{k} = 1,\quad \forall k \in V \tag{8-2}$$

$$\sum_{j\in N} x_{jo}^{k} = 0,\quad \forall k \in V \tag{8-3}$$

$$\sum_{j\in N} x_{j(n+1)}^{k} = 1,\quad \forall k \in V \tag{8-4}$$

$$\sum_{j\in N} x_{(n+1)j}^{k} = 0,\quad \forall k \in V \tag{8-5}$$

$$\sum_{j\in N} x_{ij}^{k} \leqslant 1,\quad \forall j \in N/\{0,\ n+1\},\ k \in K \tag{8-6}$$

$$\sum_{j\in N} x_{ij}^{k} - \sum_{j\in N} x_{ji}^{k} = 0,\quad \forall j \in N/\{0,\ n+1\},\ k \in V \tag{8-7}$$

$$\sum_{i\in N/\{n+1\}} l_{ijm}^{k} + q_{jm}^{k} f_{jm} - \sum_{i\in N/\{0\}} l_{jim}^{k} - Q\sum_{i\in N} x_{ij}^{k} \geqslant -Q,$$
$$\forall j \in N/\{0,\ n+1\},\ m \in H,\ k \in V \tag{8-8}$$

$$\sum_{i\in N/\{n+1\}} l_{ijm}^{k} + q_{jm}^{k} f_{jm} + \sum_{i\in N/\{0\}} l_{jim}^{k} + Q\sum_{i\in N} x_{ij}^{k} \leqslant Q,$$
$$\forall j \in N/\{0,\ n+1\},\ m \in H,\ k \in V \tag{8-9}$$

$$\sum_{k\in V} q_{jm}^{k} = D_{jm},\quad \forall j \in N/\{0,\ n+1\},\ m \in H \tag{8-10}$$

$$q_{jm}^{k} \leqslant Q\sum_{i\in N} x_{ij}^{k},\quad \forall j \in N/\{0,\ n+1\},\ m \in H,\ k \in V \tag{8-11}$$

$$\sum_{m\in H} l_{ijm}^{k} \leqslant Q x_{ij}^{k},\quad \forall i \in N,\ j \in N,\ k \in V \tag{8-12}$$

$$\sum_{i \in N} \sum_{j \in N} x_{ij}^{k} t_{ij} \leqslant T, \quad \forall k \in V \tag{8-13}$$

$$\sum_{i \in N} x_{ij}^{k} \leqslant \sum_{m \in H} q_{jm}^{k}, \quad \forall j \in N / \{0, n+1\}, k \in V \tag{8-14}$$

$$l_{0jm}^{k} = 0, \quad \forall j \in N, m \in H, k \in V \tag{8-15}$$

$$l_{j(n+1)m}^{k} = 0, \quad \forall j \in N, m \in H, k \in V \tag{8-16}$$

$$x_{ij}^{k} \in \{0, 1\}, \quad \forall i \in N, j \in N, k \in V \tag{8-17}$$

$$q_{im}^{k} \geqslant 0, \quad \forall i \in N, m \in H, k \in V \tag{8-18}$$

$$l_{ijm}^{k} \geqslant 0, \quad \forall i \in N, j \in N, m \in H, k \in V \tag{8-19}$$

目标函数(8-1)表示模型目标为总运输成本最低化。约束(8-2)~约束(8-5)表示所有车辆执行运输任务时从车场出发，完成任务后返回车场。约束(8-6)表示每辆车最多访问每个客户点一次。约束(8-7)表示车辆进出平衡约束，即车辆 $k$ 进入客户点 $j$ 的流等于离开客户点 $j$ 的流。约束(8-8)和约束(8-9)表示车辆 $k$ 到达客户点 $j$ 所装商品 $m$ 的数量，加上在客户点 $j$ 的取货量或减去在客户点 $j$ 的投货量，等于车辆 $k$ 离开客户点 $j$ 所装商品 $m$ 的数量。约束(8-10)表示每个客户点的需求得到充分满足。约束(8-11)表示如果车辆 $k$ 没有访问客户点 $j$，那么车辆 $k$ 在客户点 $j$ 的取货量和投货量均为 0。约束(8-12)表示如果车辆 $k$ 没有访问弧 $(i, j)$，那么 $\sum_{m \in H} L_{ijm}^{k}$ 应为 0。约束(8-13)表示车辆行驶时间不超过最长允许工作时间。约束(8-14)表示如果车辆 $k$ 在客户点 $j$ 没有取货或投货操作，那么车辆 $k$ 不访问客户点 $j$。约束(8-15)和约束(8-16)分别表示车辆空载出发和空载返回。约束(8-17)~约束(8-19)表示变量取值约束。

## 8.3　有效不等式

### 8.3.1　车容量不等式

针对本章研究的问题，允许每种商品的总供应大于总需求，即允许某些

供应节点不被访问，这导致 CVRP（Lysgaard et al.，2004）和 1－PDTSP（Hernández－Pérez and Salazar－Gonzalez，2004a）中常用的车容量不等式 $X[\delta(R)] \geqslant 2\left\lceil \frac{\sum_{i \in R} q_{im}}{Q} \right\rceil$ 不能被直接应用于本书的模型。如给定的一个集合 $R$，如果包含不需被访问的供应节点，以上不等式显然不成立。然而，基于恒等式 $X[\delta(R)] + 2X(R) = 2|R|$ 可推导出以下有效不等式：

$$X(R) \leqslant |R| - \left\lceil \frac{\left|\sum_{i \in R} q_{im}\right|}{Q} \right\rceil \tag{8-20}$$

另外，考虑到多种商品，令 $H' = \{m \in H: \sum_{i \in R} I_{im} > 0\}$ 和 $H'' = \{m \in H: \sum_{i \in R} I_{im} < 0\}$，不等式(8-20)可以加强为

$$X(R) \leqslant |R| - \max\left\{\left\lceil \frac{\left|\sum_{i \in R}\sum_{m \in H'} q_{im}\right|}{Q} \right\rceil, \left\lceil \frac{\left|\sum_{i \in R}\sum_{m \in H''} q_{im}\right|}{Q} \right\rceil\right\} \tag{8-21}$$

### 8.3.2 非可行路径不等式

（1）从优先顺序限制和车容量限制相结合的角度考虑

针对有向路线 $\vec{\pi} = \{p_1, p_2, \cdots, p_l\}$，令 $L^m_{p_i}(\vec{\pi}) = L^m_{p_{i-1}}(\vec{\pi}) + q_{p_i m}$ 表示车辆沿路线 $\vec{\pi}$ 离开节点 $p_i$ 时所装商品 $m$ 的数量。Hernández－Pérez 和 Salazar－Gonzalez(2014)研究了 m-PDTSP，他们认为可行解通过路线 $\vec{\pi}$ 时商品 $m$ 的最小装载量为 $-\min_{i=1}^{i=l}\{L^m_{p_i}(\vec{\pi})\}$。因此，他们给出路线 $\vec{\pi}$ 非可行的判断条件为 $\max_{i=1}^{l}\{\sum_{m \in H} L^m_{p_i}(\vec{\pi})\} - \min_{i=1}^{l}\{L^m_{p_i}(\vec{\pi})\} > Q$。类似 Hernández－Pérez 和 Salazar－Gonzalez(2014)，可推导出适用于本书模型的非可行路径的判断条件为：

$$\max_{i=1}^{l}\left\{\sum_{m \in H} L^m_{p_i}(\vec{\pi})\right\} + \sum_{m \in H} \max\{0, -\min_{i=1}^{l}\{L^m_{p_i}(\vec{\pi})\}\} > Q \tag{8-22}$$

另外可知，如果有向路径 $\vec{\pi} = \{p_1, p_2, \cdots, p_l\}$ 非可行，以下不等式有效：

$$\sum_{h=1}^{l-1} X_{p_h p_{h+1}} \leqslant l - 2 \tag{8-23}$$

（2）从车辆最大工作时间限制的角度考虑

针对有向路经 $\vec{\pi}=\{p_1, p_2, \cdots, p_l\}$，如果 $t_{0i}+t_{ip_1}+t_{p_1p_2}+\cdots+t_{p_{l-1}p_l}+t_{p_lj}+t_{j(n+1)}>T$，以下不等式有效：

$$X_{ip_1}+\sum_{h=1}^{l-1}X_{p_hp_{h+1}}+X_{p_lj}\leqslant l \tag{8-24}$$

特别指出，如果根据已知条件，事先可以确定针对任意可行解，节点 $i$ 和节点 $j$ 必须为供需匹配关系，那么可得到更强的有效不等式 $X_{ip_1}+\sum_{h=1}^{l-1}X_{p_hp_{h+1}}+X_{p_lj}\leqslant l-1$。

### 8.3.3　集群不等式

由于本章研究的问题是 1-PDTSP 的扩展，因此 Hernández-Pérez 和 Salazar-Gonzalez（2007）提出的集群不等式对本章研究的问题同样有效，即给定任意一个节点 $v$ 和一系列节点集合 $w_1, w_2, \cdots, w_l$，使得 $w_i\cap w_j=\{v\}\ \forall 1\leqslant i<j\leqslant l$，$r(w_i)=1\ \forall 1\leqslant i\leqslant l$，$r(w_i\cup w_j)>1\ \forall 1\leqslant i<j\leqslant l$，以下不等式有效：

$$\sum_{i=1}^{l}X(w_i)\leqslant\sum_{i=1}^{l}|w_i|-2l+1 \tag{8-25}$$

## 8.4　分离算法

### 8.4.1　分离车容量不等式

采用 Cordeau（2006）提出的方法分离车容量不等式，详细过程请参见 Cordeau（2006）中的第 5.3.2 节。

### 8.4.2　分离非可行路径不等式

采用 Hernández-Pérez 和 Salazar-Gonzalez（2014）中第 4.3 节描述的第 2 个启发式算法来寻找被破坏的非可行路径不等式（8-23）。详细过程请参见 Hernández-Pérez 和 Salazar-Gonzalez（2014）。

类似 Cordeau(2006)，采用以下过程寻找被破坏的非可行路径不等式(8-24)。针对每一个可能存在供需匹配关系的$\{i \in S, j \in D_{arg[i]}\}$，从节点 $i$ 开始，通过把节点 $p_k$ 扩充到 $p_{k+1}$ 不断扩充路径 $P_i = \{i, p_1, p_2, \cdots\}$，每次扩充时选取的节点 $p_{k+1}$ 都使 $X_{pk+1}$ 最大。如果在扩充过程中得到一个回路或扩充到节点 $n^u+1$，或扩充到节点 $j$ 时立即停止扩充。如果最终的路线停止在节点 $j$，检查不等式(8-24)是否被破坏掉。

### 8.4.3 分离集群不等式

采用 Hernάndez-Pérez 和 Salazar-Gonzalez(2007)提出的方法分离此不等式，详细过程请参见 Hernάndez-Pérez 和 Salazar-Gonzalez(2007)的第 4.2 节。

## 8.5 分支切割算法

针对组合优化问题，分支切割算法一直是备受欢迎的精确求解方法，已经成功地应用于一些路径问题(Lysgaard et al., 2004; Cordeau, 2006; Archetti et al., 2014)。本节将基于讨论初始上界选取过程、预处理过程、初始不等式添加策略、分支策略和分离算法调用策略，设计一个分支切割算法来求解多商品、多车、单次访问条件下的供需未匹配与取送货车辆路径问题。

### 8.5.1 初始上界

众所周知，针对分支切割算法，嵌入一个初始上界可以通过消除一些可行解空间来加快问题求解。基于前面的研究成果，本章在设计分支切割算法时，由第 7 章提出的改进的变邻域搜索算法提供初始上界。

### 8.5.2 预处理

预处理操作可以通过减少需搜索的可行解空间或降低问题求解规模来加快问题求解。本节的预处理操作主要包括本书第 6.3 节的"最少访问次数不等式”“弧消除不等式”“车辆对称破坏不等式”和“车辆使用不等式”。

### 8.5.3　分支策略

众所周知，选择较好的分支策略能够帮助分支切割算法花费较少的努力来求解问题。事实上，本章尝试了 4 种常用的分支策略来求解本章所研究的问题，即 CPLEX 默认的分支策略、强分支策略、最小整数非可行分支策略和最大整数非可行分支策略。初步测试结果表明强分支策略优于其他 3 种分支策略。

类似于 Desrosiers 等(1995)和 Andersson 等(2011)，在分支过程中，通过引入 0-1 变量 $W_{ik}$和约束(8-26)来引导分支先执行“一个节点是否被访问”。如果车辆 $k$ 访问节点 $i$，$W_{ik}=1$；否则 $W_{ik}=0$。

$$W_{ik} - \sum_{j \in N^u/\{0\}} x_{ij}^k = 0, \ \forall i \in N^u/\{0, n^u + 1\}, \ k \in V \tag{8-26}$$

### 8.5.4　分支切割算法的实施策略

针对第 8.3 节提出的几类不等式及第 8.4 节提出的一系列分离算法，本节首先做了一个实验来测试每类不等式对问题求解的影响，实验结果表明，调用这些不等式不同程度地加快了问题求解速度，加快程度从大到小依次是车容量不等式、非可行路径不等式、集群不等式。因此，本章的分支切割算法考虑调用以上 3 类不等式。其次，测试了在分支定界树中的每个节点都添加被破坏的不等式的效果。测试结果表明，虽然添加被破坏的不等式能够提高节点处的 LP 值，但由于分离过程耗时较大，导致算法耗时较大。因此，最终考虑只在分支定界树中的部分节点添加被破坏的不等式。另外，分离算法的调用模式对算法的性能影响较大，本章将探索以下两种常用的调用模式。

模式 1：依次执行车容量不等式、非可行路径不等式、集群不等式所对应的分离算法。如果当前分离算法找到被破坏的不等式，该节点处的线性规划模型嵌入这些不等式并重新求解，继续执行当前的分离算法；否则执行下一个分离算法。当最后一个分离算法找不到被破坏的不等式时立即停止。

模式 2：同时执行车容量不等式、非可行路径不等式、集群不等式所对应的分离算法。如果找到被破坏的不等式，该节点处的线性规划模型嵌入这些不等式并重新求解。重复以上过程直到找不到被破坏的不等式为止。

基于以上分析，考虑以下 4 种最具有代表性的方案来调用分离算法，下一节将通过实验详细比较这 4 种方案的实施效果。

M1：在分支定界树中深度水平(Depth Level)小于 8 的节点上采用调用模式 1。

M2：在分支定界树中深度水平小于 15 的节点上采用调用模式 1。

M3：在分支定界树中深度水平小于 8 的节点上采用调用模式 2。

M4：在分支定界树中深度水平小于 15 的节点上采用调用模式 2。

## 8.6 算例测试

为验证本章设计的分支切割算法求解的效果，基于第 6 章和第 7 章的研究成果，用本章设计的算法求解第 7.5.1 节的 90 个算例，并将结果与已有文献 Chen 等(2014)中 CPLEX(UPDPSLF2)的测试结果做比较。测试结果呈现在表 8-1 ~ 表 8-3 中，其中“LB”表示获得的下界，“UB”表示获得的上界，“Node”表示求解相应结果需探索的分支定界树中的节点数目，“Time”表示运行时间。“Gap”表示上、下界之间的百分比差异，计算公式为 $Gap = 100\times\frac{(UB-LB)}{LB}$。“Save-1”“Save-2”和“Improve”分别表示本章设计的分支切割算法相对 Chen 等(2014)的求解方法节省的节点数、时间和提高的下界值的百分比。同第 6.4.4 节一样，由于 Chen 等(2014)没有展示 CPLEX 求解每个算例所需探索的节点数，因此相应地方用“#”表示。

**表 8-1　针对 Chen 等(2014)中 2 种商品类型的测试结果**

| 算例 | CPLEX(UPDPSLF2) | | | | | Branch-and-Cut | | | | | | Gap/% | | |
|---|---|---|---|---|---|---|---|---|---|---|---|---|---|---|
| | LB | UB | Node | Time/s | Gap/% | LB | UB | Node | Time/s | Gap/% | $UB_0$ | Save_1 | Save_2 | Improve |
| 5_2_1 | 391.46* | 391.46* | # | 1.89 | 0 | 391.46* | 391.46* | 0 | 2.09 | 0 | 391.46* | # | 10.58 | 0 |
| 5_2_2 | 965.79* | 965.79* | # | 3.32 | 0 | 965.79* | 965.79* | 86.00 | 2.66 | 0 | 965.79* | # | -19.88 | 0 |
| 5_2_3 | 819.40* | 819.40* | # | 2.32 | 0 | 819.40* | 819.40* | 3.00 | 3.04 | 0 | 819.40* | # | 31.03 | 0 |
| 5_2_4 | 264.33* | 264.33* | # | 1.77 | 0 | 264.33* | 264.33* | 0 | 2.98 | 0 | 264.33* | # | 68.36 | 0 |
| 5_2_5 | 1217.84* | 1217.84* | # | 9.59 | 0 | 1217.84* | 1217.84* | 512.00 | 3.08 | 0 | 1217.84* | # | -67.88 | 0 |
| 6_2_1 | 957.66* | 957.66* | # | 4.16 | 0 | 957.66* | 957.66* | 296.00 | 2.42 | 0 | 957.66* | # | -41.83 | 0 |
| 6_2_2 | 1045.22* | 1045.22* | # | 2.35 | 0 | 1045.22* | 1045.22* | 12.00 | 3.05 | 0 | 1045.22* | # | 29.79 | 0 |
| 6_2_3 | 443.83* | 443.83* | # | 2.65 | 0 | 443.83* | 443.83* | 10.00 | 3.02 | 0 | 443.83* | # | 13.96 | 0 |
| 6_2_4 | 743.62* | 743.62* | # | 5.85 | 0 | 743.62* | 743.62* | 402.00 | 3.07 | 0 | 743.62* | # | -47.52 | 0 |
| 6_2_5 | 204.49* | 204.49* | # | 1.86 | 0 | 204.49* | 204.49* | 0 | 2.97 | 0 | 204.49* | # | 59.68 | 0 |
| 7_2_1 | 977.80* | 977.80* | # | 76.76 | 0 | 977.80* | 977.80* | 1464.00 | 3.55 | 0 | 977.80* | # | -95.38 | 0 |
| 7_2_2 | 701.91* | 701.91* | # | 3.19 | 0 | 701.91* | 701.91* | 76.00 | 3.04 | 0 | 701.91* | # | -4.70 | 0 |
| 7_2_3 | 1139.35* | 1139.35* | # | 562.08 | 0 | 1139.35* | 1139.35* | 3.46 | 4.50 | 0 | 1139.35* | # | -99.20 | 0 |
| 7_2_4 | 838.05* | 838.05* | # | 11.10 | 0 | 838.05* | 838.05* | 151.00 | 3.05 | 0 | 856.28 | # | -72.52 | 0 |
| 7_2_5 | 716.15* | 716.15* | # | 4.75 | 0 | 715.15* | 716.15* | 18.00 | 3.02 | 0 | 716.15* | # | -36.42 | 0 |
| 8_2_1 | 817.20* | 817.20* | # | 74.97 | 0 | 817.20* | 817.20* | 895.00 | 4.75 | 0 | 817.20* | # | -93.66 | 0 |

续表

| 算例 | CPLEX(UPDPSLF2) | | | | | Branch-and-Cut | | | | | | Gap/% | | |
|---|---|---|---|---|---|---|---|---|---|---|---|---|---|---|
| | LB | UB | Node | Time/s | Gap/% | LB | UB | Node | Time/s | Gap/% | $UB_0$ | Save_1 | Save_2 | Improve |
| 8_2_2 | 940.56* | 940.56* | # | 11.74 | 0 | 940.56* | 940.56* | 47.00 | 3.04 | 0 | 940.56* | # | -74.11 | 0 |
| 8_2_3 | 739.58* | 739.58* | # | 7.80 | 0 | 739.58* | 739.58* | 222.00 | 3.08 | 0 | 739.58* | # | -60.51 | 0 |
| 8_2_4 | 756.79* | 756.79* | # | 12.71 | 0 | 756.79* | 756.79* | 204.00 | 3.05 | 0 | 756.79* | # | -76.00 | 0 |
| 8_2_5 | 803.36* | 803.36* | # | 23.33 | 0 | 803.36* | 803.36* | | | 0 | 803.36* | # | -100.00 | 0 |
| 9_2_1 | 921.19* | 921.19* | # | 12206.19 | 0 | 921.19* | 921.19* | 20169.00 | 9.54 | 0 | 921.19* | # | -99.92 | 0 |
| 9_2_2 | 879.37* | 879.37* | # | 612.03 | 0 | 879.37* | 879.37* | 1801.00 | 6.10 | 0 | 879.37* | # | -99.00 | 0 |
| 9_2_3 | 805.82* | 805.82* | # | 504.06 | 0 | 805.82* | 805.82* | 2277.00 | 4.82 | 0 | 805.82* | # | -99.04 | 0 |
| 9_2_4 | 716.55* | 716.55* | # | 3.55 | 0 | 716.55* | 716.55* | 21.00 | 3.04 | 0 | 716.55* | # | -14.37 | 0 |
| 9_2_5 | 425.33* | 425.33* | # | 6.67 | 0 | 425.33* | 425.33* | 494.00 | 3.07 | 0 | 425.33* | # | -53.97 | 0 |
| 10_2_1 | 829.47* | 829.47* | # | 409.64 | 0 | 829.47* | 829.47* | 1495.00 | 3.91 | 0 | 829.47* | # | -99.05 | 0 |
| 10_2_2 | 426.01* | 426.01* | # | 30.29 | 0 | 426.01* | 426.01* | 146.00 | 3.08 | 0 | 426.01* | # | -89.83 | 0 |
| 10_2_3 | 1573.55 | 1715.81 | # | 5860.94 | 9.04 | 1715.81* | 1715.81* | 4636475.00 | 13052.92 | 0 | 1715.81* | # | 122.71 | 9.04 |
| 10_2_4 | 742.24* | 742.24* | # | 1092.79 | 0 | 742.24* | 742.24* | 2931.00 | 4.92 | 0 | 743.06 | # | -99.55 | 0 |
| 10_2_5 | 1727.74 | 1774.84 | # | 10108.30 | 2.73 | 1774.84 | 1774.84 | 378527.00 | 1118.81 | 0 | 1774.84 | # | -88.93 | 2.73 |
| Avg. | 817.72 | | | 1055.29 | | 824.03 | | | 492.06 | | | | -53.37 | 0.39 |

表 8-2　针对 Chen 等(2014)中 4 种商品类型的测试结果

| 算例 | CPLEX(UPDPSLF2) | | | | | Branch-and-Cut | | | | | | Gap/% | | |
|---|---|---|---|---|---|---|---|---|---|---|---|---|---|---|
| | LB | UB | Node | Time/s | Gap/% | LB | UB | Node | Time/s | Gap/% | $UB_0$ | Save_1 | Save_2 | Improve |
| 5_4_1 | 940.54* | 940.54* | # | 9.45 | 0 | 940.54* | 940.54* | 688 | 2.49 | 0 | 940.54* | # | −73.65 | 0 |
| 5_4_2 | 721.21* | 721.21* | # | 2.11 | 0 | 721.22* | 721.22* | 1 | 3.88 | 0 | 721.21* | # | 83.89 | 0 |
| 5_4_3 | 870.56* | 870.56* | # | 5.39 | 0 | 870.56* | 870.56* | 7 | 3.80 | 0 | 870.56* | # | −29.50 | 0 |
| 5_4_4 | 1192.61* | 1192.61* | # | 3.68 | 0 | 1192.62* | 1192.62* | 243 | 3.86 | 0 | 1192.61* | # | 4.89 | 0 |
| 5_4_5 | 1681.73* | 1681.73* | # | 8.89 | 0 | 1681.74* | 1681.74* | 5226 | 6.05 | 0 | 1681.73* | # | −31.95 | 0 |
| 6_4_1 | 1055.69* | 1055.69* | # | 309.62 | 0 | 1055.69* | 1055.69* | 1936 | 3.40 | 0 | 1055.69* | # | −98.90 | 0 |
| 6_4_2 | 1147.30* | 1147.30* | # | 13.91 | 0 | 1147.30* | 1147.30* | 4320 | 5.53 | 0 | 1147.30* | # | −60.24 | 0 |
| 6_4_3 | 717.97* | 717.97* | # | 3.71 | 0 | 717.97* | 717.97* | 30 | 3.90 | 0 | 717.97* | # | 5.12 | 0 |
| 6_4_4 | 2117.46* | 2117.46* | # | 788.62 | 0 | 2117.46* | 2117.46* | 40971 | 37.61 | 0 | 2117.46* | # | −95.23 | 0 |
| 6_4_5 | 906.73* | 906.73* | # | 2.58 | 0 | 906.74* | 906.74* | 137 | 3.96 | 0 | 906.73* | # | 53.49 | 0 |
| 7_4_1 | 1481.13* | 1481.13* | # | 3209.94 | 0 | 1481.13* | 1481.13* | 23085 | 32.88 | 0 | 1481.13* | # | −98.98 | 0 |
| 7_4_2 | 1583.67* | 1583.67* | # | 15.11 | 0 | 1583.67* | 1583.67* | 3009 | 6.33 | 0 | 1583.67* | # | −58.11 | 0 |
| 7_4_3 | 1257.68* | 1257.68* | # | 17.28 | 0 | 1257.68* | 1257.68* | 898 | 3.88 | 0 | 1257.68* | # | −77.55 | 0 |
| 7_4_4 | 999.28* | 999.28* | # | 45.95 | 0 | 999.29* | 999.29* | 2336 | 4.75 | 0 | 999.28* | # | −89.66 | 0 |
| 7_4_5 | 1303.91* | 1303.91* | # | 1525.44 | 0 | 1303.92* | 1303.92* | 77968 | 89.56 | 0 | 1319.11 | # | −94.13 | 0 |
| 8_4_1 | 1818.53* | 1818.53* | # | 385240.86 | 0 | 1818.53* | 1818.53* | 49857 | 72.35 | 0 | 1828.34 | # | −99.98 | 0 |

续表

| 算例 | CPLEX(UPDPSLF2) | | | | | Branch-and-Cut | | | | | | Gap/% | | |
|---|---|---|---|---|---|---|---|---|---|---|---|---|---|---|
| | LB | UB | Node | Time/s | Gap/% | LB | UB | Node | Time/s | Gap/% | $UB_0$ | Save_1 | Save_2 | Improve |
| 8_4_2 | 1449.90* | 1449.90* | # | 3813.49 | 0 | 1449.90* | 1449.90* | 345956 | 714.42 | 0 | 1466.71 | # | -81.27 | 0 |
| 8_4_3 | 866.00* | 866.00* | # | 8.15 | 0 | 866.00* | 866.00* | 1229 | 2.99 | 0 | 866.00* | # | -63.31 | 0 |
| 8_4_4 | 1417.18* | 1417.18* | # | 1716.13 | 0 | 1417.18* | 1417.18* | 41173 | 87.76 | 0 | 1501.36 | # | -94.89 | 0 |
| 8_4_5 | 1474.48* | 1474.48* | # | 3087.91 | 0 | 1474.48* | 1474.48* | 3852 | 8.84 | 0 | 1482.52 | # | -99.71 | 0 |
| 9_4_1 | 1161.22* | 1161.22* | # | 1400.54 | 0 | 1161.22* | 1161.22* | 7994 | 21.38 | 0 | 1161.22* | # | -98.47 | 0 |
| 9_4_2 | 876.26* | 876.26* | # | 34.69 | 0 | 876.26* | 876.26* | 624 | 4.19 | 0 | 876.26* | # | -87.92 | 0 |
| 9_4_3 | 1466.10* | 1466.10* | # | 358.72 | 0 | 1466.10* | 1466.10* | 2435 | 8.79 | 0 | 1466.10* | # | -97.55 | 0 |
| 9_4_4 | 876.23* | 876.23* | # | 425.93 | 0 | 876.23* | 876.23* | 515 | 4.18 | 0 | 876.23* | # | -99.02 | 0 |
| 9_4_5 | 942.54* | 942.54* | # | 85.46 | 0 | 942.54* | 942.54* | 3204 | 5.03 | 0 | 942.56* | # | -94.11 | 0 |
| 10_4_1 | 1206.49* | 1206.49* | # | 2067.11 | 0 | 1206.49* | 1206.49* | 674649 | 518.28 | 0 | 1209.23 | # | -74.93 | 0 |
| 10_4_2 | 1094.28* | 1094.28* | # | 16.08 | 0 | 1094.28* | 1094.28* | 1622 | 7.83 | 0 | 1110.79 | # | -51.31 | 0 |
| 10_4_3 | 1450.38* | 1450.38* | # | 196.35 | 0 | 1450.38* | 1450.38* | 7 | 10.14 | 0 | 1488.95 | # | -94.84 | 0 |
| 10_4_4 | 1256.17* | 1256.17* | # | 10997.59 | 0 | 1256.17* | 1256.17* | 86861 | 251.35 | 0 | 1332.74 | # | -97.71 | 0 |
| 10_4_5 | 1126.16* | 1126.16* | # | 1103.12 | 0 | 1126.16* | 1126.16* | 234112 | 837.18 | 0 | 1173.40 | # | -24.11 | 0 |
| Avg. | 1215.32 | | | 13833.79 | | 1215.32 | | | 92.22 | | | | -99.34 | 0 |

表 8-3　针对 Chen 等（2014）中 6 种商品类型的测试结果

| 算例 | CPLEX（UPDPSLF2） | | | | | Branch-and-Cut | | | | | | Gap/% | | |
|---|---|---|---|---|---|---|---|---|---|---|---|---|---|---|
| | LB | UB | Node | Time/s | Gap/% | LB | UB | Node | Time/s | Gap/% | $UB_0$ | Save_ 1 | Save_ 2 | Improve |
| 5_ 6_ 1 | 1792. 03* | 1792. 03* | # | 65. 27 | 0 | 1792. 03* | 1792. 03* | 3779 | 4. 57 | 0 | 1806. 59 | # | -93. 00 | 0 |
| 5_ 6_ 2 | 1820. 74* | 1820. 74* | # | 2490. 08 | 0 | 1820. 74* | 1820. 74* | 69551 | 42. 90 | 0 | 1820. 74* | # | -98. 28 | 0 |
| 5_ 6_ 3 | 854. 98* | 854. 98* | # | 2. 44 | 0 | 854. 98* | 854. 98* | 0 | 3. 52 | 0 | 854. 98* | # | 44. 26 | 0 |
| 5_ 6_ 4 | 2407. 53 | 2478. 48 | # | 989. 77 | 2. 95 | 2478. 49* | 2478. 49* | 28204 | 26. 67 | 0 | 2488. 20 | # | -97. 31 | 2. 95 |
| 5_ 6_ 5 | 673. 93* | 673. 93* | # | 3. 26 | 0 | 673. 93* | 673. 93* | 397 | 2. 69 | 0 | 673. 93* | # | -17. 48 | 0 |
| 6_ 6_ 1 | 1938. 64 | 1979. 48 | # | 3563. 89 | 2. 11 | 1979. 48* | 1979. 48* | 24812 | 36. 60 | 0 | 1979. 76 | # | -98. 97 | 2. 11 |
| 6_ 6_ 2 | 1529. 90* | 1529. 90* | # | 18. 87 | 0 | 1529. 90* | 1529. 90* | 24 | 4. 00 | 0 | 1529. 90* | # | -78. 80 | 0 |
| 6_ 6_ 3 | 1588. 52* | 1588. 52* | # | 433. 47 | 0 | 1588. 52* | 1588. 52* | 13533 | 13. 21 | 0 | 1593. 71 | # | -96. 95 | 0 |
| 6_ 6_ 4 | 1894. 48* | 1894. 48* | # | 15. 38 | 0 | 1894. 76* | 1894. 76* | 2726 | 6. 47 | 0 | 1928. 86 | # | -57. 93 | 0. 01 |
| 6_ 6_ 5 | 1624. 59* | 1624. 59* | # | 12. 05 | 0 | 1624. 59* | 1624. 59* | 407 | 3. 97 | 0 | 1624. 59* | # | -67. 05 | 0 |
| 7_ 6_ 1 | 1599. 09* | 1599. 09* | # | 3138. 51 | 0 | 1599. 09* | 1599. 09* | 4116 | 9. 07 | 0 | 1599. 09* | # | -99. 71 | 0 |
| 7_ 6_ 2 | 1301. 67* | 1301. 67* | # | 46. 69 | 0 | 1301. 67* | 1301. 67* | 345 | 4. 04 | 0 | 1316. 73 | # | -91. 35 | 0 |
| 7_ 6_ 3 | 932. 02* | 932. 02* | # | 6. 13 | 0 | 932. 02* | 932. 02* | 2274 | 6. 78 | 0 | 932. 02* | # | 10. 60 | 0 |
| 7_ 6_ 4 | 2014. 07* | 2014. 07* | # | 5. 22 | 0 | 2014. 07* | 2014. 07* | 529 | 4. 64 | 0 | 2014. 07* | # | -11. 11 | 0 |
| 7_ 6_ 5 | 2271. 88* | 2271. 88* | # | 537. 61 | 0 | 2271. 88* | 2271. 88* | 72296 | 139. 62 | 0 | 2274. 64 | # | -74. 03 | 0 |
| 8_ 6_ 1 | 1520. 18* | 1520. 18* | # | 789. 37 | 0 | 1520. 18* | 1520. 18* | 31026 | 69. 11 | 0 | 1534. 34 | # | -91. 24 | 0 |

续表

| 算例 | CPLEX(UPDPSLF2) | | | | | Branch-and-Cut | | | | | | Gap/% | | |
|---|---|---|---|---|---|---|---|---|---|---|---|---|---|---|
| | LB | UB | Node | Time/s | Gap/% | LB | UB | Node | Time/s | Gap/% | $UB_0$ | Save_ 1 | Save_ 2 | Improve |
| 8_ 6_ 2 | 1543.03* | 1543.03* | # | 761.60 | 0 | 1543.03* | 1543.03* | 178254 | 352.77 | 0 | 1554.83 | # | -53.68 | 0 |
| 8_ 6_ 3 | 1623.46* | 1623.46* | # | 1390.92 | 0 | 1623.46* | 1623.46* | 35031 | 192.46 | 0 | 1659.58 | # | -86.16 | 0 |
| 8_ 6_ 4 | 1656.40* | 1656.40* | # | 605.01 | 0 | 1656.40* | 1656.40* | 16763 | 35.51 | 0 | 1657.41 | # | -94.13 | 0 |
| 8_ 6_ 5 | 2143.94* | 2143.94* | # | 1089.22 | 0 | 2143.94* | 2143.94* | 28935 | 162.47 | 0 | 2228.22 | # | -85.08 | 0 |
| 9_ 6_ 1 | 2044.51 | 2272.24 | # | 14834.59 | 11.14 | 2079.02 | 2261.45 | 12056 | 585.32 | 8.77 | 2109.93 | # | -96.05 | 1.69 |
| 9_ 6_ 2 | 1825.72* | 1825.72* | # | 1006.96 | 0 | 1825.72* | 1825.72* | 205882 | 617.86 | 0 | 1829.52 | # | -38.64 | 0 |
| 9_ 6_ 3 | 841.62* | 841.62* | # | 3.97 | 0 | 841.62* | 841.62* | 22 | 4.16 | 0 | 841.62* | # | 4.79 | 0 |
| 9_ 6_ 4 | 2794.65* | 2794.65* | # | 8120.50 | 0 | 2794.65* | 2794.65* | 251718 | 1948.55 | 0 | 2794.65* | # | -76.00 | 0 |
| 9_ 6_ 5 | 1219.95* | 1219.95* | # | 198.32 | 0 | 1219.95* | 1219.95* | 7667 | 13.60 | 0 | 1219.95* | # | -93.14 | 0 |
| 10_ 6_ 1 | 1422.43 | 1467.33 | # | 11475.96 | 3.16 | 1321.42 | 1466.91 | 114509 | 4243.37 | 11.01 | 1468.99 | # | -63.02 | -7.10 |
| 10_ 6_ 2 | 1969.62 | 2017.74 | # | 4265.13 | 2.44 | 2008.59* | 2008.59* | 196929 | 475.29 | 0 | 2076.14 | # | -88.86 | 1.98 |
| 10_ 6_ 3 | 970.06* | 970.06* | # | 5612.57 | 0 | 970.06* | 970.06* | 181938 | 158.73 | 0 | 970.06* | # | -97.17 | 0 |
| 10_ 6_ 4 | 2123.40* | 2123.40* | # | 678.02 | 0 | 2123.40* | 2123.40* | 141349 | 622.27 | 0 | 2123.40* | # | -8.22 | 0 |
| 10_ 6_ 5 | 1915.44* | 1915.44* | # | 146103.11 | 0 | 1915.44* | 1915.44* | 173944 | 979.23 | 0 | 1995.86 | # | -99.33 | 0 |
| Avg. | 1661.95 | | | 6942.13 | | 1664.77 | | | 358.98 | | | | -66.43 | 0.05 |

从表 8-1~表 8-3 可以观察到：

针对以上 90 个算例，UPDPSLF2 能够对 82 个算例(标“ * ”号部分)求出最优解，而本章提出的分支切割算法能够对其中的 88 个算例求出最优解。针对 UPDPSLF2 和 Branch-and-Cut 都能够求出最优解的 82 个算例，针对绝大多数算例(72/82)，Branch-and-Cut 具有时间上的优势。求解这 82 个算例 UPDPSLF2 和 Branch-and-Cut 所需的平均时间分别是 7293.23 秒和 100.81 秒。相对于 UPDPSLF2，Branch-and-Cut 平均节省时间所占的比例为 98.62%。

以上结果表明，本章提出的 Branch-and-Cut 算法在求解规模和求解时间方面都明显优于 Chen 等(2014)中提出的精确算法 UPDPSLF2。

## 8.7 本章小结

本章考虑了多车、多商品、单次访问，研究了供需未匹配的取送货车辆路径问题，该问题普遍存在于电商企业、连锁店和共享单车系统中。为了精确求解该问题，首先，建立一个简便整数规划模型；其次，提出了三类指数型的有效不等式来提高模型的性能；再次，深入探讨了预处理的添加策略、指数型有效不等式的分离算法设计和相应实施策略设计，并提出了一个改进的分支切割算法；最后，对相关文献的算例进行数值实验。实验结果表明提出的有效不等式以及相应的分离算法均能够加快求解速度，本章提出的分支切割算法在求解规模和求解时间上均优于文献中的求解方法。

第9章

# 总结与展望

## 9.1 全书总结

本书从多次访问和单次访问两个视角研究了供需未匹配多商品取送货车辆路径问题，此问题从国际原油运输、烟草制造行业的生产原料调拨、零售行业的商品库存重新布局、共享单车系统的自行车重新分配等运输网络中提炼出来。在此问题中，客户点之间的供需匹配关系及相应的匹配数量事先未知；每个客户点的取货和送货需求允许拆分满足。通过查阅相关文献可知，此问题是经典车辆路径问题的复杂变种且没有被研究过。为解决企业面临的实际问题，本书分别从模型建立、问题特性分析、启发式算法设计和精确算法设计四个方面对该问题进行了深入研究，希望研究成果不仅能够为企业的日常调度提供理论支持和实践指导，也能够丰富与取送货车辆路径问题相关的理论研究。本书研究结论主要包括以下 6 个方面。

（1）针对多次访问条件下的供需未匹配多商品取送货车辆路径问题的模型构建与特性分析方面：首先，基于相关文献的建模方式，建立了一个混合整数线性规划模型作为基础模型；其次，通过消除决策变量之间的耦合关系，提出了一个简化的单元化模型。为提高单元化模型的性能，提出了一系列多项式型有效不等式。为了检验提出的模型及有效不等式的性能，基于随机生成的算例做了一系列实验。实验结果表明，单元化模型比基础模型更容易求解，且有效不等式显著地帮助单元化模型获得最优解或更紧的下界。

（2）针对多次访问条件下的供需未匹配多商品取送货车辆路径问题的启

发式算法设计方面：首先，从分析模型的特性着手，构建了贪婪式启发式算法来快速获得初始可行解；其次，从优化供需匹配决策和优化路径决策的角度提出了7个新颖的邻域结构，并基于这些邻域结构设计了一个高效的禁忌搜索算法来改善初始可行解的质量；最后，为验证禁忌搜索算法的性能，基于前面提出的多项式型有效不等式，借助优化软件CPLEX设计了求解问题下界的方法做比较。基于随机产生的算例做了一系列实验。实验结果表明，提出的禁忌搜索算法在短时间内能够对本书研究的问题获得最优解或近似最优解。

（3）针对多次访问条件下的供需未匹配多商品取送货车辆路径问题的精确算法研究方面：基于前面提出的单元化模型及多项式型有效不等式，提出了6类指数型有效不等式来进一步提高单元化模型的性能。针对每类不等式设计了相应的分离算法。基于讨论初始上界嵌入方法、预处理过程、不等式添加策略、分支变量选取策略及分离算法调用策略，提出了一个分支切割精确求解算法。基于随机生成的算例，做了一系列数值实验。实验结果表明，所提出的算法能够求解9个客户点、5种商品的算例，这些算例的规模大于相关文献中的求解规模。

（4）针对单次访问条件下的供需未匹配多商品取送货车辆路径问题的模型构建与特性分析方面：首先，基于相关文献的建模方式，建立了一个简便的混合整数线性规划模型，并提出了一系列多项式型有效不等式来加强模型；其次，为了检验提出的模型及有效不等式的性能，基于随机生成的算例做了一系列实验。实验结果表明，建立的简便模型求解性能更强，且有效不等式显著地帮助模型获得最优解或更紧的下界。

（5）针对单次访问条件下的供需未匹配多商品取送货车辆路径问题的启发式算法设计方面：首先，从分析模型的特性着手，构建了基于运输效率提升的贪婪式启发式算法来快速获得初始可行解；其次，从优化供需匹配决策和优化路径决策的角度，整合改进了已有相关文献Chen等(2014)中的邻域结构，并基于新的邻域结构设计了改进的变邻域搜索算法以寻找更好的初始可行解。为验证变邻域搜索算法的性能，基于前面提出的有效不等式，借助优化软件 CPLEX 设计了求解问题下界的方法做比较，并和 Chen 等(2014)已有的相关算法进行比较。基于随机产生的算例做了一系列实验。实验结果表明，提出的算法在短时间内对研究的问题可以获得最优解或近似最优解，且在求解质量和求解效率上均优于文献中已有的算法。

(6) 针对单次访问条件下的供需未匹配多商品取送货车辆路径问题的精确算法设计方面：基于前面提出的模型进行改进，提出了一个更简易的数学模型。同时，提出了3类指数型有效不等式来进一步提高模型的性能。针对每类不等式设计了相应的分离算法。基于讨论初始上界嵌入方法、预处理过程、不等式添加策略、分支变量选取策略及分离算法调用策略；提出了一个分支切割精确求解算法。基于随机生成的算例，做了一系列数值实验。实验结果表明，提出的算法能够求解10个客户点、6种商品的算例，这些算例的规模大于相关文献中的求解规模。此外，把分支切割算法的求解结果与 Chen 等(2014)中 CPLEX(UPDPSLF2)的求解结果做比较。对比结果表明，提出的分支切割算法在求解质量和求解时间上均占绝对优势。

## 9.2 全书展望

本书研究内容是根据企业面临的取送货车辆路径问题展开的，优化的目标和约束都来自企业的实际需求。如果企业的实际需求发生变化，则相应的数学模型也会发生相应的变化。因此，本研究仍有一些新问题有待深入研究。

(1) 在实际运营中，有些企业的运输资源有限。在制订运输方案时，首先应考虑用最少的车辆数来完成运输任务，其次才考虑运输成本最低化。为把本书的研究成果应用于此种特殊情况，需要把本书模型中的单一优化目标更换为带优先级的双目标：第一，优先级目标为最少化使用的车辆数；第二，优先级目标为最低化运输成本。进而需要相应地修正本书提出的启发式算法和精确算法。

（2）在企业的实际运营中，难免出现一些突发情况。如在烟草制造行业中，偶尔出现生产计划临时变更、配方临时调整的情况，此时各烟厂为了连续生产，对所需原料的到货时间要求较高，且每个烟厂针对不同原料的到货时间要求也不同，以致本书提出的模型和算法不能直接使用。针对这种突发情况，需要通过考虑针对每个客户点的多个取送货时间窗约束，重新构建数学模型，寻找有效不等式，设计问题下界求解算法，探索高效的启发式求解算法和精确求解算法。

（3）本书研究的是网络中每种商品的总供应不小于总需求的情况，在实际运营中有可能出现总供应小于总需求的情况。如在共享单车系统中，初始阶段自行车的总投放量可能小于实际的总需求量，可能导致网络中每个站点均出现供应小于需求的情况。此条件的改变导致本书的优化模型、优化约束均需改变，进而导致启发式求解算法和精确求解算法需要重新设计。

（4）本书提出的精确算法不能求解现实中较大规模的问题，可以通过寻找更强的有效不等式及分离算法，设计更有效的分支切割、分支定价切割等精确求解算法，从而求解更大规模的问题。

# 参考文献


[1]蔡延光，汤雅连，朱君．农村公交协同车辆路径问题的研究[J]．计算机应用研究，2015，32(6)：1657-1662.

[2]陈希琼，胡大伟，杨倩倩，等．多目标同时取送货车辆路径问题的改进蚁群算法[J]．控制理论与应用，2018，35(9)：135-144.

[3]陈子根，辛旭，陈康，等．考虑硬时间窗的多船型海上穿梭油轮船队设计与调度同步优化模型[J]．大连海事大学学报，2018，44(3)：49-55.

[4]程谦，张大力，侯立文．具有时间窗的取送货问题建模和大邻域搜索算法[J]．哈尔滨商业大学学报(自然科学版)，2016，32(6)：734-739+751.

[5]崔巍，魏帅，胡轩．带批次和临时库存的越库配送车辆路径问题研究[J]．数学的实践与认识，2021，51(3)：26-38.

[6]邓向林，唐飞岳．基于蜂群算法的物流配送规划研究[J]．微型机与应用，2017(1)：238-243.

[7]段凤华．带软时间窗约束的开放式车辆路径问题及其应用[D]．长沙：中南大学，2010.

[8]范厚明，吴嘉鑫，耿静，等．模糊需求与时间窗的车辆路径问题及混合遗传算法求解[J]．系统管理学报，2020，29(1)：107-118.

[9]方文婷，艾时钟，王晴，等．基于混合蚁群算法的冷链物流配送路径优化研究[J]．中国管理科学，2019，27(11)：107-115.

[10]符卓，刘文，邱萌．带软时间窗的需求依订单拆分车辆路径问题及其禁忌搜索算法[J]．中国管理科学，2017，25(5)：78-86.

[11]郭海湘，潘雯雯，周欣然，等．基于单车场多车型车辆路径问题的混合求解算法[J]．系统管理学报，2017，26(5)：824-834.

[12]何莹莹．考虑同时取送货的家电物流路径优化研究[D]．大连：大连海事大学，2019.

[13]侯立文，谭家美，赵元．求解带时间窗的客户需求可分条件下的车辆路径问题[J]．中国管理科学，2007，15(6)：46-51.

[14]侯玲娟，周泓，梁春华．不确定需求和旅行时间下的车辆路径问题[J]．计算机集成制造系统，2011，17(1)：101-108.

[15]胡安源，张新．基于中国邮递员问题的城区烟草配送线路优化模型与算法[J]．物流工程与管理，2016，38(5)：145-149+226.

[16]李博威，户佐安，贾叶子，等．带软时间窗的同时取送货车辆路径问题研究[J]．工业工程，2020，23(5)：75-81.

[17] 李楠，胡蓉，钱斌，等．两阶段混合优化算法求解模糊需求下多时间窗车辆路径问题[J/OL]．控制与决策：1-10[2021-06-10]．https：//doi. org/10. 13195/j. kzyjc. 2021. 0022.

[18]李国明，李军华．带软时间窗的随机需求车辆路径问题的算法研究[J/OL]．计算机集成制造系统：1-20[2021-06-11]．http：//kns. cnki. net/kcms/detail/11. 5946. TP. 20191129. 1529. 028. html.

[19]李晶，邵倩．考虑多模糊时间窗医药物流配送路径优化[J]．物流技术，2020，39(3)：89-93.

[20]李嫚嫚，陆建，安颖．考虑客户偏好的双目标时间窗指派车辆路径问题[J]．东南大学学报(自然科学版)，2018，48(3)：568-575.

[21] 李文霞，张春民，马昌喜．多目标低碳车辆路径优化模型及求解算法[J]．交通信息与安全，2020，38(1)：118-126+144.

[22]李卓，李文霞，巨玉祥，等．混合蚁群算法求解带软时间窗的车辆路径问题[J]．武汉理工大学学报(交通科学与工程版)，2019，43(4)：

761-766.

[23]刘丞，乔金友，金鑫．基于蚁群算法的通勤车路径问题优化研究[J]．物流技术，2013，32(5)：278-280.

[24]刘诚，陈治亚，封全喜．带软时间窗物流配送车辆路径问题的并行遗传算法[J]．系统工程，2005(10)：11-15.

[25]刘旺盛，杨帆，李茂青，等．需求可拆分车辆路径问题的聚类求解算法[J]．控制与决策，2012(4)：57-63.

[26]刘文琪．时间依赖型的带软时间窗同时取送货车辆路径优化研究[D]．大连：大连海事大学，2019.

[27]刘新宇，符卓，邱萌．需求可拆分车辆路径问题研究：文献综述[J]．技术经济，2017，36(1)：96-109.

[28]刘岩．带同时取货和送货的车辆路径优化问题研究[D]．北京：北京交通大学，2009.

[29]鲁建厦，李嘉丰，汤洪涛．政府补贴和再制造收益影响下的集配一体化车辆路径问题研究[J]．高技术通讯，2021，31(2)：188-198.

[30]芦娟，夏扬坤，邹安全，等．带装载能力的需求依背包拆分车辆路径问题[J]．工业工程，2019，22(6)：67-73.

[31]栾玉麟，郭鹏，王丽敏．时尚行业零售网点多品类取送货车辆路径优化研究[J]．工业工程与管理，2020，25(8)：41-49.

[32]骆正山，王小完．基于模糊条件下车辆路径问题的研究[J]．微电子学与计算机，2005(3)：181-184.

[33]马冰山，胡大伟，陈希琼，等．半开放式的多配送中心纯电动车辆路径优化问题[J]．交通运输系统工程与信息，2019，19(6)：199-205.

[34]马艳芳，闫芳，康凯，等．不确定同时取送货车辆路径问题及粒子群算法研究[J]．运筹与管理，2018，27(12)：73-83.

[35]马龙，王春嬉，张正义，等．多目标多时间窗车辆路径问题的鸽群：

水滴算法[J]. 计算机工程与应用，2021，57(2)：237-250.

[36]孟凡超，陆志强，孙小明. 需求可拆分车辆路径问题的禁忌搜索算法[J]. 计算机辅助工程，2010，19(1)：78-83.

[37]南丽君，陈彦如，张宗成. 改进的自适应大规模邻域搜索算法求解动态需求的混合车辆路径问题[J/OL]. 计算机应用研究：1-10[2021-06-10]. https：//doi. org/10. 19734/j. issn. 1001-3695. 2021. 02. 0050.

[38]倪霖，刘凯朋，涂志刚. 考虑同时取送货的城市快递共同配送路径优化[J]. 重庆大学学报，2017，40(10)：30-39.

[39]潘立军，符卓. 求解带时间窗取送货问题的遗传算法[J]. 系统工程理论与实践，2012，32(1)：120-126.

[40]潘雯雯，郭海湘，周光勇，等. 基于两阶段算法的需求可拆分多车型车辆路径问题[J]. 中国管理科学，2016，24(SI)：55-61.

[41]庞柒，阮平南，关志强. 混合人工蜂群算法求解煤炭物流中的CVRP 问题[J]. 现代管理科学，2014(1)：35-41.

[42]庞燕，罗华丽，夏扬坤. 基于第三方物流的家具配送开放式车辆路径问题[J]. 信息与控制，2020，49(2)：233-241.

[43]尚春剑，马良，刘勇. 垃圾分类下带时间窗异构周期性混合车辆路径问题模型及算法[J/OL]. 系统工程：1-16[2021-06-15]. http：//kns. cnki. net/kcms/detail/43. 1115. N. 20210601. 0936. 002. html.

[44]施天娇，杨斌，朱小林. 全渠道零售场景下配送车辆路径问题[J]. 上海海事大学学报，2020，41(2)：51-57.

[45]史俊妍. 基于实时信息的动态取送货问题研究[D]. 长春：吉林大学，2019.

[46]孙丽君，胡祥培，王征. 车辆路径规划问题及其求解方法研究进展[J]. 系统工程，2006，24(11)：31-37.

[47]孙苏文. 基于 C2B2F 模式的生鲜电商车辆路径规划研究[D]. 镇江：

江苏科技大学，2018.

[48]谭家美，徐瑞华．客户需求可分的车辆路径问题求解[J]．系统管理学报，2008，17(1)：43-46.

[49]唐慧玲，唐恒书，朱兴亮．基于改进蚁群算法的低碳车辆路径问题研究[J/OL]．中国管理科学：1-9[2021-06-10]．https：//doi. org/10. 16381/j. cnki. issn1003-207x. 2018. 1405.

[50]汪婷婷，倪郁东，何文玲．需求可拆分车辆路径问题的蜂群优化算法[J]．合肥工业大学学报(自然科学版)，2014，37(8)：1018.

[51]王超，刘超，穆东，等．基于离散布谷鸟算法求解带时间窗和同时取送货的车辆路径问题[J]．计算机集成制造系统，2018，24(3)：570-582.

[52]王佳，符卓．综合客运枢纽接运公交线路优化设计[J]．系统工程，2012，30(5)：101-106.

[53]王科峰，叶春明，唐国春．节点具有双重需求的车辆路径问题及其性质[J]．系统科学与数学，2011，31(10)：1185-1196.

[54]王明阳，陈鑫，张丽华．带油耗的单车场开放式车辆路径问题研究[J]．物流科技，2012，35(10)：18-21.

[55]王旭坪，李新宇，张珺．考虑时空距离的异车型同时集送车辆路径优化[J]．管理学报，2018，15 (6)：918-926.

[56]王旭坪，董杰，韩涛，等．考虑碳排放与时空距离的冷链配送路径优化研究[J]．系统工程学报，2019，34(4)：555-565.

[57]王勇，黄秋彬，刘永，等．基于客户重要度的混合时间窗车辆路径问题研究[J]．公路交通科技，2019，36(11)：151-158.

[58]王征，张俊，王旭坪．多车场带时间窗车辆路径问题的变邻域搜索算法[J]．中国管理科学，2011，19(2)：99-109.

[59]温真真．需求可拆分车辆路径问题的迭代局部搜索算法研究[D]．北京：北京交通大学，2015.

[60]吴腾宇，陈嘉俊，蹇洁，等. O2O 模式下的配送车辆实时取送货路径选择问题[J]. 系统工程理论与实践，2018，38(11)：167-173+2885-2891.

[61]夏扬坤，符卓. 带软时间窗的连锁超市配送车辆路径问题[J]. 信息与控制，2018，47(5)：599-605.

[62]修睿，黎莎，计明军. 多 LNG 点供企业联合配送的半开放式车辆路径问题[J/OL]. 大连海事大学学报：1-10[2021-06-15]. http：//kns.cnki.net/kcms/detail/21.1360.U.20210615.0949.002.html.

[63]徐东洋，李昆鹏，崔利刚，等. 供需未匹配的多车场多车型多商品可拆分取送货车辆路径问题[J]. 中国管理科学，2021，29(1)：127-137.

[64]徐静. 多时间窗的多车场同时取送货车辆路径问题研究[J]. 管理科学与工程，2018，7(2)：125-131.

[65]闫芳，邬珂，陈凯. 考虑碳排放的需求可拆分车辆路径问题模型及算法研究[J]. 数学的实践与认识，2019，49(18)：40-49.

[66]杨鹏，邹浩，徐贤浩. 带时间窗集送货需求可分车辆路径问题的改进蚁群算法[J]. 系统工程，2015，33(9).

[67]杨亚璪，靳文舟，郝小妮，等. 求解集送货可拆分车辆路径问题的启发式算法[J]. 华南理工大学学报(自然科学版)，2010，38(3)：58-63.

[68]殷亚，张惠珍. 求解带硬时间窗的多目标车辆路径问题的多种混合蝙蝠算法[J]. 计算机应用研究，2017，34(12)：3632-3636.

[69]余海燕，唐婉倩，吴腾宇. 带硬时间窗的 O2O 生鲜外卖即时配送路径优化[J]. 系统管理学报，2021，30(3)：584-591.

[70]张敏. 基于中国邮递员问题的图书配送线路优化[J]. 物流技术，2012，31(23)：320-322.

[71]张瑾，毕国通，戴二壮. 双目标冷链物流车辆路径问题及其遗传蚁群求解[J]. 科学技术与工程，2020，20(18)：7413-7421.

[72]张烜荧，胡蓉，钱斌. 超启发式分布估计算法求解带软时间窗的同

时取送货车辆路径问题[J/OL]．控制理论与应用：1－17[2021－06－10]. http://kns.cnki.net/kcms/detail/44.1240.TP.20210526.1147.010.html.

[73]赵志学，李夏苗，周鲜成．考虑拥堵区域的多车型绿色车辆路径问题优化[J]．计算机应用，2020，40(3)：883-890.

[74]周晓晔，马小云，崔瑶，等．单线超市车辆配置与路径问题优化研究[J]．工业工程，2020，23(6)：83-88.

[75]AGARWAL Y K，VENKATESHAN P. A new model for the asymmetric vehicle routing problem with simultaneous pickup and deliveries[J]. Operations Research Letters，2020，48(1)：48-54.

[76]AGARWAL Y，ANEJA Y. Fixed-Charge transportation problem：Facets of the projection polyhedron[J]. Operations Research，2012，60 (3)：638-654.

[77]AGRA A，ANDERSSON H，CHRISTIANSEN M，et al. A maritime inventory routing problem：Discrete time formulations and valid inequalities[J]. Networks，2013a，62 (4)：297-314.

[78]AGRA A，CHRISTIANSEN M，DELGADO A. Mixed integer formulations for a short sea fuel oil distribution problem[J]. Transportation Science，2013b，47 (1)：108-124.

[79]AGRA A，CHRISTIANSEN M，DELGADO A，et al. A maritime inventory routing problem with stochastic sailing and port times[J]. Computers & Operations Research，2015(61)：18-30.

[80]AGRA A，CHRISTIANSEN M，DELGADO A，et al. Hybrid heuristics for a short sea inventory routing problem[J]. European Journal of Operational Research，2014(236)：924-935.

[81]AL-KHAYYAL F，HWANG S J. Inventory constrained maritime routing and scheduling for multi-commodity liquid bulk，Part Ⅰ：Applications and model [J]. European Journal of Operational Research，2007(176)：106-130.

[82] ALVAREZVALDES R, BELENGUER J M, BENAVENT E, et al. Optimizing the level of service quality of a bike-sharing system[J]. Omega-international Journal of Management Science, 2016, 62(62): 163-175.

[83] ANDERSSON H, CHRISTIANSEN M, FAGERHOLT K. The maritime pickup and delivery problem with time windows and split loads[J]. Information Systems and Operational Research, 2011, 49 (3) : 79-91.

[84] ANGELOUDIS P, HU J, BELL M G H. A strategic repositioning algorithm for bicycle-sharing schemes[J]. Transportmetrica A: Transport Science, 2014(10): 759-774.

[85] ARCHETTI C, A HERTZ, M G SPERANZA. A tabu search algorithm for the split delivery vehicle routing problem[J]. Transportation Science, 2006b(40): 64-73.

[86] ARCHETTI C, BIANCHESSI N, SPERANZA M G. A branch-price-and-cut algorithm for the commodity constrained split delivery vehicle routing problem [J]. Computers & Operations Research, 2015(64): 1-10.

[87] ARCHETTI C, BIANCHESSI N, SPERANZA M G. Branch-and-cut algorithms for the split delivery vehicle routing problem[J]. European Journal of Operational Research, 2014(238): 685-698.

[88] ARCHETTI C, BOUCHARD M, DESAULNIERS G. Enhanced branch and price and cut for vehicle routing with split deliveries and time windows [J]. Transportation Science, 2011, 45(3): 98-285.

[89] ARCHETTI C, SAVELSBERGH M W P, SPERANZA M G. Worst-case analysis for split delivery vehicle routing problems [J]. Transportation Science, 2006a, 40(2): 34-226.

[90] ARCHETTI C, SAVELSBERGH M W P, SPERANZA M G. To split or not to split: That is the question[J]. Transportation Research Part E , 2008(1):

44+114-123.

[91] ARCHETTI C, SPERANZA M G. Vehicle routing problems with split deliveries[J]. International Transactions in Operation al Research, 2012(19): 3-22.

[92] ASEFEH H G, REZA T M. Capacitated vehicle routing problem formulti-product cross-docking with split deliveries and pickups[J]. World Conference on Business, Economics and Management, 2012(62): 1360-1365.

[93] ASHIMA G, SANJAY S. On solutions to capacitated vehicle routing problem using an enhanced ant colony optimization technique[J]. Networking Communication and Data Knowledge Engineering, 2018(3): 257-266.

[94] AVCI M, TOPALOGLU S. A hybrid metaheuristic algorithm for heterogeneous vehicle routing problem with simultaneous pickup and delivery[J]. Expert Systems with Applications, 2016(53): 160-171.

[95] BATTARA M, CORDEAU J F, IORI M. Chapter 6: Pickup-and-delivery problems for goods transportation[M]. In: Toth, P., Vigo, D. (Eds.). Vehicle Routing: MOS-SIAM Series on Optimization-Society for Industrial and Applied Mathematics, 2014: 161-192.

[96] BAUSCH D O, BROWN G G, RONEN D. Elastic set partitioning: A powerful tool for scheduling transportation of oil and gas. In: Breton, M., Zaccour, G. (Eds.) [M]. Advances in Operations Research in the Oil and Gas Industry. Paris: Editions Technip, 1991.

[97] BEKTAS T. The multiple traveling salesman problem: An overview of formulations and solution procedures[J]. Omega, 2006(34): 209-219.

[98] BELENGUER J M, MARTINEZ M C, MOTA E A. Lower bound for the split delivery vehicle routing problem[J]. Operations Research, 2000, 48(5): 801-810.

[99] BERTAZZI L, M W P SAVELSBERGH, M G SPERANZA. Inventory rou-

ting[M]. B. Golden, S. Raghavan, E. Wasil, eds. The Vehicle Routing Problem: Latest Advances and New Challenges. Springer, New York, 2008: 49-72.

[100]BRANDÃO J. Iterated local search algorithm with ejection chains for the open vehicle routing problem with time windows [J]. Computers & Industrial Engineering, 2018(120): 146-159.

[101]BRANDÃO J. A tabu search algorithm for the open vehicle routing problem[J]. European Journal of Operational Research, 2004, 157(3): 552-564.

[102]BRUGLIERI M, MANCINI S, PISACANE O. More efficient formulations and valid inequalities for the Green Vehicle Routing Problem[J]. Transportation Research, 2019, 105(8): 283-296.

[103] BULHÕES T, SUBRAMANIAN A, ERDOĞAN G, et al. The static bike relocation problem with multiple vehicles and visits[J]. European Journal of Operational Research, 2018, 264(2): 508-523.

[104]CAMPBELL A M, CLARKE L W, SAVELSBERGH M W P. Inventory routing in practice [M]. P. Toth, D. Vigo, eds. The Vehicle Routing Problem, Vol. 9. SIAM Monographs on Discrete Mathematics and Applications. SIAM, Philadelphia, 2002: 309-330.

[105]CASAZZA M, CESELLI A, CALVO R W. A route decomposition approach for the single commodity Split Pickup and Split Delivery Vehicle Routing Problem[J]. European Journal of Operational Research, 2021, 289: 897-911.

[106] CATTARUZZA D, ABSI N, FEILLET D, et al. An iterated local search for the multi-commodity multi-trip vehicle routing problem with time windows [J]. Computers & Operations Research, 2014(51): 257-267.

[107]CHEMLA D, MEUNIER F, WOLFLER CALVO R. Bike sharing systems: Solving the static rebalancing problem[J]. Discrete Optimization, 2013, 10(2): 120-146.

[108] CHEN Q F, LI K P, LIU Z X. Model and algorithm for an unpaired pickup and delivery vehicle routing problem with split loads[J]. Transportation Research Part E: Logistics & Transportation Review, 2014, 69(3): 218-235.

[109] CHEN Q F, LI K P, LIU Z X. Model and algorithm for an unpaired pickup and delivery vehicle routing problem with split loads[J]. Transportation Research Part E: Logistics and Transportation Review, 2014(69): 218-235.

[110] CHEN S, GOLDEN B, WASIL E. The split delivery vehicle routing problem: Applications, algorithms, test problems, and computational results[J]. Networks, 2007, 49(4): 318-329.

[112] CHIANG W C, RUSSELL R A. A reactive tabu search metaheuristic for the vehicle routing problem with time windows [J]. INFORMS Journal On Computing, 1997, 9(4): 417-430.

[112] CHRISTIANSEN M. Decomposition of a combined inventory and time constrained ship routing problem[J]. Transportation Science, 1999, 33(1): 3-16.

[113] CHRISTIANSEN M, FAGERHOLT K, FLATBERG T, et al. Maritime inventory routing with multiple products: A case study from the cement industry[J]. European Journal of Operational Research, 2011(208): 86-94.

[114] CHRISTIANSEN M, NYGREEN B. A method for solving ship routing problems with inventory constraints [J]. Annals of Operations Research, 1998a (81): 357-378.

[115] CHRISTIANSEN M, NYGREEN B. A Modelling path flows for a combined ship routing and inventory management problem[J]. Annals of Operations Research, 1998b(82): 391-413.

[116] COELHOA V N, GRASAS A, RAMALHINHOC H. An ILS-based algorithm to solve a large-scale real heterogeneous fleet VRP with multi-trips and docking constraints [J]. European Journal of Operational Research, 2016 (250):

367-376.

[117]CONTARDO C, MARTINELLI R. A new exact algorithm for the multi-depot vehicle routing problem under capacity and route length constraints[J]. Discrete Optimization, 2014(12): 129-146.

[118] CORDEAU J F. A branch-and-cut algorithm for the dial-a-ride problem[J]. Operations Research, 2006, 54(3): 573-586.

[119]CORDEAU J F, LAPORTE G, MERCIER A. Improved tabu search algorithm for the handling of route duration constraints in vehicle routing problems with time windows[J]. Journal of the Operational Research Society, 2004, 55(5): 542-546.

[120] CORDEAU J F, MAISCHBERGER M. A parallel iterated tabu search heuristic for vehicle routing problems[J]. Computers & Operations Research, 2012, 39(9): 2033-2050.

[121]CÔTÉ J F, POTVIN J Y. A tabu search heuristic for the vehicle routing problem with private fleet and common carrier[J]. European Journal of Operational Research, 2009(198): 464-469.

[122] CUI L, WANG L, DENG J. RFID technology investment evaluation model for the stochastic joint replenishment and delivery problem[J]. Expert Systems With Applications, 2014, 41(4): 1792-1805.

[123]DANTZIG G, RAMSER J. The truck dispatching problem [J]. Management Science, 1959(6): 80-91.

[124]DE A, AWASTHI A, TIWARI M K. Robust formulation for optimizing sustainable ship routing and scheduling problem [J]. IFAC-PapersOnLine, 2015, 48(3): 368-373.

[125]DE A, MAMANDURU V K R, GUNASEKARAN A, et al. Composite particle algorithm for sustainable integrated dynamic ship routing and scheduling op-

timization [J]. Computers & Industrial Engineering, 2016(96): 201-215.

[126]DELL'AMICO M, HADJICOSTANTINOU E, IORI M, et al. The bike sharing rebalancing problem: Mathematical formulations and benchmark instances [J]. Omega, 2014(45): 7-19.

[127]DELL'AMICO M, IORI M, NOVELLANI S, et al. A destroy and repair algorithm for the Bike sharing Rebalancing Problem[J]. Computers & Operations Research, 2016(71): 149-162.

[128]DERIGS U, LI B, VOGEL U. Local search-based metaheuristics for the split delivery vehicle routing problem[J]. Journal of the Operational Research Society, 2009(61): 1356-1364.

[129]DESAULNIERS G. Branch-and-price-and-cut for the split delivery vehicle routing problem with time windows [J]. Operations Research, 2010, 58(1): 179-192.

[130]DESROSIERS J, DUMAS Y, SOLOMON M M, et al. Time constrained routing and scheduling[A]. In: Ball MO, Magnanti TL, Monma CL, and Nemhauser G L (eds), Handbooks in Operations Research and Management Science: Network Routing, North-Holland, Amsterdam, the Netherlands, 1995: 35-139.

[131]DI L, URLI A R T. Balancing bike sharing systems with constraint programming[J]. Constraints, 2016(21): 318-348.

[132]DROR M, BALL M. Inventroy/routing: reduction from an annual to a short- period problem[J]. Naval Rasearch Logistics, 1987(34): 891-905.

[133]DROR M, LAPORTE G, TRUDEAU P. Vehicle routing with split deliveries[J]. Discrete Applied Mathmatics, 1994(50): 239-254.

[134]DROR M, TRUDEAU P. Savings by split delivery routing[J]. Transportation Science, 1989(23): 141-145.

[135]DROR M, TRUDEAU P. Split delivery routing[J]. Naval Research. Log

istics, 1990(37): 383-402.

[136] DUMAS Y, DESROSIERS J, SOUMIS F. The pickup and delivery problem with time windows[J]. European Journal of Operational Research, 1991(54): 7-22.

[137] ENGINEER F G, FURMAN K C, NEMHAUSER G L, et al. A branch-price-and-cut algorithm for single product maritime inventory routing[J]. Operations Research, 2012, 60(1): 106-122.

[138] ERDOǦAN G, BATTARRA M, CALVO R W. An exact algorithm for the static rebalancing problem arising in bicycle sharing systems[J]. European Journal of Operational Research, 2015(245): 667-679.

[139] FLISBERG P, LIDÉN B, RONQVIST M. A hybrid method based on linear programming and tabu search for routing of logging trucks[J]. Computers & Operations Research, 2009, 36 (4): 1122-1144.

[140] FORMA I A, RAVIV T, TZUR M. A 3-step math heuristic for the static repositioning problem in bike-sharing systems[J]. Transportation Research Part B, 2015(71): 230-247.

[141] FRIZZELL P W, GIFFIN J W. The split delivery vehicle scheduling problem with time windows and grid network distances [J]. Computers & Operations Research, 1995, 22(6): 655-667.

[142] FRIZZELL P W, GRIFFIN J W. The bounded split delivery vehicle routing problem with grid network distances[J]. Asia-Pacific Journal of Operational Research, 1992, 9(1): 16-101.

[143] GENDREAU M, FEILLET D, DEJAX P, et al. Vehicle routing with time windows and split deliveries [C]. Technical Paper 2006-851, Laboratoire d'Informatique d'Avignon, 2002(10).

[144] GENDREAU M, IORI M, LAPORTE G, et al. A tabu search heuristic

for the vehicle routing problem with two-dimensional loading constraints[J]. Networks, 2008, 51(1): 4-18.

[145] GENDREAU M, LAPORTE G, VIGO G. Heuristics for the traveling salesman problem with pickup and delivery[J]. Computers & Operations Research, 1999(26): 699-714.

[146] GIOVANNI L D, GASTALDON N, SOTTOVIA F. A two-level local search heuristic for pickup and delivery problems in express freight trucking[J]. Networks, 2019, 74(4).

[147] GLOVER F. Future paths for integer programming and links to artificial intelligence [J]. Computers & Operations Research, 1986, 13(5): 533-549.

[148] GULCZYNSKI D, GOLDEN B, WASIL E. The multi-depot split delivery vehicle routing problem: An integer programming-based heuristic, new test problems, and computational results[J]. Computers & Industrial Engineering, 2011(61): 794-804.

[149] GULCZYNSKI D, GOLDEN B, WASIL E. The split delivery vehicle routing problem with minimum delivery amounts[J]. Transportation Research Part E, 2010(46): 612-626.

[150] HAN A F, CHU Y C. A multi-start heuristic approach for the split-delivery vehicle routing problem with minimum delivery amounts[J]. Transportation Research Part E, 2016(88): 11-31.

[151] HAN A F, CHU Y. C. A multi-start heuristic approach for the split-delivery vehicle routing problem with minimum delivery amounts[J]. Transportation Research Part E, 2016(88): 11-31.

[152] HEMMATI A, HVATTUM L M, CHRISTIANSEN M, et al. An iterative two-phase hybrid matheuristic for a multi-product short sea inventory-routing problem [J]. European Journal of Operational Research, 2016(252): 775-788.

[153]HEMMATI A, STÅLHANE M, HVATTUM L M, et al. An effective heuristic for solving a combined cargo and inventory routing problem in tramp shipping [J]. Computers & Operations Research, 2015(64): 274-282.

[154] HENNIG F, NYGREEN B, LUBBECKE M E. Nested column generation applied to the crude oil tanker routing and scheduling problem with split pickup and split delivery[J]. Naval Research Logistics, 2012(59): 298-310.

[155]HENNIG F, NYGREEN B, CHRISTIANSEN M, et al. Maritime crude oil transportation-A split pickup and split delivery problem[J]. European Journal of Operational Research, 2012, 218(3): 764-774.

[156]HENNIG F, NYGREEN B, CHRISTIANSEN M, et al. Maritime crude oil transportation-A split pickup and split delivery problem[J]. European Journal of Operational Research, 2012a(218): 764-774.

[157] HENNIG F, NYGREEN B, FURMAN K C, et al. Alternative approaches to the crude oil tanker routing and scheduling problem with split pickup and split delivery [J]. European Journal of Operational Research, 2015 (243): 41-51.

[158]HENNIG F, NYGREEN B, LÜBBECKE M E. Nested column generation apllied to the crude oil tanker routing and scheduling problem with split pickup and split delivery[J]. Naval Research Logistics, 2012b(59): 298-310.

[159]HERNÁNDEZ-PÉREZ H, RODRÍGUEZ-MARTÍN I, SALAZAR-GONZÁLEZ J J. A hybrid heuristic approach for the multi-commodity pickup-and-delivery traveling salesman problem [J]. European Journal of Operational Research, 2016, 251(1): 44-52.

[160]HERNÁNDEZ-PÉREZ H, RODRÍGUEZ-MARTÍN I, SALAZAR-GONZÁLEZ J J. A hybrid GRASP/VND heuristic for the one-commodity pickup-and-delivery travelling salesman problem [J]. Computers & Operations Research, 2009

(36): 1639-1645.

[161]HERNÁNDEZ-PÉREZ H, SALAZAR-GONZÁLEZ J J. The multi-commodity pickup-and-delivery traveling salesman problem[J]. Networks, 2014, 63(1): 46-59.

[162]HERNÁNDEZ-PÉREZ H, SALAZAR-GONZALEZ J J. The one-commodity pickup-and-delivery traveling salesman problem: Inequalities and algorithms[J]. Networks, 2007, 50(4): 258-272.

[163]HERNÁNDEZ-PÉREZ H, RODRÍGUEZ-MARTÍN I, SALAZAR-GONZÁLEZ J J. A hybrid GRASP/VND heuristic for the one-commodity pickup-and-delivery travelling salesman problem[J]. Computers & Operations Research, 2009(36): 1639-1645.

[164]HERNÁNDEZ-PÉREZ H, SALAZAR-GONZALEZ J J. A branch-and-cut algorithm for a traveling salesman problem with pickup and delivery[J]. Discrete Applied Mathematics, 2004a(145): 126-139.

[165]HERNÁNDEZ-PÉREZ H, SALAZAR-GONZALEZ J J. Heuristics for the one-commodity pickup-and-delivery traveling salesman problem[J]. Transportation Science, 2004b, 38(2): 245-255.

[166]HERNÁNDEZ-PÉREZ H, SALAZAR-GONZALEZ J J. The Multi-commodity Pickup-and-Delivery Traveling Salesman Problem[J]. Networks, 2014, 63(1): 46-59.

[167]HERNÁNDEZ-PÉREZ H, SALAZAR-GONZALEZ J J. The one-commodity pickup-and-delivery traveling salesman problem: Inequalities and algorithms[J]. Networks, 2007, 50(4): 258-272.

[168]HO S C, HAUGLAND D. A tabu search heuristic for the vehicle routing problem with time windows and split deliveries [J]. Computers & Operations Research, 2004, 31 (12): 1947-1964.

[169]HO S C, SZETO W Y. Solving a static repositioning problem in bike-sharing systems using iterated tabu search[J]. Transportation Research Part E, 2014(69): 180-198.

[170]IZUNO T, NISHI T, YIN S. Column generation for split pickup and delivery vehicle routing problem for carde oil transportation[J]. ASME/ISCIE International Symposium on Flexible Automation, 2013, 120(6): 397-404.

[171]JIANG Y H, GROSSMANN I E. Alternative mixed-integer linear programming models of a maritimeinventory routing problem [J]. Computers and Chemical Engineering, 2015(77): 147-161.

[172]JIN M, LIU K, BOWDON R O. A two-stage algorithm with valid inequalities for the split delivery vehicle routing problem[J]. International Journal of Production Economics, 2007(105): 42-228.

[173]JIN M, LIU K, EKSIOGLU B. A column generation approach for the split delivery vehicle routing problem[J]. Operations Research Letters , 2008(36): 70-265.

[174]KADRI A A, KACEM I, LABADI K. A branch-and-bound algorithm for solving the static rebalancing problem in bicycle-sharing systems[J]. Computers & Industrial Engineering, 2016(95): 41-52.

[175]KALAYCI C B, KAYA C. An ant colony system empowered variable neighborhood search algorithm for the vehicle routing problem with simultaneous pickup and delivery [J]. Expert Systems with Applications, 2016(66): 163-175.

[176]KORSVIK J E, FAGERHOLT K, LAPORTE G. A large neighbourhood search heuristic for ship routing and scheduling with split loads[J]. Computers & Operations Research, 2011, 38 (2): 474-483.

[177]KOURANK B A, HEJAZI S R. A novel hybrid column generation-metaheuristic approach for the vehicle routing problem with general soft time window [J].

Information Sciences, 2015(316): 598–615.

[178]LAI D S W, DEMIRAG O C, LEUNG J M Y. A tabu search heuristic for the heterogeneous vehicle routing problem on a multigraph [J]. Transportation Research Part E, 2016(86): 32–52.

[179]LAI M, BATTARRA M, MASSIMO D F. An adaptive guidance meta-heuristic for the vehicle routing problem with splits and clustered backhauls[J]. Journal of the Operational Research Society, 2015(66): 1222–1235.

[180]LEE C G, EPELMAN M A, WHITE III C C, et al. A shortest path approach to the multiple-vehicle routing problem with split pick-ups[J]. Transportation Research Part B, 2006(40): 265–284.

[181]LI C, GONG L, LUO Z, et al. A Branch-and-Price-and-Cut Algorithm for a Pickup and Delivery Problem in Retailing[J]. Omega, 2018(89): 71–91.

[182]LI H Q, WANG H T, CHEN J, et al. Two-echelon vehicle routing problem with time windows and mobile satellites[J]. Transportation Research Part B: Methodological, 2020(138): 179–201.

[183]LI J, PARDALOS P M, SUN H, et al. Iterated local search embedded adaptive neighborhood selection approach for the multi-depot vehicle routing problem with simultaneous deliveries and pickups[J]. Expert Systems with Applications, 2015, 42(7): 3551–3561.

[184]LI Y F, SZETO W Y, LONG J C, et al. A multiple type bike repositioning problem[J]. Transportation Research Part B, 2016(90): 263–278.

[185]LIN C K Y. A vehicle routing problem with pickup and delivery time windows, and coordination of transportable resources [J]. Computers & Operations Research, 2011, 38 (11): 1596–1609.

[186]LIU T T, JIANG Z B, LIU R, et al. A review of the multi-depot vehicle routing problem[J]. Energy Procedia, 2011(13): 3381–3389.

[187]LU Y L, BENLIC U, WU Q H. A population algorithm based on randomized tabu thresholding for the multi - commodity pickup - and - delivery traveling salesman problem[J]. Computers and Operations Research, 2019(101): 285-297.

[188]LYSGAARD J, LETCHFORD A, EGLESE R. A new branch-and-cut algorithm for the capacitated vehicle routing ptoblem [J]. Math. Program, 2004, 100(2): 423-445.

[189] MAR - ORTIZ J, GONZ Á LEZ - VELARDE J L, ADENSO - DÍAZ B. Designing routes for WEEE collection: The vehicle routing problem with split loads and date windows [J]. J Heuristics, 2013(19): 103-127.

[190] MASMOUDI M A, HOSNYB M, BRAEKERSC K, et al. Three effective metaheuristics to solve the multi-depot multi-trip heterogeneous dial-a-ride problem[J]. Transportation Research Part E: Logistics and Transportation Review, 2016(96): 60-80.

[191]MCKAY M D, HARTLEY H O. Computerized scheduling of seagoing tankers[J]. Naval Research Logistics, 1974, 21(2): 255-264.

[192]MCNABB M E, WEIR J D, HILL R R, et al. Testing local search move operators on the vehicle routing problem with split deliveries and timewindows [J]. Computers & OperationsResearch, 2015(56): 93-109.

[193]MEISEL F, KIRSCHSTEIN T, BIERWIRTH C. Integrated production and intermodal transportation planning in large scale production - distribution - networks[J]. Transportation Research Part E, 2013(60): 62-78.

[194]MILLER C E, TUCKER A W, ZEMLIN R A. Integer programming formulations and traveling salesman problems[J]. J ACM, 1960(7): 326-329.

[195]MILLER D M. An Interactive, Computer-Aided Ship Scheduling System [J]. European Journal of Operational Research, 1987(32): 363-379.

[196] MIRZAEI S, SEIFI A. Considering lost sale in inventory routing

problems for perishable goods [J]. Computers & Industrial Engineering, 2015 (87): 213-227.

[197] MITRA S. A parallel clustering technique for the vehicle routing problem with split deliveries and pickups [J]. Journal of the Operational Research Society, 2008, 59(11): 1532-1546.

[198] MITRA S. An algorithm for the generalized vehicle routing problem with backhauling[J]. Asia2Pacific Journal of Operational Research, 2005, 22(2): 153-169.

[199] MLADENOVIĆ N, UROŠEVIĆ D, HANAFI S, et al. A general variableneighborhood search for the one-commodity pickup-and-delivery travelling salesman problem[J]. European Journal of Operational Research, 2012(220): 270-285.

[200] MOIN N H, SALHI S. Inventory routing problems: A logistical overview [J]. Journal Operational Research Society, 2007, 58(9): 1185-1194.

[201] MOSHREF-JAVADI M, LEE S. The customer-centric, multi-commodity vehicle routing problem with split delivery[J]. Expert Systems With Applications, 2016(56): 335-348.

[202] MUILLASERIL P A, M DROR, P TRUDEAU. Split-delivery routing heuristics in livestock feed distribution. [J]. Operations Research, 1997(48): 107-116.

[203] NAGY G, WASSAN N A, SPERANZA M G, et al. The vehicle routing problem with divisible deliveries and pickups [J]. Transportation Science, 2015, 49(2): 271-294.

[204] NÁJERA A G, GUTIERREZ-ANDRADE M A. An evolutionary approach to the multi-objective pickup and delivery problem with time windows[C]// 2013 IEEE Congress on Evolutionary Computation. IEEE, 2013.

[205]NGUYEN P K, CRAINIC T G, TOULOUSE M T. A tabu search for Time-dependent Multi-zone Multi-trip Vehicle Routing Problem with Time Windows[J]. European Journal of Operational Research, 2013, 231(1): 43-56.

[206] NOWAK M, ERGUN O, WHITE C C. An emperical study on the benefit of split loads with the pickup and delivery problem[J]. European Journal of Operational Research, 2009(198): 734-740.

[207]NOWAK M, ERGUN O, WHITE C C. Pickup and delivery with split loads[J]. Transportation Science, 2008, 42(1): 32-43.

[208]NOWAK M, HEWITT M, WHITE C C. Precedence constrained pickup and delivery with split loads[J]. International Journal of Logistics: Research and Applications, 2012(15): 1-14.

[209]ONCAN T, AKSU D T, SAHIN G. A Branch and Cut Algorithm for the Multi-Vehicle One-to-One Pickup and Delivery Problem with Split Loads[C]. International Conference on Industrial Engineering and Engineering Management, 2011(12): 1864-1868 .

[210]OSMAN I H. Metastrategy simulated annealing and tabu search algorithms for the vehicle routing problem[J]. Annals of Operations Research, 1993, 41(4): 421-451.

[211]PANDELIS D G, KARAMATSOUKIS C C, KYRIAKIDIS E G. Finite and infinite-horizon single vehicle routing problems with a predefined customer sequence and pickup and delivery[J]. European Journal of Operational Research, 2013(231): 577-586.

[212]PAPAGEORGIOU D J, NEMHAUSER G L, SOKOL J, et al. MIRPLi-A library of maritime inventory routing problem instances: Survey, core model, and benchmark results[J]. European Journal of Operational Research, 2014(235): 350-366.

[213] PARK T J, CHUNG Y. Multi Objective Vehicle and Drone Routing Problem with Time Window[J]. Journal of the Korea Society of Computer & Information, 2019, 24(1): 167-178.

[214] PARRAGH S N, SCHMID V. Hybrid column generation and large neighborhood search for the dial-a-ride problem[J]. Computers & Operations Research, 2013, 40 (1): 490-497.

[215] PELIK J. Pickup and delivery problem with split demand and transfers kybernetika-volume[J]. 2013, 49(5): 755 -764.

[216] PELIKÁN J, FÁBRY J. Heuristics for routes generation in pickup and delivery problem [J]. Central European Journal of Operations Research, 2012 (20): 463-472.

[217] POP P C, MATEI O, SITAR C P. An improved hybrid algorithm for solving the generalized vehicle routing problem [J]. Neurocomputing, 2013(109): 76-83.

[218] RAINER - HARBACH M, PAPAZEK P, HU B, et al. Balancing Bicycle Sharing Systems: A Variable Neighborhood Search Approach[J]. LNCS, 2013(7832): 121-132.

[219] RAVIV T, TZUR M, FORMA I. Static repositioning in a bike-sharing system: Models and solution approaches[J]. EURO, Journal on Transportation and Logistics, 2013(2): 187-229.

[220] RAY S, SOEANU A, BERGER J, et al. The multi - depot split - delivery vehicle routing problem: Model and solution algorithm[J]. Knowledge - Based Systems, 2014(71): 238-265.

[221] RENAUD J, LAPORTE G, BOCTOR F F. A tabu search heuristic for the multi - depotvehicle routing problem[J]. Computers & Operations Research, 1996, 23(3): 229-235.

[222]RØPKE S, CORDEAU J F. Branch-and-cut-and-price for the pickup and delivery problem with time windows[J]. Transportation Science, 2009, 43(3): 267-286.

[223] RØPKE S, PISINGER D. An adaptive large neighborhood search heuristic for the pickup and delivery problem with time windows[J]. Transportation Science, 2006(40): 455-472.

[224]SAHIN M, CAVUSLAR G, ONCAN T. An efficient heuristic for the Multi-vehicle One-to-one Pickup and Delivery Problem with SplitLoads[J]. Triennial Symposium on Transportation Analysis, 2013(27): 169-188.

[225]SALANI M, VACCA I. Branch and price for the vehicle routing problem with discrete split deliveries and time windows[J]. European Journal of Operational Research, 2011(213): 470-477.

[226]SALAZAR-GONZALEZ J J, SANTOS-HERNÁNDEZ B. The split-demand one-commodity pickup-and- delivery travelling salesman problem[J]. Transportation Research Part B, 2015(75): 58-73.

[227]SHI X, ZHAO F, GONG Y. Genetic algorithm for the one-commodity pickup-and-delivery vehicle routing problem[J]. IEEE International Conference on Intelligent Computing and Intelligent System, 2009(1): 175-179.

[228]SIDDIQUI A W, VERMA M. A bi-objective approach to routing and scheduling maritime transportation of crude oil [J]. Transportation Research Part D, 2015(37): 65-78.

[229]SIERKSMA G, TIJSSEN G A. Routing helicopters for crew exchanges on off-shore locations[J]. Annals of Operations Research, 1998(76): 261-286.

[230]SILVA M M, SUBRAMANIAN A, OCHIA L S. An iterated local search heuristic for the split delivery vehicle routing problem[J]. Computers & Operations Research, 2015(53): 234-249.

[231]SIMONIN G, O'SULLIVAN B. Optimisation for the Ride-Sharing Problem: A Complexity-based Approach[J]. European Conference on Artificial Intelligence (ECAI), 2014(263): 832-836.

[232]SISWANTO N, ESSAM D, SARKER R. Solving the ship inventory routing and scheduling problem with undedicated compartments[J]. Computers & Industrial Engineering, 2011(61): 289-299.

[233] SONG J H, FURMAN K C. A maritime inventory routing problem: Practical approach: Practical approach[J]. Computers & Operations Research, 2010(40): 657-665.

[234]SUNGUR I, ORDONEZ F, DESSOUKY M. A robust optimization approach for the capacitated vehicle routing problem with demand uncertainty [J]. Iie Transactions, 2008, 40(5): 509-523.

[235]TAILLARD É, BADEAU P, GENDREAU M, GUERTIN F, POTVIN J. Y.. A tabu search heuristic for the vehicle routing problem with soft time windows [J]. Transportation Science, 1997, 31(2): 170-186.

[236] TANG L X, WANG X P. Iterated local search algorithm based on very large-scale neighborhood for prize-collecting vehicle routing problem[J]. International Journal of Advanced Manufacturing Technology, 2006(29): 1246-1258.

[237]TOTH P, VIGO D. The vehicle routing problem [M]. Society for Industrial & Applied Mathematics, SIAM, Philadelphia, 2002.

[238]VOGEL P, SAAVEDRA B A, MATTFELD D C. A Hybrid Metaheuristic to Solve the Resource Allocation Problem in Bike Sharing Systems[J]. HM, 2014 (8457): 16-29.

[239] WANG C, MU D, ZHAO F, et al. A parallel simulated annealing method for the vehicle routing problem with simultaneous pickup-delivery and time windows[J]. Computers & Industrial Engineering, 2015(83): 111-122.

[240] WANG J, ZHOU Y, WANG Y, et al. Multiobjective Vehicle Routing Problems With Simultaneous Delivery and Pickup and Time Windows: Formulation, Instances, and Algorithms[J]. 2015(46): 582-594.

[241] WANG X Y, GOLDEN B, WASIL E, et al. Min-max split delivery multi-depot vehicle routing problem with minimum service time requirement[J]. Computers & Operations Research, 2016(71): 110-126.

[242] WANG Y, MA X L, LAO Y T. Vehicle Routing Problem Simultaneous Deliveries and Pickups with Split Loads and Time Windows [J]. Transportation Research Record, 2013(2378): 120-128.

[243] WANG Y, MA X L, LAO Y T, et al. A two-stage heuristic method for vehicle routing problem with split deliveries and pickups[J]. Comput & Electron, 2014, 15(3): 200-210.

[244] WILCK IV J H, CAVALIER T M. A construction heuristic for the split delivery vehicle routing problem [J]. American Journal of Operations Research, 2012a(2): 153-162.

[245] WILCK IV J H, CAVALIER T M. A genetic algorithm for the split delivery vehicle routing problem[J]. American Journal of Operations Research, 2012b (2): 207-216.

[246] XU D Y, LI K P, ZOU X X, et al. An unpaired pickup and delivery vehicle routing problem with multi-visit[J]. Transportation Research Part E: Logistics & Transportation Review, 2017(103): 218-247.

[247] XU Y C, WANG L, YANG Y X. A new variable neighborhood search algorithm for the multi depot heterogeneous vehicle routing problem with time windows[J]. Electronic Notes in Discrete Mathematics, 2012(39): 289-296.

[248] YAN S Y, CHU J C, HSIAO F Y, et al. A planning model and solution algorithm for multi-trip split-delivery vehicle routing and scheduling problems with time

windows[J]. Computers & Industrial Engineering, 2015(87): 383-393.

[249]YU V F, LIN S W. Multi-start simulated annealing heuristic for the location routing problem with simultaneous pickup and delivery [J]. Applied Soft Computing, 2014(24): 284-290.

[250]ZHAO F, LI S, SUN J, et al. Genetic algorithm for the one-commodity pickup-and-delivery traveling salesman problem[J]. Computers & Industrial Engineering, 2009(56): 1642-1648.

[251]ZHAO F G, LI S J, SUN J S, et al. Genetic algorithm for the one-commodity pickup-and-delivery traveling salesman problem[J]. Computers & Industrial Engineering, 2009(56): 1642-1648.